· 供应链管理与运营系列 ·

SCMP

供应链管理专家认证教材

供应链运作

协同优化与高效控制

中国物流与采购联合会◎主编

人民邮电出版社

北 京

图书在版编目（CIP）数据

供应链运作：协同优化与高效控制 / 中国物流与采购联合会主编. -- 北京：人民邮电出版社，2023.9
（供应链管理与运营系列）
ISBN 978-7-115-61598-5

Ⅰ. ①供… Ⅱ. ①中… Ⅲ. ①供应链管理 Ⅳ. ①F252.1

中国国家版本馆CIP数据核字(2023)第076070号

内 容 提 要

供应链管理历经一百多年的发展，融合了生产运作、采购、物流、计划和库存、运筹学以及信息化等诸多领域的管理实践。虽然供应链管理已逐渐影响着企业经营的战略目标设定和战略规划，但供应链管理的基础源自供应链运作。

《供应链运作》阐述了客户需求管理与交付、库存管理、物流管理、生产运作、服务运作、采购运作和质量管理等内容，区分了各种客户需求的关系，讲述了客户订单执行和交付管理的控制点，以及营运资金和应收账款的管理实践，介绍了控制和管理库存的基本方法，仓储、运输、逆向和厂内物流运作。实践中，典型的运作可能包括生产运作、服务运作和采购运作，即本书分设的3个章节：生产运作讲述了运作过程的选择、运作流程设计和分析方法、设施布局的不同原则以及生产过程的控制方法，也包括人员效率、产品及排班的管理；服务运作则阐述了服务特征和服务运作分类、服务设计、排队论和服务供应链领域的知识；采购运作则围绕采购方式、合同与订单管理、供应商管理等基本管理行为。质量管理是所有运作环节的保障，本书侧重在质量理念、质量体系以及质量控制、质量保证和改善的典型管理工具。

不论是供应链管理的物流管理经理人，还是采购管理或计划于库存管理的人员，本书都为其奠定了良好的运作管理知识基础。

◆ 主　　编　中国物流与采购联合会
　　责任编辑　马　霞
　　责任印制　周昇亮

◆ 人民邮电出版社出版发行　　北京市丰台区成寿寺路 11 号
　　邮编　100164　　电子邮件　315@ptpress.com.cn
　　网址　https://www.ptpress.com.cn
　　固安县铭成印刷有限公司印刷

◆ 开本：787×1092　1/16
　　印张：19.5　　　　　　　　　　2023 年 9 月第 1 版
　　字数：389 千字　　　　　　　　2025 年 9 月河北第 15 次印刷

定价：99.00 元

读者服务热线：(010)81055296　印装质量热线：(010)81055316
反盗版热线：(010)81055315

供应链管理专家（SCMP）认证丛书
编写委员会

本书编写组

组　长：

胡　珉　中物联采购与供应链专家委员会副主任委员

撰稿人：

胡　珉　中物联采购与供应链专家委员会副主任委员，负责第 1、2、6 章

王　浩　ABB（中国）有限公司采购 BP，负责第 3、4 章

赵春生　中物联采购与供应链专家委员会委员，负责第 5、7、8 章

特约审稿人：

彭　岩　天津大学管理与经济学部运营与供应链管理系副教授

李四杰　东南大学经济管理学院物流管理工程系教授

总 序

自供应链概念在20世纪80年代提出后，随着全球经济一体化的发展和技术的进步，供应链已从企业的管理科学逐步转化为产业和经济的组织形态，并从产业供应链扩展到了跨产业的平台供应链，甚至发展到了跨产业、跨区域的供应链生态圈。《国务院办公厅关于积极推进供应链创新与应用的指导意见》（国办发〔2017〕84号）指出："供应链是以客户需求为导向，以提高质量和效率为目标，以整合资源为手段，实现产品设计、采购、生产、销售、服务等全过程高效协同的组织形态。随着信息技术的发展，供应链已发展到与互联网、物联网深度融合的智慧供应链新阶段。"

在全球经济实践中，现代市场竞争已不再简单地体现为产品与产品、企业与企业之间的竞争，而是深刻地体现为供应链与供应链之间的竞争。供应链的整合能力和效率已成为企业、产业甚至国家的核心竞争力。中国供应链的创新发展经历了几个阶段：第一阶段是供应链产业链的初步形成，不同企业的供应链创新重点多样化；《国务院办公厅关于积极推进供应链创新与应用的指导意见》发布后，中国供应链创新进入第二阶段，即供应链产业链的优化协同阶段，通过供应链上下游全流程的优化协同，形成了更高效、稳定、安全的产业链；到现在，中国供应链创新发展已进入数字化供应链阶段，这是产业链供应链现代化发展的必然趋势。作为世界第二大经济体，中国不仅成为引领世界经济发展的重要力量，也在全球供应链中发挥着"稳定器"和"压舱石"作用，并继欧美国家之后逐渐成为供应链管理研究与实践的前沿阵地。

当前，世界面临百年未有之大变局并持续加速演变，各种不稳定性因素明显增加。面对复杂严峻的发展环境和风险挑战，如何确保我国供应链的整体安全稳定，不断提升我国在全球供应链中的竞争优势，成为展现我国实力和大国担当的重要任务。

习近平总书记在2016年4月19日网络安全和信息化工作座谈会上曾说："供应链的'命门'掌握在别人手里，那就好比在别人的墙基上砌房子，再大再漂亮也可能经不起风雨，甚至会不堪一击。"随着供应链战略逐渐成为我国国家层面的重要议题，紧密关注并促进各方面、各环节和全链条的有机融合，以推动供应链发展，是至关重要的。在这一过程中，供应链领域的专业人才培养则成为其中必不可少的关键一环。

近年来，美国供应管理协会（Institute for Supply Management，ISM）和英国皇家采购与供应学会（Chartered Institute of Purchasing and Supply，CIPS）等国际知名行业组织，已建立了相对成熟和完善的供应链知识体系和认证品牌。作为我国物流、采购与供应链领域的综合性社团组织，中国物流与采购联合会（以下简称"中物联"）牵头建立一套具有中国自主知识产权、符合中国供应链管理发展实际的本土供应链知识体系，是义不容辞的责任与使命。自 2013 年起，中物联组织了 20 多位业内知名专家，集聚了全行业的智慧与力量，耗时 5 年精心打磨，建立了一套涵盖供应链管理运作、规划、环境、战略等核心内容的"供应链管理专家（Supply Chain Management Professionals，SCMP）"知识体系。2018 年，中物联将该知识体系推向市场，并基于此进行了"供应链管理专家（SCMP）"考试与认证，广受社会各界的欢迎和好评，为我国培养了一大批优秀的供应链专业人才。

今天，呈现在读者面前的这套丛书，是中物联根据近年来供应链理论体系的完善与供应链管理实践的发展，组织近 40 人专家团队耗时两年多，对 2018 版"供应链管理专家（SCMP）"知识体系的修订与完善。该套丛书共有 7 册，包括关于供应链基础知识的《供应链运作》《供应链规划》《供应链领导力》和关于供应链专业知识的《物流管理》《计划管理》《采购管理》，以及 1 本工具书《供应链术语》。本套丛书基于中物联供应链管理 SCOP 模型和"3+X"认证思路，更聚焦物流管理、计划管理和采购管理这三个主要供应链管理专业。丛书的每册既可单独使用，又可组合成一套由浅入深、相互衔接、结构性强的系列教材。

人才是国家强盛之基，创新是民族进步之魂。相信这套新版"供应链管理专家（SCMP）"知识体系能对培育供应链专业高端人才，完善我国供应链管理学科体系，推动供应链"产、学、研、用"协调发展，打造供应链创新发展新高地，提升我国供应链的"硬核"竞争力，实现我国供应链自主可控、安全稳定和高质量发展贡献智慧与力量。

中国物流与采购联合会会长

何黎明

如今，供应链管理已成为一个日臻成熟的专业领域。供应链管理从几十年前的模糊概念，到逐渐成为组织制定战略、规划或开展交流时的高频词，其重要性已上升到国家战略层面。没有任何两条供应链是相同的，只有全面了解供应链管理的内涵、过程及架构等，组织才更有能力应对多变的内外部环境带来的挑战。

ISM 在《ISM 术语 2016》中提出，供应链是供应网络，即一个组织往下游延伸到顾客的顾客，往上游延伸到供应商的供应商的网络。《国务院办公厅关于积极推进供应链创新与应用的指导意见》（国办发〔2017〕84 号）对供应链的定义是以客户需求为导向，以提高质量和效率为目标，以整合资源为手段，实现产品设计、采购、生产、销售、服务等全过程高效协同的组织形态。中物联给出的供应链最新定义是生产及流通过程中，围绕核心企业的核心产品或服务，由所涉及的原材料供应商、制造商、分销商、零售商直到最终用户等形成的网链结构，该定义旨在统一国内供应链管理行业对供应链的认识。

在本套丛书中，中物联创造性地提出了"供应链运营与规划框架"，即 SCOP 模型（见图 0-1）。该框架由 3 个层面构成，即战略层、运作层和基础层。从战略层来看，供应链规划是企业战略规划的重要组成部分，它指导和制约所有与供应链管理相关的活动；从运作层来看，供应链管理侧重五大领域，包括计划、采购、生产、交付和物流；从基础层来看，供应链管理主要涉及每个企业在运营过程中不可回避的大环境和逐渐成熟的供应链治理理念和最佳实践，包括内外部利益相关者协同，以及环境、社会和公司治理。在 SCOP 模型中，供应链管理活动可分为 8 个主要管理领域，包括供应链规划、计划管理、采购管理、生产管理、交付管理、物流管理、内外部利益相关者协同、环境 / 社会 / 公司治理。

供应链运营与规划框架 SCOP

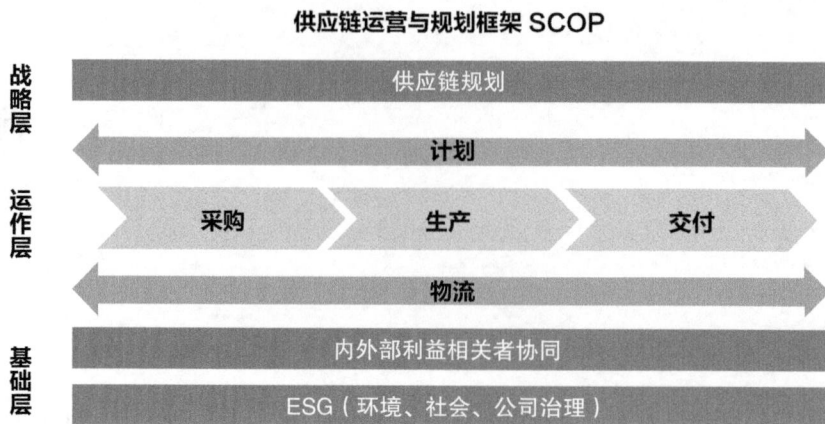

图 0-1　SCOP 模型

　　这套新版教材由原来 4 册扩展为 6 册，同时提供《供应链术语》作为工具书。认证模式由 3 门基础课加 1 门选修课组成，即"3+X"，其中包括 3 册基础教材，即必选教材《供应链运作》《供应链规划》《供应链领导力》；另外 3 册为选修教材，学员可根据职业方向或兴趣选择 1 门课程，参加对应专业方向的认证，包括《物流管理》《计划管理》《采购管理》，当然也可多选并参加多个专业方向的认证。

　　本书为"供应链管理专家（SCMP）"知识体系的必选模块之一，基于中物联供应链管理 SCOP 模型而撰写，包括供应链管理概述、客户需求管理与交付、库存管理基础、物流管理、生产运作、服务运作、采购运作和质量管理 8 章。其中，客户需求管理与交付、服务运作是全新的内容，特别是服务运作一章针对服务行业的供应链运作进行了系统介绍，可作为服务采购领域的基础。而库存管理基础、物流管理、生产运作、采购运作和质量管理等章的内容，以上一版教材为基础，增补了运作中的细节知识和技能，也与丛书的其他几本书进行了知识点区分和衔接。本书是由胡珉携王浩和赵春生老师共同编著完成，也得到了彭岩副教授、李四杰教授等专家学者的指导，因而更加具有系统性和专业性。本书也存在有待改善之处，真诚地邀请读者在学习过程中给予指正。

目 | 录

1 第1章　供应链管理概述

2 第2章 客户需求管理与交付

3 第3章 库存管理基础

4 第4章　物流管理

5 第 5 章 生产运作

6 第6章 服务运作

7 第 7 章　采购运作

8 第8章　质量管理

第1章

供应链管理概述

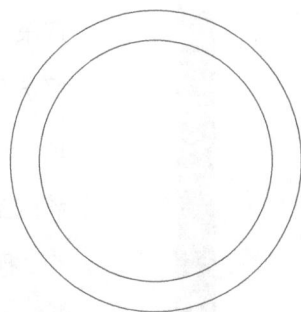

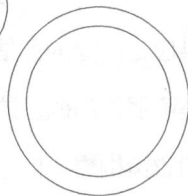

如果说两千多年前，张骞的"凿空"之旅开启了古丝绸之路，代表着古人们有计划、有组织地进行供应链探索，那么，如今的"一带一路"更意味着供应链规划可以大规模、有组织地进行，甚至可以上升到国家的战略规划层面。

习近平总书记在 2016 年 1 月 26 日中央财经领导小组第十二次会议上强调，"供给侧结构性改革的根本目的是提高社会生产力水平，落实好以人民为中心的发展思想。要在适度扩大总需求的同时，去产能、去库存、去杠杆、降成本、补短板，从生产领域加强优质供给，减少无效供给，扩大有效供给，提高供给结构适应性和灵活性，提高全要素生产率，使供给体系更好适应需求结构变化。"

在太平洋对岸的美国，时任总统的奥巴马于 2012 年 2 月签发了《全球供应链安全国家战略》，非常清楚地向世界表达了美国政府的政策，即加强全球供应链的建设，保障美国人民的福利、权益和国家的经济繁荣。该战略的重点是使货物从产出地直到送达最终消费者的交通、邮政和运输途径、资产和基础设施，以及提供辅助的通信设施和系统的全球网络的建设。2021 年 6 月，美国政府公布了内容多达 250 页、题为《建立韧性供应链、振兴美国制造业和促进广泛增长》的报告，对半导体、药品、关键矿物质和大容量电池四类关键产品进行了供应链风险的评估，要求联邦政府采取措施解决这些关键产品的供应链脆弱性问题。这份报告详细阐述了美国政府建立更具韧性的供应链的政策构想，指出新冠肺炎疫情及其导致的经济混乱进一步暴露出美国供应链长期存在的脆弱性，建立更安全和具有韧性的供应链对美国国家安全、经济安全和技术领导力至关重要。

众多企业管理者也愈发重视供应链管理这一对企业竞争力具有战略重要性的管理领域。

本章目标

1. 熟悉和掌握供应链、供应链管理、价值链和产业链的概念。

2. 掌握 CFLP 供应链管理框架及供应链管理的八个管理领域。

3. 了解供应链管理的重要性。

4. 了解供应链管理的趋势。

|第1节| 供应链与供应链管理

供应链与供应链管理，在几十年前还是模糊的新概念，如今却已逐渐成为管理者制订战略、报告和交流过程中的高频词。人们对其的认识也因企业的战略目标、发展历史、行业特点以及管理层的视野和能力不同而差异很大。虽然没有一条供应链是完全相同的，但管理者在聚焦供应链管理之前，必须首先明确供应链与供应链管理的范畴，包括业务边界和能开展的管理行为。因为人们无法计划和执行本身都未清晰定义的工作，也无法控制本身都不能考核的工作。

1. 什么是供应链

供应链的定义有很多。马丁·克里斯托弗（Martin Christopher）在 1992 年给出了一个简洁明了的定义，即"供应链是一个许多组织经上下游连接的网络，他们在不同的流程与活动中产生价值，并以产品和服务的形式交付给最终客户"[1]。

美国供应链管理协会（Association of Supply Chain Management, ASCM）的前身，美国生产与库存控制协会（American Production and Inventory Control Society, APICS）在 1995 年给出的供应链的定义更为完整并充满现代气息："供应链是一个全局化的、用来将原材料转化成产品或服务并送抵最终客户手里的网络，其中包含了信息、实物和现金等的流动。"[2] 也就是说，供应链是一个由供应商、制造商和客户等实体构成的、由各种流程所组成的供应网络，如图 1-1 所示。

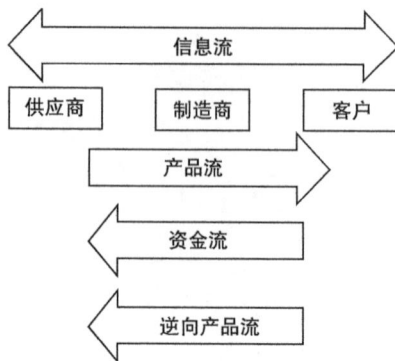

图 1-1 APICS 的供应链模型

比蒙（B. M. Beamon）则把供应链作为由三个阶段构成的一个过程来理解[3]。他认为供应链可定义为，将各类企业实体（即供应商、制造商、物流商和零售商）整合在一起，以完成原材料获得、原材料到具体最终产品的转换以及将最终产品运送到零售终端的全过程。该供应链系统包含正向的产品流和逆向的信息流，其中原材料或产品的流动方向是由上游向下游，而信息流则反向传递，如图 1-2 所示。然而，该定义存在的明显局限是，将产品流和信息流都看成是单向的；实际上，供应链中的信息流是双向的，供方可能向需方提供产品规格、价格、库存、发货时间等信息，而需方也会向供方提供需求品种和数量、地点、时间、收货状况等信息。从产品流的角度来看，需方所需的产品会从供方流入，而不合格的、冗余的产品也会逆向流回供方。不过，这种将供应链视为一个过程的观点，很有见地和启发性。

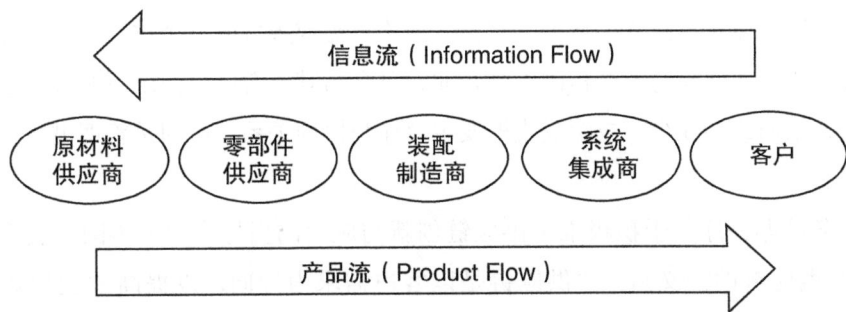

图 1-2　比蒙的供应链模型

美国供应管理协会（Institute for Supply Management, ISM）在其《ISM 术语2016》中认为，供应链是供应网络，即一个组织往下游延伸到客户的客户，往上游延伸到供应商的供应商的网络[4]。这与另一个广为人知的供应链模型相似，即 ASCM 的供应链运作参考（Supply Chain Operations Reference, SCOR）模型，其12.0版的框架如图 1-3 所示。该模型对供应链的解释是，供应链作为目前国际上广泛使用的一个术语，囊括了涉及生产与交付最终产品和服务的一切努力，从供应商的供应商到客户的客户。该模型包含计划、采购、制造、交付、逆向和赋能六大业务活动流程组，既可用来分析企业供应链流程现状，量化运作绩效，也可将企业的供应链管理绩效进行对标。

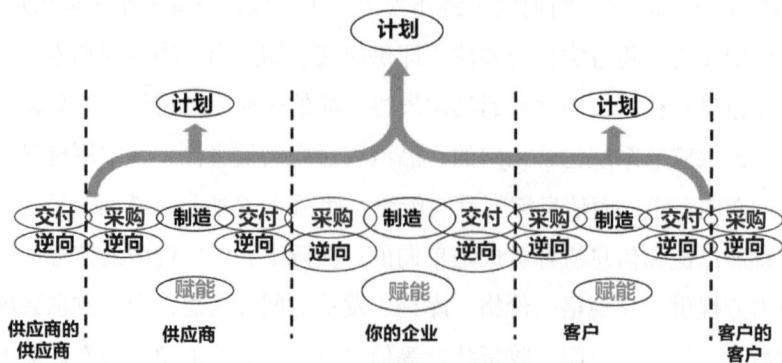

图 1-3　SCOR 模型的框架

以上仅是从五花八门的供应链定义中抽选的有代表性的几种，它们普遍视供应链为一个过程，即从原材料到交付给最终客户的最终产品或服务的整个过程。该过程也包含产品开发过程，而参与这个过程的不同企业，总会与其上游供应商或下游客户之间产生某种联系，从而或多或少、或深或浅地发生合作与协同关系。协同是管理供应链的一个重要特征。

《国务院办公厅关于积极推进供应链创新与应用的指导意见》（国办发〔2017〕84 号）对供应链的定义是："供应链是以客户需求为导向，以提高质量和效率为目标，以整合资源为手段，实现产品设计、采购、生产、销售、服务等全过程高效协同的组织形态。"本书采用的是中国物流与采购联合会（China Federation of Logistics & Purchasing, CFLP）的观点，旨在统一国内供应链管理业界对供应链的认识，即"生产及流通过程中，围绕核心企业的核心产品或服务，由所涉及的原材料供应商、制造商、分销商、零售商直到最终客户等形成的网链结构"。

2.什么是供应链管理

如果说供应链是客观存在的，不管"看得见看不见，它就在那里"，那么供应链管理则代表着企业的视野，特别是管理能力的触及范围。

供应链管理（Supply Chain Management，SCM）最早是在 1982 年由奥利弗（Oliver）等人提出的[5]，即"为尽可能有效地满足客户需求而计划、实施和控制供应链运营的过程。SCM 涵盖从原产地到消费点的原材料、在制品库存和成品的所有移动和存储"。那个年代，随着个人计算机的出现、双边贸易协定的发展以及企业开始参与全球范围的竞争，供应链管理更侧重其中的物流管理。这个概念一经诞生，即获得广泛关注，也激发了此后许多学者尝试定义供应链管理架构的热情。

20 世纪 90 年代，电子商务的发展、经济的全球化和企业对研发的大力投入，极大地影响了零售、分销和品牌制造商的经营行为。企业除了追求财务表现，也充分重视客户需求的变化和客户满意度。这时供应链管理的定义开始增加"整合"的内涵。较具代表性的定义，也是全球供应链论坛（Global Supply Chain Forum, GSCF）比较推崇的定义，是由兰伯特给出的，"作为从原始供应商到最终客户，为客户和其他利益相关方提供增值的产品、服务和信息的关键业务流程整合"[6]。

进入 21 世纪，供应链管理的定义依然未被学术界和企业界统一。利维等在 2003 年指出，供应链管理的范畴相当广，既包括"库存管理、物流网络规划、配送系统、客户价值等基本管理内容"，也包括"战略联盟、信息价值、供应合同、采购与外包、产品设计、产品设计与供应链战略对接、业务流程及信息技术等更宽泛的管理职能"[7]。

约翰·门茨尔（John Menzel）于 2004 年将供应链管理视为企业获得竞争优势的驱动力，并阐述了生产、采购、物流及产品开发等职能在供应链管理中的作用。他指出："供应链活动中的新产品开发对供应链能力及成员企业盈利等方面有重要的影响，直接与客户和供应商协作，企业可以极大地加快新产品开发进程。跨国企业能够从全球研发和全球供应链合作伙伴协作中受益，供应链共同开发可以极大地加快新产品投入市场的速度，缩短新产品的开发周期。"[8]

斯托克（J. Stock）和波耶尔（S. Boyer）于 2009 年给出的供应链管理定义是，"管理公司内部以及相互依存的组织和业务单位之间的关系网络，包括原材料供应商、采购、生产设施、物流、营销和相关系统，促进原材料、服务、财务和信息从原始制造商到最终客户的正向和逆向流动，帮助公司获取增值、实现盈利最大化和实现客户满意度等方面的收益"[9]。而美国供应链管理专业协会（Council of Supply Chain Management Professionals, CSCMP）给出的定义被广为接受，即"包括寻源和采买、转换以及所有物流管理活动所涉及的所有活动的规划和管理。供应链管理还包括与渠道合作伙伴的协调和协同，渠道合作伙伴可以是供应商、中间商、第三方服务提供商和客户"[10]。

ASCM 认为，"供应链管理是计划、组织和控制从最初原材料到最终产品及其消费的整个业务流程。这些流程连接了从供应商到客户的所有企业。供应链包含了由企业内部和外部为客户制造产品和提供服务的各职能部门所形成的价值链"。ASCM 将供应链管理分成两大类，一类称为"纵向整合"供应链管理，另一类称为"横向整合"供应链管理。前者指的是一个组织将供应链完全整合到其内部进行管理的实践方式。例如，众所周知的美国福特汽车公司，在创立早期即采取这种供应链管理策略，尽可能通过所有权控制把汽车供应链的各个环节，包括铁矿、钢铁制造、运输、车身冲压等都整合到企业内部。而"横向整合"供应链管理则不以控制供应链的各个环节的所有权为要义，而是把各自独立拥有所有权的不同环节视为一条供应链上的客户、制造商和供应商。所以，二者的本质差别在于"纵向"强调所有权，而"横向"强调合作，后者已成为当今供应链管理的主流做法。

CFLP 认为，"供应链管理，是指从供应链整体目标出发，对供应链中战略规划、计划、采购、生产、交付、物流、内外部协同、可持续发展各环节的物流、信息流及资金流进行统一计划、组织、协调、控制的活动和过程"。

虽然各类协会、专家和咨询师甚至企业都乐此不疲地给出不同版本的供应链管理定义，但他们基本上都在关注三件事情：业务活动、参与者和收益。然而，如前所述，因为企业的战略目标、发展历史、行业特点及管理层的认识和能力不同，管理者的管理重点也会存在差异。例如，在谈到供应链管理时，大型工业品制造企业可能更侧重采购环节，大型互联网零售企业则会突出物流或计划环节，而从事分销或第三方服务的企业甚至会偏向供应链服务。研究者和管理者在相互交流时，需要认识到这种现象。

3.CFLP 供应链管理框架

CFLP 供应链管理框架如图 1-4 所示。

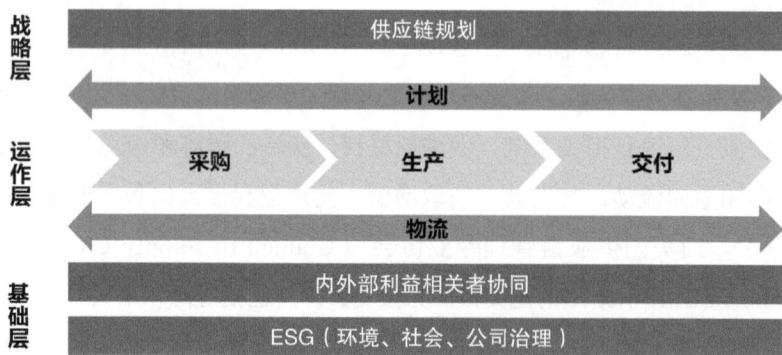

图 1-4　CFLP 供应链管理框架

企业的战略规划涉及企业愿景、使命、存在的价值、介入的行业与市场、经营战略与发展方向等企业管理顶层设计的方方面面。而供应链规划属于企业战略规划的重要组成部分，通常包括了解企业供应链所处的环境和特性，制订企业供应链目标，设计和整合供应链网络等关键业务。供应链规划的详细内容将在本丛书的《供应链规划》中讨论。为实现企业的战略目标，管理者必须将企业的供应链规划向下分解，落实到日常运作的五大重要领域中。本丛书的第一册《供应链运作》将重点对其进行讲述。有关基础层面的内容将在本丛书的第三册《供应链领导力》中展开讨论。供应链管理的八个管理领域分别如下。

1）供应链规划

供应链规划与企业的战略目标和策略息息相关，而目标和策略的制订又受企业的目标市场定位、所处的供应链上下游位置和自身能力的影响。企业的市场或销售部门作为目标市场及客户在企业内部的代言人，为供应链规划提供客户需求和要求方面的信息输入；而研发与设计部门，则为供应链规划提供更加全面具体的产品或服务功能、规格等方面的信息输入。供应链规划的工作重点包括结合战略业务计划的供应链战略规划、供应链网络规划等。

2）计划管理

计划管理包括需求计划管理和综合供应计划管理（或简称供应计划管理）。需求计划管理是供应链计划管理过程的关键信息源泉，通常包括需求预测、需求计划制订和客户需求管理。要做好需求计划管理，就必须致力于做好各种预测，如客户想要哪些产品、客户想要多少、客户何时需要这些产品。这些问题及其答案共同构成了需求计划，为企业提供了一张全面的需求剖视图。通常，企业内不同部门有着不同的目标与计划，诸如销售、市场、项目、促销和运维等部门都会制订各自独立的需求计划。例如，销售部会以客户为对象，进行细到品项的需求预测。因此，做好预测并把握好客户的需求动态，是供应链管理者必须具备的能力。供应链管理者必须充分认识到预测的重要性，掌握预测的方法。需求计划经常还包括分销需求计划（Distribution Requirements Planning, DRP），这使得计划管理在消费品企业、零售及网络零售企业和涉及管理多级库存的企业就更重要了。

同时，供应计划通常包括产能计划、综合生产计划（Aggerate Production Plan, APP）、产品产出计划（Master Production Schedule, MPS）、物料需求计划（Material Requirement Planning, MRP）和生产排程（Production Scheduling）。供应链管理者需要熟悉需求计划和供应计划的全过程，还需努力通过销售和运营计划（Sales and Operation Planning, S&OP）实现需求计划与供应计划的平衡。

需求计划管理与供应计划管理的平衡不仅是企业供应链职能一体化的展现，也是必须要实现的目标，本丛书的第一册《供应链运作》和第五册《计划管理》将由浅入深地对其进行讨论。

3）采购管理

采购是企业的一个主要职能，负责获得企业提供产品或服务所需的材料、设备、服务和知识。狭义的采购（Purchasing）管理是"负责获得所需材料、服务和设备的组织的主要职能"[11]，主要包括下达采购订单、跟进与监控采购合同协议与订单的履行过程、接收供应商交付、安排供应商款项支付、考核评估供应商履约绩效等活动；而广义的采购（Procurement）管理则被定义为"一种组织职能，包括规格开发、价值分析、供应商市场研究、谈判、采购活动、合同管理、库存控制、交通、收货和库存"[12]。

采购管理工作可分为寻源和执行两大业务环节，而寻源则又分为战略寻源和非战略寻源。战略寻源是指企业根据支出预算、市场竞争和供应商基础，通过供应链的总拥有成本（Total Cost of Ownership, TCO）分析，与供应商建立长期互利关系的过程。而非战略寻源侧重于价格和交货日期，不考虑长期的战略合作，是一种短期的活动。执行通常指基于内容采购需求下达采购订单一直到收货的过程，有时还包括供应商绩效评估。

4）生产管理

作为满足客户需求和要求的关键一环，生产管理需要针对各种将输入转化为最终客户所需的产品或服务的全过程，进行有效的计划、组织、协调、领导与监控。生产管理者需要根据客户的需求、设计要求、产品和工艺特征，做出生产计划与决策，并合理配置"人机料法环"等资源要素，从而在满足客户需求和服务水平要求的同时，力争成本最优化。生产管理者还需要洞悉各种现代生产管理模式，如准时制、精益生产、敏捷生产、最优生产技术、绿色制造等。此外，库存管理、质量管理、设备管理及项目管理的各种方法与技术，也是生产管理的重要组成部分，需要生产管理者深入了解并准确应用。

5）交付管理

交付管理主要包括接收订单、订单评审、承诺交付、制订订单履行交付计划、准备材料、组织产品生产或准备服务、包装发货或提供服务、开票催款、收讫款项、售后服务等步骤。交付管理中，产品分销渠道与网络的建立是一种战略决策，用来决定工厂或仓库的选址、数量和运作规模，也包括上游供应路由、下游配送中心的分布、不同物流供应商的服务区域和线路以及不同配送中心服务的客户。分销渠道建设的主要目标是在保证一定服务水平的前提下使总成本最小化。

6）物流管理

物流的广泛定义是根据实际需要，将运输、储存、装卸、搬运、包装、流通加工、配送、信息处理等基本功能实施有机结合，使物品从供应地向接收地进行实体流动的过程。而物流管理则被定义为"为达到既定的目标，从物流全过程出发，对相关物流活动进行的计划、组织、协调与控制"[13]。物流管理是供应链管理的一个重要组成部分，运输管理和仓储管理是其中主要管理活动。

运输管理主要涉及运输方式、服务商和运输路线的规划选择及车辆调度管理。运输是实现物品在不同地点之间转移，并最终交付到客户手里的手段，管理的目标是及时、准确、经济和安全。需要注意配送与运的细微差别。配送，也是物流管理活动之一，包含了集货、分配和送货三个部分。现代配送的定义是，根据客户要求，对物品进行分类、拣选、集货、包装、组配等作业，并按时送达指定地点的物流活动。配送是运输的一个子集。

仓储管理主要涉及货物的仓储保管、搬运移动和按需求分拣、包装、轻加工等环节。仓储运作的典型流程包括收货、放置、存储、拣货、分类包装和发货。仓储管理还涉及库内、库区的仓储环境管理以及资产、数据安全工作。

物流管理早已不再局限于运作层面，而愈来愈多地涉及战略规划层面。特别是在把物流能力视为核心竞争力的企业里，物流网络规划就是战略工作的重点之一，影响着企业未来数年的运作效率和竞争优势。物流设备设施管理以及信息化、数字化管理也非常重要。本丛书的第一册《供应链运作》和第四册《物流管理》将分别涉及上述内容。

7）内外部利益相关方的协同

从供应链管理角度看企业内部，不论是供应链管理相关的职能部门，例如物流、采购、生产或计划，还是诸如财务、市场营销、研发和人事等其他部门，均应避免本位主义，都应该从企业的全局和供应链角度出发，打破部门壁垒，在目标制订、策略规划、政策流程的制订过程中以及日常运作中进行协同。

在企业身处的供应链中，客户与供应商都是这条"链"不可割裂的有机组成部分。如何与客户和供应商建立良性的合作关系、达成协同一致，消除牛鞭效应，提升供应链可视性与效率，减少供应链管理总成本，是供应链管理领域的重大课题。企业所有人特别是经营管理层和供应链管理执行者，都必须将包括客户与供应商在内的供应链协同当作长期贯彻的战略目标之一。

供应链管理专家马丁·克里斯多弗指出，"真正的竞争不是企业与企业之间的竞争，而是供应链与供应链之间的竞争"[14]。因此，与供应商进行协同，从上游供应链获得竞争优势，是每个现代企业必须面对的课题。由沃尔玛率先实施的协作计划、预测和补货方法（Collaborative Planning, Forecasting and Replenishment, CPFR），就是上下游协同的有效方式；而由丰田生产方式展现出来的准时生产（Just In Time, JIT）供货方式，以及供应商管理库存（Vendor-Managed Inventory, VMI）、产品开发的供应商早期参与等供应链管理实践，都可以帮助企业实现供应协同，增强市场竞争力。本丛书的第三册《供应链领导力》将重点阐述协同理念和最佳管理实践。

8）环境、社会和公司治理

供应链管理离不开各种必需的环境与基础建设的支撑。管理者需要了解供应链管理所处的政治、经济、社会、技术、法律和环境等各个方面，及其对供应链的影响与作用。同时，现代信息技术和物流网络的发展也为卓越供应链管理奠定了基础。企业社会责任的概念基于商业运作必须可持续发展的想法，指企业不仅要追求财务和运营目标，还应该把其对社会和环境的影响纳入考核范围。

1999 年 1 月，时任联合国秘书长科菲·安南（Kofi Annan）在达沃斯世界经济论坛上，提出了"全球契约"计划，该计划于 2000 年 7 月在联合国总部正式启动。"联合国全球契约"（UN Global Compact）组织号召各企业遵守在人权、劳工标准及环境方面的九项基本原则，后来发展成为在人权、劳工标准、环境和反腐败这四个方面的十项原则。每年的"Gartner 全球供应链 25 强"报告和排行榜，在供应链管理领域具有一定影响力。该排行榜从 2016 年开始把社会责任纳入评价体系，占 10% 的权重，并于 2020 年进一步完善了该指标，将其改为"环境、社会和公司治理"，且把该项权重提升至 15%。本丛书的第三册《供应链领导力》将具体描述环境、社会和公司治理的管理。

4. 供应链管理的演变

不论是供应链定义还是供应链管理定义的演变，均能使人们深深地感受到，不同时代的企业和管理者对供应链管理的认识和重视程度是不同的。供应链管理的范畴本身就在不断演变，与其说它是生产运作计划和库存管理、运筹学、采购管理、物流管理等人类诸多实践活动和管理学科由分散到整合、交织的结果，倒不如说这一过程就像嘉陵江、岷江、汉江和赣江等涓涓流淌而汇集到长江，最终流向大海的过程。如果分别回顾上述主要分支活动的历史的话，可以追溯到数千年前，即人类开始贸易行为的时代，然而现代意义上的供应链管理之演变，回看近代就足够了。然而，这些主要分支活动均体现为实践与理论的融合，很多代表性事件在历史长河中不胜枚举，无法一一细数。图 1-5 仅给出了这些主要分支活动近代发展的一些示例。

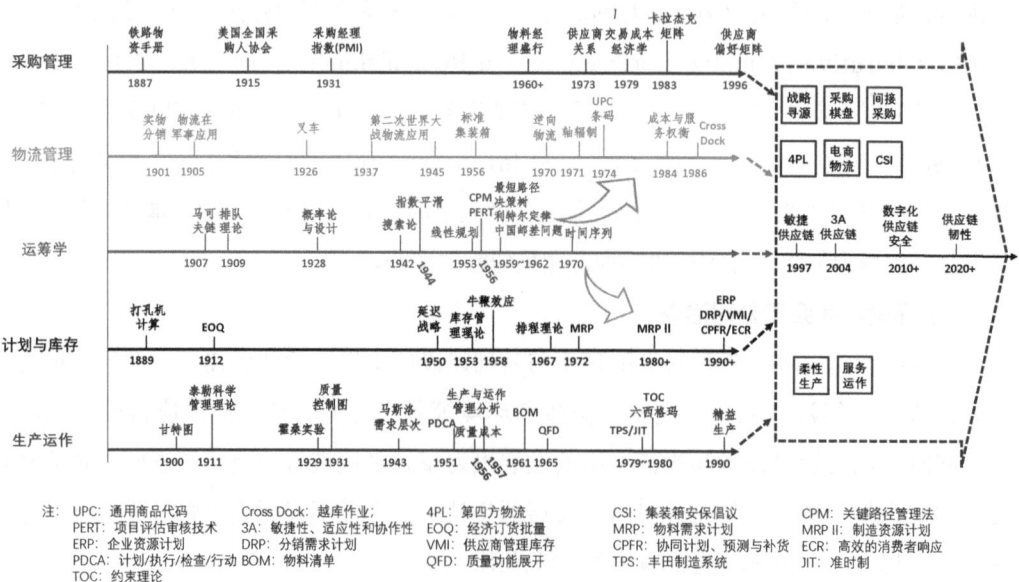

注： UPC：通用商品代码　　Cross Dock：越库作业；　4PL：第四方物流　　CSI：集装箱安保倡议　　CPM：关键路径管理法
PERT：项目评估审查技术　3A：敏捷性、适应性和协作性　EOQ：经济订货批量　MRP：物料需求计划　　MRP II：制造资源计划
ERP：企业资源计划　　DRP：分销需求计划　　VMI：供应商管理库存　CPFR：协同计划、预测与补货　ECR：高效的消费者响应
PDCA：计划/执行/检查/行动　BOM：物料清单　　QFD：质量功能展开　TPS：丰田制造系统
TOC：约束理论　　　　　　　　　　　　　　　　　　　　　　　　　JIT：准时制

图 1-5　近代供应链管理主要分支活动的发展

1）采购管理的演变

1887 年，美国铁路行业的职业经理人马歇尔·柯克曼（Marshall Kirkman）写的《铁路供应物资手册：它们的采购和处置》，应该是采购管理专业最早的实践总结，如图 1-6 所示。作者在前言写道："在采购、保管和使用铁路物资时所表现出的智慧和忠诚，直接影响到建设和运营成本，从而影响官员的声誉和所有人的利润。会计人员也对这个主题感兴趣，因为采购与他们办公的细节有关"。可见，那时采购不仅对企业的成本和利润有重要影响，也与会计人员息息相关。

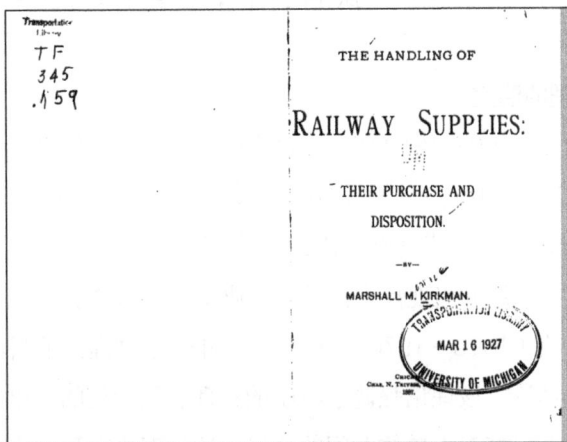

图 1-6　1887 年的《铁路供应物资手册：它们的采购和处置》内页

然而此后的数十年，即使在二十世纪早期，美国东北部的采购职业经理人逐渐聚拢为协会性的组织，即美国全国采购人协会（美国供应管理协会的早期形态），即使该组织还为美国政府提供专业的报告［采购经理人指数（Purchasing Managers Index, PMI）的初期形态］，依然无法改变"采购人员被作为办事员"这一状况。

第二次世界大战之后的社会稳定和大规模生产活动，终于让采购逐渐成为职能部门。那时（1950—1970 年），比较时髦的称谓是"物料经理"（Materials Manager），物料经理们的工作更聚焦在物料库存方面，而极少意识到像寻源和供应商关系等战略性工作。与此同时，随着生产运作领域的实践积累，企业开始出现对物料清单（Bill of Material, BOM）和 MRP 的早期探索。

1973 年中东石油危机造成了基础原料价格大幅上升或供应中断，市场竞争愈发激烈，原先的大规模生产的发展也遇到瓶颈。企业愈发认识到成本控制及供应商关系的重要性，因而在那个时代（1970—1990 年），采购的主要职责开始转向对企业竞争影响显著的降本和稳定供应，其地位也由此提升。除此之外，当时的全面质量管理（TQM）已在管理者中普及，全球也因竞争而涌现出更多的并购和行业重组行为。计算机技术与生产运作管理和运筹学的融合发展，催生了 MRP 和制造资源计划（Manufacturing Resource Planning, MRPII），既出色地衔接了生产运作管理与采购管理活动，也把采购经理从之前的物料库存控制工作中解放出来，使其投入初具战略性的采购管理工作。这个时代出现了像卡拉杰克矩阵这样的品类管理的思想和工具。

1990—2010 年，随着企业对供应链管理认识更加深刻，以及精益生产、战略寻源、供应商偏好矩阵、企业资源计划（Enterprise Resource Planning, ERP）和各种供应链理论和实践的涌现，采购不再是单打独斗的职能，逐渐并入具有战略重要性的供应链管理中。

2）生产运作管理的演变

●工业革命时代（1760—1910 年）。这个时代，生产运作管理的理论和实践并未显著地发展起来。从 1776 年亚当·斯密提出"劳动分工"开始，到 18 世纪 80 年代英国的马修·博尔顿和瓦特改良循环蒸汽机、1792 年美国的伊莱·惠特尼发明轧棉机和提出可互换零件的概念。这些事件的出现都为日后的工业化生产奠定了基础。

●大规模生产时代（1910—1970 年）。1911 年，泰勒提出的科学管理理论是公认的现代运作管理的开山理论。该理论强调了科学的管理、最大化的产出，通过把工人进行专业分工并反复训练，能提高工人单位时间的产出。这种理论有利于实现诸如计件工资等考核方法，在一定程度上激发了工人的干劲。当然，过分强化工人能力，一味地追求单位时间的产出，也会产生负面作用，因而为日后涌现的人际关系管理理论奠定了"基础"。以霍桑实验为契机，从梅奥的人际关系理论到马斯洛需求层次论以及随后的各种激励理论，虽然把生产运作管理带入新的高度，但并未扭转大规模生产的发展趋势，这是由大环境决定的。

亨利·福特（Henry Ford）是泰勒的科学管理理论的忠实拥趸，并将之应用在了福特汽车的生产制造过程中，获得了巨大成功。大规模生产势必对该场景下的质量管理提出了新的要求。无论是 1920 年休哈特提出的统计质量控制和抽样检验方法，还是 1951 年朱兰（Joseph Juran）博士在《质量控制手册》一书提出的质量成本概念和后续提出的全面质量控制（Total Quality Control, TQC）理论，以及其间层出不穷的质量管理工具，无一不是大规模生产时代的产物。此时，大型战争、战后（1950—1970 年）社会重建及"婴儿潮一代"的巨大物资需求，都成为大规模生产的助推器。

●精确和精益时代（1970—1990 年）。大规模生产的特征简单说就是"少品种、大批量"，这种特征满足了那个时代的社会需求，但最终发展到极限，因为大量同质化的产品无法满足社会逐渐产生的细分需求，也自然带来逐渐加剧的竞争。1973 年的世界石油危机，也无非是个导火索罢了。丰田生产系统（Toyota Production System, TPS）的创始人大野耐一在其书中回忆："石油冲击以后，社会上广泛流传着一种'稳定增长'或'低速增长'说法。我冷静地对待这些说法……在思想上我们必须认识到这个时代的经济增长率为 6%~10% 的繁荣景象最多只有半年到一年……这种大批量生产效果的原理，在经济高速增长期间已完全得到证实……在进入经济低速增长时代的今天，我们必须及早打消上述大批量生产的优点即'多多益善'的想法。"[14]

这里的时代划分并非无缝链接，有些时代是有重叠的。事实上，如今说的精益生产源自 TPS，而丰田在数十年间逐渐摸索、提炼和完善了其系统化的生产运作模式，其核心便是消除浪费，这与大规模生产时代的追求截然不同。更多的 TPS 和精益生产的内容可参见本书第 5 章。

在 1970 年后，西方社会的生产运作体系中逐渐出现了更精确的控制需求，1972 年的 MRP 和 1980s 的 MRP II 则是满足这种生产需求的完美体现。MRP 的出现也吹起了将原先企业内部割裂的职能进行整合的号角，将生产运作管理与采购管理紧密连接起来。MRP、MRP II 以及后来的 ERP 也是生产运作管理、采购管理、运筹学、信息化技术融合发展的产物。

●供应链时代（1990 年至今）。从精益生产到精益供应链、敏捷供应链、现代物流以及战略采购，再单独谈生产运作管理已然无法顺应企业和社会发展的需要。与其它职能一样，生产运作管理已深深嵌入供应链管理之中，智能制造和"暗灯工厂"也渐渐发展。

3）运筹学的发展

作为数学的分支，没有学科能像运筹学那样，与供应链管理的演变如影随形、相辅相成。

●早期（1840—1940 年）。虽然多数人认为，运筹学是从 20 世纪 30 年代发展起来的理论与实践相结合的新兴学科，但其身影已出现在更早期的社会生产和军事活动过程中，例如 1907 年的马尔可夫链（Markov Chain）和 1909 年埃尔朗（Erlang）的排队理论，以及 1840 年巴贝奇（Babbage）推动的英国"便士邮政"改革。然而，在这个时期运筹学并未大规模、系统地进入社会活动。

●正规期（1940—1970 年）。从第二次世界大战期间英国布莱克特（Blackett）带领的第一个运筹学小组为军方进行研究开始，运筹学一直服务于需要管理大量战争物资流的军队。战后，大量的运筹学专家又转向民间企业，去支持大规模生产和物流的需要。在这个时期，大量的数学知识引入并支撑了运筹学的根基和发展，如线性规划、网络分析、排队理论、图论等。我国在 1955 年引入该学科（Operations Research）时，并未采用"运作"的直接翻译，而选用了《史记·高祖本纪》中的"运筹"一词。

●裂变期（1970年至今）。随着生产运作理论和实践的发展，以及社会和企业的专业分工需要，物流管理、库存管理、采购管理等原先归属于运筹学研究范畴的任务逐渐独立出来。再加上计算机化、信息化和数字化的推动，供应链专业领域遇到的更细致、更复杂的任务，也使运筹学难以全部承载。然而，即使到今天，供应链管理领域中那些需要大量量化的管理问题，依然离不开运筹学的理论和模型，它们使得管理者能抽象化和模型化地思考解决方案。

4）物流管理的演变

不少文献和论文认为，"物流"概念最早出现在1901年由克罗威尔（Crowell）主笔的、美国政府发布的《农产品流通产业委员会报告》中，该报告论述了对农产品流通产生影响的各种因素和费用。例如，报告开始就指出："1900年7月25日芝加哥的玉米消费价格是39美分，而从堪萨斯Hutchinson的生产商和消费者到芝加哥的合计分销（distribution）费用为25.44美分，分销费用占了消费者成本的34.8%"[15]。然而，整个报告并未涉及现代意义的物流管理，报告中提及的distribution很容易被认为是物流，但其描述的仅仅是农作物的社会流通，虽然提及了运费是其组成部分，但重点关注的却是渠道中的贸易和投机行为。

1912年阿什·肖（Arch Shaw）在《市场流通的若干问题》文章中[16]，论述厂家的商业活动有两种：生产改变物质形态，分销改变地点。这两种商业活动需要互相平衡和依赖。然而，文中实际并未涉及现代物流的任何工作，无论是运输还是仓储，讨论的多数内容是关于经销商和中间商等流通环节。

可见，分销一词曾多年占据物流管理内涵的主要部分是有其历史原因的。然而，从社会经济运行角度，以分销为核心的"物流"概念多指物资流通，更宏观，与企业物流管理中更微观具体的实物分销不同。这里不妨参考巴罗的历史分类[17]。

● 1950年前：物流主要在军事组织中大规模应用。事实上，并不像大多数文献所述的"源于第一次世界大战前后"，"物流"一词不论是以英文logistics，还是以希腊文logistikos或拉丁文logisticus，都出现在更早期的军队中。拿破仑手下一名叫约米尼（Jomini）的参谋当时就写道："如果承认古代物流只是一门详细的科学，用于规范与行军有关的一切物资；如果断言今天的参谋职能包含了战略的最高职能，那么也必须承认物流不再仅仅是参谋科学的一部分，或者更确切地说，有必要给予它另一个发展，使它成为一门新的科学，不仅是参谋的科学，而且是总司令的科学"[18]。然而，即便如此，"物流"在随后的军队中并未受到重视，甚至被曲解为"搜集情报"。直到1888年，美国海军战争学院的罗杰斯（Rogers）创建了海军物流（Naval Logistics）专业，才使物流回归本意并提升了它的作用。后来，就如同各种文献所提及的那样，在第一次世界大战和第二次世界大战中物流被大规模地应用。如前所述，第二次世界大战及之后，军事物流与运筹学相互促进发展。

在那个时代，企业中并未过多使用 logistics 一词，而是更多地谈及仓储、运输，物流也很少作为一个独立的职能部门，其职能多被分散在其他职能之中，如图 1-7 所示。职能的割裂很容易造成业务目标冲突，例如：市场营销部门更倾向于保持较多库存，与财务部门相反；生产部门更倾向于大批量、少切换的生产活动，与市场营销部门的期望矛盾；市场营销部门更喜爱快速的交付，而生产部门则追求低成本的运输线路。这样极少考虑全局成本的状态，更多源于缺乏对物流管理关键成本权衡的理解、固有偏见、其他职能更受青睐以及企业正处于演变阶段等多重背景。仓储和运输业务更关注的是批量装卸等提高作业效率的方式，与当时普遍追求的大规模生产模式遥相呼应，因而像叉车、托盘、货架的使用逐渐普及，管理者也关心设施布局和空间利用。在 20 世纪 50 年代中期，多式联运集装箱开始出现，成为日后全球物流和贸易的先决条件。

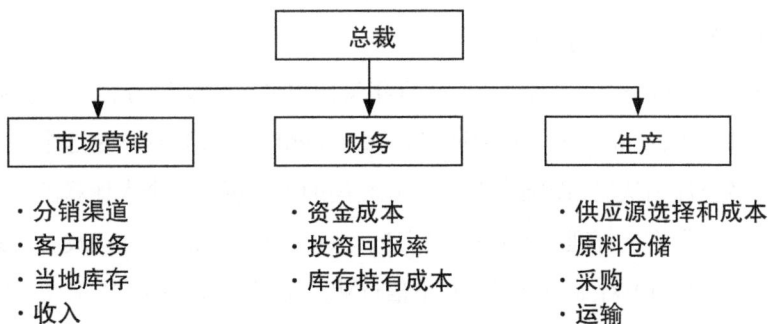

图 1-7 1950 年以前企业内典型的组织架构

● 实物分销时期（1950—1980 年）：大致是受几十年前 distribution 一词的影响，物流在那时被称为"实物分销"（Physical Distribution, PD）。如前所述，第二次世界大战之后运筹学的迅猛发展，为该领域的发展打下了坚实的基础。例如，哈佛商学院的刘易斯（Lewis）在其 1957 年的著作《空运在实物分销中的角色》中，建议在选择空运方式时说，"几乎总是要顾及库存和仓储等方面的影响，据报道，空运的选用与潜在用户规划的质量之间存在显著关系"[19]。1960 年，美国密歇根州立大学首先开设了 PD 课程，内容聚焦于运输、库存控制、仓储和设施选址等环节。在当时的北美，运输方式大量转向汽运，这使得管理者必须综合权衡仓储、物料搬运和运输的关系，开始向更全面的总成本方向迈进，但仍偏重于出向物流而较少涉及进向物流。1963 年在美国成立的"全国实物分销管理协会"（The National Council of Physical Distribution Management，NCPDM）正是 PD 时代的鲜明写照。虽然像赫斯克特那样的学术界人士努力把采购供应纳入 PD 范畴并合并称为"企业物流"（Business Logistics），但多数企业管理者并未如此对待，甚至很多市场营销和生产运作界的专家和管理者仍习惯性地将实物分销管理归属在他们的领域。例如，当时美国市场营销协会总裁罗伯特·拉维奇（Robert J. Lavidge）就曾表示，"实物分销和市场营销物流的主题已于近年来越来越受到营销人员的关注。我们参与了通常被称为物流领域的革命"。

那时的采购管理既不属于企业物流，也不属于生产范畴，并且不甘心仅处于采买这样的执行层面，于是自身"倔强"地扩张，努力把进向物流环节并入。

20 世纪 70 年代，实物分销因物流成本的高企才逐渐被重视。例如，1973 年美国商业物流成本（Business Logistics Cost）相当于当年 GDP 的 15%，企业的实物分销成本也高达销售额的 32%。然而，实物分销管理并未获得应有的重视。同时，运筹学和计算机技术的突飞猛进，使得实物分销管理有能力关注库存优化、线路优化和各种优化算法等更为专业的领域，并开始独立成为与市场营销、生产运作、财务等平级的职能部门。此时，计划和采购职能的羽翼也日趋丰满。

●物流时期（1980—1990 年）： 1985 年美国原"全国实物分销管理协会"更名为"物流管理协会"（Council of Logistics Management, CLM）应该是这个时代最好的诠释。企业管理者已深刻认识到物流管理对企业利润的重大影响。个人计算机的普及和管理理论日臻完善，使得物流管理成为专业、复杂、系统的独立职能。美国政府政策的"放松管制"（Deregulation）对金融、交通和电信行业产生了深远的影响，催化了物流业的发展，也加剧了物流业的竞争。物流以及商业物流成为专业或职能的主要名词。

1999 年，美国《商业物流期刊》（Journal of Business Logistics, JBL）在庆祝其创刊 20 周年之际，发表了一篇文章《JBL 的二十年：所发表的研究成果分析》，原本计划把历史文章按照传统的三个分支活动分类，结果发现文章分布为：34 篇与库存相关、32 篇与计算机应用相关、22 篇涉及客户服务、21 篇涉及国际物流、20 篇与运费管理有关、20 篇涉及生产和质量。可见，物流管理已不可阻挡地涵盖了更宽泛的职能。

我国的"物流"一词也是这个时期引入并被逐渐推广的。中文里原来没有"物流"一词，之前一直翻译为"后勤"。我国物流专业和行业发展相对较晚，中国物流与采购联合会也是于 2001 年由原来的"中国物资流通协会"更名而来。

●供应链时代 （1990 年至今）：虽然上文中提及供应链及供应链管理的概念多在 20 世纪 90 时代提出，但那些概念多活跃在学术界，在 20 世纪 90 年代中后期除了一些领先的企业接受并付诸行动，多数企业还在观望或慢慢转型。例如，美国供应链管理专业协会也是直到 2005 年才从原来的物流管理协会更名。甚至当时还有不少专家和企业管理者争论物流与供应链之间的包容或重叠关系，这种争论可能与物流在之前发展迅猛、实践丰富和理论基础扎实不无关系。最终，大家逐渐认识到，供应链管理有区别于物流管理的两项重要因素：一是物流管理仅是供应链管理的一个分支活动，而后者还囊括了采购管理、生产管理、计划和库存管理三个重要分支活动；二是供应链管理更强调企业内部职能和上下游企业之间的协同和关系构建。即便如此，整合和协同"不是一天能建成的"，需要管理者不断地突破职能墙和企业墙、背后的固有习惯和认知，以及策略、政策和流程，甚至权力和利益分配。

在这个时代，各种供应链管理实践和理论也层出不穷。1990—1992 年沃尔玛与宝洁的 VMI，之后的 CPFR，科尔尼咨询推出的采购战略寻源和采购棋盘，精益生产到精益供应链、敏捷供应链、商业全球化、信息技术、互联网、移动互联网、电子商务，以及最近几年进一步活跃的数字化技术，既拓宽了供应链管理的领域，也加深了其各子专业的发展。在将来，企业管理者也许只有拥抱技术，创新商业理念和模式，才能驾驭易变、不确定、复杂和模糊的供应链。

5）计划和库存管理的演变

虽然计划和库存管理领域的发展时间，比生产运作管理、采购管理和物流管理都要短，甚至可以说是从这几个分支活动演变而来的，但是早期的一些经典理论和实践还是值得一提。1913 年哈里斯提出经济订货量（Economic Order Quantity, EOQ）模型，最早提出从库存总成本角度选择订（补）货的最佳批量。塔夫特（Taft）于 1918 年跟进提出了经济生产批量（Economic Production Lot, EPL）概念。几乎同期，摩斯（Morse）、塔夫特、坎普（Comp）和库伯（Cooper）等人通过引入利息费用而强化了库存持有成本的计算。1922 年和 1925 年，班尼（Bennie）和戴维斯（Davis）分别提出了安全库存概念，后者还引入了库存管理很重要的前置期概念。可能是因为人们都忙于大规模生产或战争，也可能是因为当时的数学能力有限，此后近 30 年，各种尝试无非是对前面的概念和算法修修补补，添加各种假设变量而已，并无里程碑式的推进。

随着第二次世界大战结束后运筹学的蓬勃发展，库存管理在理论上有了巨大突破，结合了概率论和排队理论、统计决策理论、微观经济学和多阶段优化等方法。怀丁（T. M. Whitin）1953 年的《库存管理理论》可算作是早期比较系统的库存管理教科书。一批专家和研究成果的背后也有着美国军方和兰德公司的身影。当时研究的课题主要为了协助军方降低物资库存的浪费以及实现少数大企业的利润追求。由于获取物资单品种历史需求数据的困难以及计算能力的限制，各种理论模型多局限于如下情况：假设客户服务水平对成本的影响包含在模型要优化的目标函数中（而不是将其表示为约束条件）、未满足的需求可整体积压、前置期已知且确定、存货单位（Stock Keeping Unit, SKU） 需求独立分布、时间范围为单周期或无界。那时，要计算一个线性规划问题，可不像如今使用 Excel 或其他软件那么简单，要辛苦地使用打孔计算机。然而，那个时代的巨大贡献是为日后理论和实践的发展提供了基础架构。1950—1960 年的其他经典成果列举如下：

● 1957 年瓦格纳 - 怀丁（Wagner-Whitin）的订货批量优化算法；

● 1958 年麻省理工学院的弗雷斯特（Forrest）提出的"产业动态"理论，即后来广为人知的"牛鞭效应"，一直影响至今；

● 1957—1959 年霍尔特（Holt）的指数加权移动平均模型与布朗（Brown）的统计预测；

●管理者现在熟知的"最小 - 最大系统（Mix-Max System）是斯卡夫（Scarf）于 1960 年创建的。

20 世纪 60 年代至 70 年代，计划和库存管理领域对制造业的一个巨大推动应属 MRP，归功于著名的"三剑客"奥克里奇（Orlicky）、怀特（Wight）、普罗素（Plossl）和众多专家，以及 APICS 和 IBM 公司的资助，历经 20 世纪 60 年代的摸索总结，于 1972 年开始在北美制造业大规模推广。之后，便是当今的人们逐渐熟知的时代，从 20 世纪 80 年代的 MRP II、20 世纪 90 年代的 ERP 和 S&OP，甚至到如今的整合业务计划（Integrated Business Planning, IBP），计划和库存管理一直在整合与协同中扮演着穿针引线的角色。

供应链管理近两百年的演变历史不太可能被描述得非常完整，各个时期的社会、企业和学界发生的每一个事件也不可能被详细罗列，而我们可能做到是，从采购管理、生产运作管理、物流管理、运筹学、库存与计划管理这六大分支活动的典型阶段和事件中，勾勒出那条"涓涓细流汇入江河，并奔向大海"的整合发展之路。另外，我们还能做到的就是凭借有限笔墨向那些在这个领域耕耘的前辈们深表敬意。

5. 供应链与价值链和产业链的关系

习近平总书记在《国家中长期经济社会发展战略若干重大问题》中指出："优化和稳定产业链、供应链。产业链、供应链在关键时刻不能掉链子，这是大国经济必须具备的重要特征。"十四五规划中也多次提及优化产业链、供应链的发展环境。

那么，供应链与价值链和产业链是什么关系呢？

早在 1985 年，迈克尔·波特就提出了价值链（Value Chain）的概念[20]。他认为，企业发展竞争优势的目标是，在满足客户需要的前提下，对整个供应链（从供货商、制造商、分销商到消费者）的各个环节进行综合管理。同时，"每一个企业都是在设计、生产、销售、发送和辅助其产品的过程中进行各种活动的集合体。所有这些活动可以用一个价值链来表明"，如图 1-8 所示。按照波特的说法，每个企业都处在价值链中的某个环节，一个企业要赢得和维持竞争优势不仅取决于其内部价值链，还取决于一个更大的价值系统——产业价值链，即企业的内部价值链和它的供应商，以及客户价值链之间的连接。一个企业的成长不只取决于企业内部的价值链，从产业价值链整体来考察企业的成长性更具战略意义。然而，稍显遗憾的是，由于时代的局限，波特把采购管理列入支持性活动。

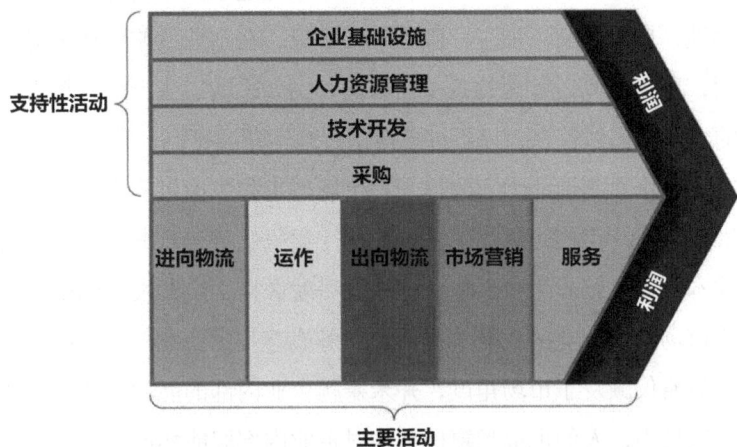

图 1-8　各项业务活动在波特价值链理论中的作用

产业链（Industry Chain）是产业经济学中的一个概念，源于新古典理论的社会分工思想，强调企业之间分工协作的重要性。1958 年阿尔伯特·赫希曼（Hirschman）在论述产业链概念时认为，需求产生于"新产业对中间产品的需求"这种后向联系，以及"对使用当前行业产品作为输入的行业的连锁反应"这种前向联系[21]。然而，西方的学术文献很少使用产业链概念，并未把产业链作为一个单独的经济组织层次，而是将它严格地分解到企业和产业这两个层次中。我国专家赵林度认为，"产业链、供应链和价值链是社会经济发展的重要支撑，三链深度融合成为新格局下的必然趋势。供应链将产业链形成的产品和服务转化为商品传递给终端消费者，在产业链末端增加了分销商、零售商等流通渠道，以增强产品和服务价值传递能力，低成本、便捷地满足终端消费者的需求。供应链也具有产品或服务属性、结构属性和价值属性，即供应链为不同的产业单元传递不同的产品或服务，形成不同的时空结构，为终端消费者传递不同的价值"[22]。

|第 2 节|供应链管理的重要性

供应链管理是企业获得并维持竞争力的一种有效途径。从上节对供应链概念和供应链管理定义的介绍中，管理者可以感受到，人们对供应链管理重要性的认识并不是一步到位的，而是随着时代发展渐进的。

20 世纪 60 年代，随着第二次世界大战后的大规模生产达到鼎盛，斯金纳适时提出制造战略的重要性，并将之关联企业战略。制造战略原先追求四个目标——成本、质量、交付（时间）和柔性，后来他又添加了"服务"。那时，在企业战略中还未见供应链管理的一丝踪迹。然而，现代供应链管理的各主要职能，例如采购、生产、物料管理、物流、分销等，在那时的企业中已然存在，只不过各自割裂地运营罢了。

时光荏苒，随着企业制造能力大幅提升，市场需求和生产供应也渐渐饱和，企业之间的竞争加剧。20 世纪 80 年代，迈克尔·波特在《竞争优势》一书中适时提出了市场营销的三种战略：成本领先、差异化和聚焦。这些战略就像指引企业发展的明灯，不少企业便把这些原本属于市场营销职能的战略，提升到业务战略甚至企业战略层面。其实，波特的市场竞争理论或战略仅顾及了市场角度，并未兼顾企业内部的能力和资源。即便从他著名的"五力分析"工具中，人们也很难窥探到他对企业内部职能和部门能力的分析。所以，有人总结波特学派属于市场角度（Market-Based View，MBV），并针对性地提出企业战略还应考虑资源角度（Resource-Based View，RBV），甚至当时大家还争论，这两种角度都应算作业务战略，而不应视为企业战略。

几乎与上述变化并行的是，从 20 世纪 50 年代到 70 年代，朱兰和戴明等一直坚持不懈地在质量管理理论和实践领域耕耘。直到 20 世纪 50 年代到 90 年代日本汽车行业对美国制造商的剧烈冲击，才使得美国企业管理者更看重质量职能，把它提升到企业战略层面。约翰·克拉夫茨克（John Krafcik）于 1988 年基于其硕士论文写的文章《精益生产系统的胜利》，提出了精益生产理论[23]。詹姆斯 P. 沃麦克（James P. Womack）等于 1996 年出版了《精益思想》。一些专家在随后数年间推动了精益供应链概念。费舍尔（Fisher）和克里斯多弗则分别在 1997 和 2000 年提出了敏捷供应链战略（Agile SCM Strategy）。

1. 供应链管理对企业的总体影响

衡量一项管理职能对企业的重要性，最好的方法是观察该管理职能是否在制订企业战略时被重点考虑和纳入，以及其对企业的财务表现是否构成显著影响。

1）对企业战略制订的影响

供应链管理战略与企业战略、业务战略的大致关系，如图 1-9 所示。

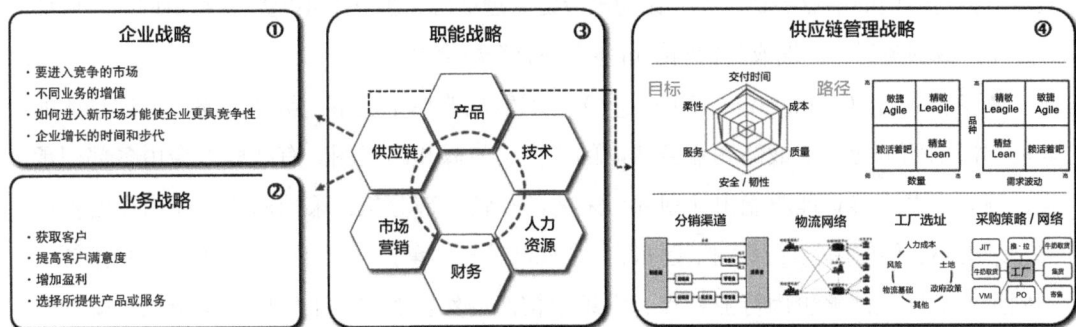

图 1-9　供应链管理战略与企业战略和业务战略的大致关系

●企业战略（Corporate Strategy）：以企业更高层的愿景、使命、目的（Goal）和目标（Objectives）为关键输入，但不是唯一输入源。目标与目的的关键区别在一个"标"字，指明了它是偏具体、量化的方向。而目的在目标之前，指大致的方向。例如，"我们特别想成为市场领导者"，这是目的，看起来不清晰明确。"我们要实现市场份额领先，力争达到 5%"，这是目标，就很具体。他们企业战略需要考虑以下方面：要进入竞争的市场；不同业务的增值；如何进入新市场才能使企业更具竞争性；企业增长的时间和步伐。

就目前的管理能力看，很多企业的供应链管理战略尚无力与企业战略完美对接，而仅能经由业务战略间接地产生影响。这种使人具有挫败感的事实主要源自企业战略和供应链客观存在的复杂性以及管理团队（管理者和供应链职能）的能力限制。此外，企业战略必然影响甚至制约供应链（职能）管理战略的制订。例如，一家立足多元化（如食品、地产、金融、物流等）发展的企业，其供应链管理战略整合的难度可想而知。一家大型的轨道交通制造企业，在面对城市轨道交通设备和高铁这两个业务领域时，选择精益、敏捷还是精敏的运作模式，恐怕也得让管理者费心思量。只有成熟的供应链组织，其战略才能支持企业战略中目标市场的快速进入以及业务快速增长。对于那些省略了业务战略的企业，则供应链管理战略能借助其传统目标直接支持企业战略。

●业务战略（Business Strategy）：比企业战略的层次更低但更具体，指向具体的业务单元或事业部。有时，规模小的企业会把业务战略与企业战略合并。制订业务战略需要考虑以下方面：获取客户；提高客户满意度；增加盈利；选择所提供产品或服务。

供应链管理战略对业务战略的影响取决于前者在交付时间、成本、质量、安全 / 韧性、服务和柔性这些方面对后者的支持程度。有些企业在其供应链管理战略设计中，还添加了绿色、社会责任等目标。供应链管理战略针对事业部其他职能部门的协同程度，对业务战略的影响尤为显著。然而，穿透部门墙不能依赖"单相思"，各职能部门必须都具备供应链思想，才能削弱本位主义，这将考验供应链职能和企业管理者的领导力。虽然多数企业会对不同的事业部制订差异化的供应链管理战略，但并非不能整合和协同，供应商库、生产或服务运作基地或分销网络可能存在整合机会。

● 职能战略（Functional Strategy）：职能战略属于更下一级的战略，描述具体的职能部门如何响应企业战略和业务战略的方向、步骤和路线图。有些职能会由多部门承担，例如，供应链管理职能由计划部、采购部和物流部分担，采购职能可能由设备资产部、采购部、供应商管理部、招投标部、合规部等一同承担，这在大型企业里屡见不鲜。不同企业的职能战略也因行业特点、组织架构而迥然。例如，工程项目类企业，就有图1-9的职能示例中未包括的项目管理职能或部门。

很明显，供应链管理战略原本属于职能战略这层。从历史发展看，哪个职能战略能更显著影响或上升为业务战略甚至企业战略，时代风气、企业成长阶段、领导层认知等都是影响要素。如今，一些企业会把供应链管理战略纳入企业战略层级。

2）对企业财务表现的影响

企业管理者和投资人对企业财务表现的关注主要聚焦在损益表、资产负债表和现金流。出色的供应链管理职能都能显著提升这三种报表的表现。

● 损益表：传统上看，供应链管理能借助采购职能的成本管控影响到损益表中的销售成本，借助物流职能影响到部分销售成本和销售费用，借助计划职能对库存和产能的合理规划，间接影响到财务费用和销售成本中的生产成本。当然，采购职能中的间接采购将协助控制各项费用，也能通过固定资产、耗材的采购成本控制影响的销售成本。这些努力将最终在损益表中的净利润中体现。

更积极地看，出色的供应链管理通过降低缺货率、快速响应、稳定的产品质量、独特的产品或服务功能等措施影响销售收入。供应链管理，特别是跨地区、跨国家的供应链管理，还能通过供应链网络布局和贸易规划协助公司优化税负。

● 资产负债表：供应链管理对资产负债表的传统影响主要体现在库存和固定资产，通过计划工作控制合理的库存，通过采购固定资产，利用生产计划和运作计划来提高固定资产利用率。进一步说，有效的供应链管理可以优化从需求到送达的流程，降低从下订单到交付的物流环节的失误，减少客户争议。采购职能部门可根据企业财务策略合理控制应付账款，但过于苛刻的控制也会使得供应商提高价格。

● 现金流：供应链职能的一个关键绩效指标，甚至有可能上升为企业关键绩效指标的。完善的销售和运营计划体系及其执行，也为企业现金流计划夯实了基础。

　　除此之外，很多企业在衡量供应链财务绩效方面，还采用了投资回报率、营运资金等指标。Gartner 公司每年发布的全球供应链 25 强报告中，选用了实物资产回报率、库存周转率和收入增长这三项财务指标作为量化评估指标。其中，实物资产指的是库存、固定资产等，2020 年实物资产回报率替换了原投资回报率。他们认为，供应链管理的影响更应体现在实物资产方面，而总资产还包括了流动资产中的有价票据、专利和商标等无形资产，而它们并不会直接受到供应链管理的影响。

2.供应链主要管理职能的影响

　　CFLP 供应链管理框架，在运作层面涉及计划、采购、物流、生产 / 运作和交付等五项管理职能。这里重点阐述前三个方面活动管理对企业供应链管理战略目标的影响，并提炼汇总在表 1-1 中。

表 1-1　计划管理、采购管理和物流管理对企业供应链管理战略目标的影响

	计划管理	采购管理	物流管理
交付时间	·从客户需求到交付的整体计划和模式选择 ·库存部署策略及可得性 ·S&OP 体系的有效控制	·品类采购的寻源策略 ·采购—收货的流程管理 ·供应商关系管理 ·供应商早期参与	·物流网络规划 ·物流运作流程时间压缩 ·仓配一体化 ·运输模式选择
成本	·需求计划和供应计划影响生产成本、库存成本 ·补货时间 / 批量影响库存成本	·寻源阶段引入竞争 ·原材料、固定资产等的总拥有成本管理 ·价值分析 / 价值工程	·运输模式选择 ·物流网络规划 ·从下订单到送达的全流程优化
质量	·对采购质量的计划 ·对供应商质量的评估和认证	·所有采购物的全面质量管理 ·采购早期参与及质量功能展开 ·价值分析 / 价值工程	·运输过程的货物损坏控制 ·仓储过程的货物存储条件及货物损坏控制 ·仓装和加工过程的质量管理
安全 / 韧性	·安全库存和产能缓冲 ·需求预测的早期预警	·寻源策略和供应商库优化 ·供应商关系管理 ·供应商能力开发	·物流网络规划 ·备份线路和承运商 ·运输模式权衡及快速切换
服务	·管理库存水平 ·服务运作和流程规划设计 ·应用排队理论理订单	·服务类供应商的工作说明书和服务水平协议	·物流的服务承诺及达成率
柔性	·生产计划和排程的配置	·供应商能力开发	·物流的快速响应和小批量处理能力

1）计划管理的影响

如果简单回顾计划管理的发展历史，无论是 1972 年 APICS 推动的 MRP，还是之后的 MRP Ⅱ 和 ERP，计划管理一直承担着为供应链各职能穿针引线的作用，有效地促进了职能整合。如今，计划管理在交付时间、成本、服务等供应链的主要目标方向上做出了更突出的贡献。

2）采购管理的影响

采购管理的基本目标反映在 7R（7 Rights）上，即"以恰当的来源、恰当的价格，将所需物资和服务的恰当的数量，在保证恰当的质量和恰当的服务基础之上，在恰当的时间交付到恰当的地点"。因此，采购管理在成本、质量、安全/韧性、柔性等多个方面帮助供应链管理实现其职能的战略目标。近年来，供应商创新也是企业采购管理的重点。

3）物流管理的影响

1984 年，沙曼（Sharman）在《哈佛商业评论》上发表了《物流再发掘》，指出物流应该在战略意义上得到企业管理者的充分重视[24]。

中国社会物流总费用在 2021 年达到 16.7 万亿元[25]，相当于当年名义 GDP 的 16.7%，这主要是由于幅员辽阔、东西人口和经济发展不均衡和产业结构差异等。可想而知，对于在全国市场驰骋的一家企业，物流管理是何等重要。

物流管理的目标体现为 7R，即"在恰当的时间、恰当的地点和恰当的条件下，将恰当的产品以恰当的方式和恰当的成本提供给恰当的消费者"。在不同行业或企业，物流管理的重要性体现迥然。对于货值低的、全国性运作的快消品企业，物流管理对成本控制影响大，诸如经营薯片或饼干的食品企业，其物流成本可能达销售额的 4%~7%。对于货值高的企业，如经营高档化妆品的企业，其物流成本占销售额的比重可能不足 1%，但货物安全或物流时效更受关注。大型电商平台则把物流时效作为核心竞争力之一。

综上所述，无论是计划管理，还是采购管理、物流管理，都能凭借发展多年的管理理论和实践深刻影响着供应链管理职能。

4）生产/运作管理的影响

生产/运作管理是企业供应链管理中的重要组成部分，是与产品制造和服务实现关系最密切的各项管理工作的总称。生产/运作管理有狭义与广义之分：狭义的生产/运作管理是指以生产产品或实现服务的过程为主要内容，包括过程规划和组织、生产能力计划、生产计划和排程制订及现场执行管理、在制品管理、生产进度控制、生产成本核算与控制等；而广义的运作管理则是对全部生产活动的综合管理，除了包括上述内容外，还包括生产系统布局、生产设备与工装管理、生产物资管理、质量管理、生产物流管理、成本控制甚至客户服务等各项管理活动。

运作管理的目的无疑是生产和提供客户所需的产品或服务，其主要作用如下。

●对企业成本和利润的贡献：在充分竞争的市场环境下，企业的利润受到生产成本的显著影响。即使是垄断型企业，生产成本越低，则其利润空间就越大。

●对产品质量的作用：众所周知，质量取决于设计和生产。设计本是企业研发部门的主要职责，而生产早期参与到新产品或服务的开发过程中，可以通过可制造性设计（Design for Manufacturability，DFM）等方式对设计提供同步反馈，帮助设计研发，确定生产装备和工艺所能达成的最适产品特性与质量。而在生产制造过程中，如何做好设备全面维护与保养，让设备与工艺最佳配合，从而生产出高质量、高合格率的产品，是对生产管理活动最基本的要求。

●对新品上市时间的作用：生产管理可以通过早期参与新品协同开发过程，尽早确定产品的可制造性，避免出现"设计很完美、生产很难办"的状况和无谓的反复设计变更，以缩短新品上市的时间。通过协同产品开发，产品开发周期一般会缩短 40%~60%；而设计和制造过程一体化，还能使制造成本降低 30%~50%。

●对产品交付速度和灵活性的作用：除了新品上市，现有产品或服务的及时交付也是企业盈利的重要前提条件。企业的生产管理必须通过各种精益敏捷生产技术和管理手段，如快速换模法 （Single Minute Exchange of Die，SMED）、单件流、柔性生产、5S 活动、可视化管理、防错纠偏等，来实现产品和服务的快速和灵活交付。

曾是日本能率协会顾问的新乡重夫是 TPS 的大力推广者，其在著作中回忆[26]，1970 年丰田汽车公司针对一台千吨级冲床的模具更换需要 4 小时，而德国大众汽车公司只需要 2 小时。在他们持续努力改进后的半年，换模时间被压缩到 1.5 小时，并在之后数月被继续压缩为"3 分钟"。新乡重夫在书中说到，SMED 被外界解读为"一分钟换模"，是不准确的，实际上当时压缩到 9 分 59 秒，但这些努力也足以令人震撼。这种将"内部换模"动作调整到"外部换模"的实践，需要千百次的尝试，堪称典范。

3.企业内供应链管理职能之间的协同对企业的影响

"协同"的英文 collaboration 源自拉丁文字根"com - labor - to work"，即人们一起去工作。《说文解字》说："协，众之同和也。同，合会也。"回顾历史，供应链管理本身就是各职能整合和协同的过程，需要在目标、策略、政策流程、人员及组织结构几个层面协同。企业内典型的供应链管理职能协同步骤如图 1-10 所示。不论在企业之间还是内部职能部门之间，目标差异是社会分工的必然产物，目标协同最重要且最困难。供应链管理职能协同也是如此。

图 1-10　供应链管理职能协同步骤

　　协同工作开展的基础是梳理职能之间业务关联，总结常见的矛盾，如表 1-2 所示，企业可根据自身情况开展协同工作。矛盾是客观存在的，管理者需要从企业供应链职能的总体目标和策略出发，放弃局部利益，才能突破部门墙。

表 1-2　供应链管理职能之间的业务关联图谱（列对行的影响）

	计划管理	采购管理	物流管理	生产运作
计划管理		·采购对需求预测的早期响应 ·品类采购策略对 MRP 的支撑 ·供应商交期表现影响物料库存设置	·网络规划影响计划节拍和库存策略 ·运作达成率影响安全库存设置 ·仓库库存影响计划的准确性 ·仓库作业效率影响计划的执行	·影响生产计划的达成 ·工序工艺影响计划周期 ·制造执行系统（Manufacturing Execution System，MES）的准确影响计划执行表现
采购管理	·对客户产品交期的承诺兼顾采购周期 ·计划节拍设计顾及采购能力 ·生产计划及 MRP 的变化对采购执行的影响		·仓库收货影响采购订单执行表现及测量 ·进向物流管理影响采购成本和供应稳定 ·JIT/VMI/牛奶取货/共同配送等模式及运作影响供应商	·JIT 模式下生产节拍、收货计划和规则影响采购策略和供应商绩效 ·工序复杂度和次序影响采购策略
物流管理	·对客户交期的承诺兼顾物流配送 ·DRP 权衡物流能力 ·库存补货策略权衡不同运输方式的时间和成本 ·计划对仓间的影响	·管理物流采购品类 ·"采购—收货"流程和供应商能力影响仓库作业及厂内物流		·线边料管理 ·JIT 模式下收货流程影响物流系统和流程

续表

	计划管理	采购管理	物流管理	生产运作
生产运作	·生产计划影响生产成本（批量及换型） ·需求计划影响生产模式选择	·订单的执行和物料质量影响齐套率和生产执行 ·管理生产类的固定资产及耗材采购，影响生产成本	·JIT入场和厂内物流运作影响生产执行 ·物料配送和成品收货影响在制品库存数据	

如今，某些企业已把协同目光扩展到传统供应链管理职能之外的其他部门，例如研发、财务、技术研发、项目管理、销售和市场等。

4. 供应链上下游企业间的协同对企业的影响

仅仅解决了企业内部的协同尚不足以支撑当今供应链竞争环境下的企业发展，管理者必须尽力开展上下游之间的企业协同。无论是与客户协同，还是与供应商协同，从快速响应、消费者有效反应（Efficient Consumer Response, ECR）到 CPFR，从 VMI、共同配送、牛奶取货和供应商早期参与（Early Supplier Involvement, ESI），各种成功的案例不胜枚举。如今，协同不仅在运作层面展开，还在企业的计划、供应链战略、目标市场定位及客户、产品开发等层级推进。

协同与协商谈判，在本质上虽然有区别，前者多是目标一致下开展的活动，后者则更多是在目标不一致时的妥协和利益交换，但是二者往往如影随形。本丛书第三册《供应链领导力》会涉及更多的上下游协同内容。

│第 3 节│供应链发展的趋势

1. 新技术的应用

随着信息技术突飞猛进的发展，电子商务、数字化供应链等建立在现代信息电子化和数字化基石之上的新型商务和供应链模式已经得到越来越广泛的关注和应用。

1）传统信息系统的沿用和升级

供应链管理中会应用到大量的信息技术和系统。当前，除了传统的 MRP、DRP

和 ERP 等系统成为众多企业的必需装备，仓库管理系统（Warehouse Management System, WMS）、运输管理系统（Transportation Management System, TMS）、高级生产排程（Advanced Planning and Scheduling, APS），以及各类供应链管理系统，如供应商关系管理系统（Supplier Relationship Management, SRM）、高级计划优化器（Advanced Planning and Optimizer, APO）、电子寻源系统（E-Sourcing）等，也广泛地被企业熟知和运用。因此，供应链管理者必须具备更高的信息技术能力和素养，熟悉各类系统的功能和操作，充分利用系统的数据分析和决策支持能力，做好战略供应商选择、供应库（Supply Base）优化、合同授予与管理、物流网络规划、需求与供应计划等活动。新兴的系统使用方式也从传统的客户—服务器、浏览—服务器模式，发展到软件即服务（SaaS）、平台即服务（PaaS）和基础设施即服务（IaaS）等模式。

但是，在选择和构建信息管理系统时，供应链管理者必须要注意，在没有一个完善的业务管理流程时，购买或构建优秀的信息管理系统并不一定会给企业带来管理上的突破或收益，相反地，很多时候会给企业带来负面效应。在由麻省理工学院、PRTM（美国知名管理咨询公司）和 SAP 合作进行的一项研究中，有一项引人注目的研究成果是，当企业的业务流程处于不成熟状态、缺乏清晰一致的供应链管理流程时，更多的电子信息系统的投入，或更高的电子信息系统基础建设水平给企业的供应链管理绩效带来的是负面的作用。拿库存天数来说，那些在电子信息系统基础建设中投入较多，但是缺乏成熟的供应链管理流程的企业，比起那些虽然同样没有成熟的供应链管理流程，但也没有电子信息系统基础建设投入的企业库存天数多出了 26%；同时，库存持有成本则高出了 28%，进而导致利润回报率降低了 7%。电子信息管理系统不菲的价格、系统建设所需的其他高投入和不成熟的供应链管理流程，都会造成企业资源的浪费。

2）蓬勃发展的数字化技术

Gartner 公司 2020 年发布的供应链数字化技术展望包括云平台、移动技术、内存式计算（In-Memory Computing, IMC）、自动流程机器人（Robotic Process Automation, RPA）、数字孪生（Digital Twin）、物联网（Internet of Things, IoT）、机器学习和人工智能、商业网络这八项。这些技术在供应链管理的计划、采购、物流和生产运作领域的部署日益加快，成为企业供应链战略的助推器。

管理者也务必清醒地认识到技术发展的自然规律、代价和风险。正如"邓宁－克鲁格效应"（The Dunning-Kruger Effect）所揭示的现象，人们对技术发展的接纳程度受到其认知能力的影响。技术发展曲线通常包括懵懂的创新触发、泡沫似的期望膨胀高峰、失望的跌落谷底、大浪淘沙后的明媚爬升以及脚踏实地的成熟生产这五个阶段。管理者只有充分理解技术发展规律、企业目标战略和能力以及技术市场的供应，才能正确地选择技术方式、部署策略、投入和时间计划，支撑供应链发展战略。冒进与踌躇均可能对企业构成重大风险。

3）数字化技术驱动的商业模式

得益于互联网及信息技术的发展，通过在线平台从事商业活动愈发普遍，如阿里巴巴平台，就是一个受到广泛使用的 B2B 的国际交易平台，服务于全球数以百万计的采购方和供应商。小企业可以通过阿里巴巴平台，将产品销售到世界各地。

赫特施莱因特（Hutzschenreuter）根据电子商务交易的参与方，提出"电子商务市场细分矩阵"（见表 1-3），将电子商务模式分成九类。参与方共有三类，包括消费者（自然人）、企业和政府。这三类交易方既可以是卖方也可以是买方。我国的 B2C 市场发展迅猛，2021 年网上零售额已达到 13 万亿元，其中，实物商品的网上零售额达到 10.8 万亿元，占社会消费品零售总额的 24.5%[27]。

表 1-3　电子商务市场细分矩阵

参与方		买方		
		消费者（自然人）	企业	政府
卖方	消费者（自然人）	C2C	C2B	C2G
	企业	B2C	B2B	B2G
	政府	G2C	G2B	G2G

在 B2C 细分市场中，社交电商的交易规模增长迅速，市场规模占网络零售额比重达 31%，用户规模近 7 亿人。社交电商包括直播带货、在线拼团和社群营销等多种形式，成为继平台电商和自营电商之后的"第三极"。直播带货快速增长。数据显示，2020 年 1~12 月重点监测电商平台累计直播场次数量超过 2,400 万场，累计观看超 1,200 亿人次，直播商品数量超 5,000 万个，活跃主播数量超 55 万人[28]。在线拼团的购物方式也日趋丰富，其交易规模已超过社交电商的 50%。这些零售环节的快速变化将促使企业重新梳理供应链网络设计、运作模式、管理方法，甚至组织架构。

2.日益压缩的产品换代与生命周期

现在是科技发展日新月异的时代，尤其是高科技领域，如半导体制造、通信电子等行业的产品更新换代速度大大加快。2014 年 7 月，高通刚把 28 纳米的处理器生产委托给中芯国际代工，仅 2 个月后，英特尔的 14 纳米的处理器就已然通过量产前的测试验证。4G 通信终端产品刚成熟数年，5G 产品就已经耳熟能详，而如今人们又开始谈论 6G 了。

如此快速的产品更新换代，标志着产品生命周期的大幅压缩，这对供应链管理的敏捷性和柔性带来了巨大的挑战。原来可以供货的供应商如果没有雄厚的资金实力与技术创新能力，可能过不了多久就会被淘汰出局。例如，苹果的代工厂苏州联建科技就是由于未能跟随客户技术创新的步伐，在 2014 年 12 月上旬宣布倒闭。供应商随时可能出局，意味着供应链部门需要事前做好准备，要么储备好备用供应商，要么投入精力与成本，帮助供应商持续发展。供应链管理者必须通过对供应链的策略规划、流程优化和运作管理等方法压缩各个流程的时间，并建立供应商库，增进上下游协同等，以应对这一趋势。

3.供应链全球化与区域化的权衡

受到社会分工、国家（地区）之间的比较优势，以及大型企业向低成本国家（地区）寻源等因素的影响，全球货物出口贸易额从 20 世纪 80 年代开始加速增长，到 2018 年达到 19.47 万亿美元的历史顶点，分别为 1950 年和 1985 年的 324.5 倍和约 9.9 倍，如图 1-11 所示，然而从 2011 年开始却未有明显增幅，而是处于高位震荡状态。

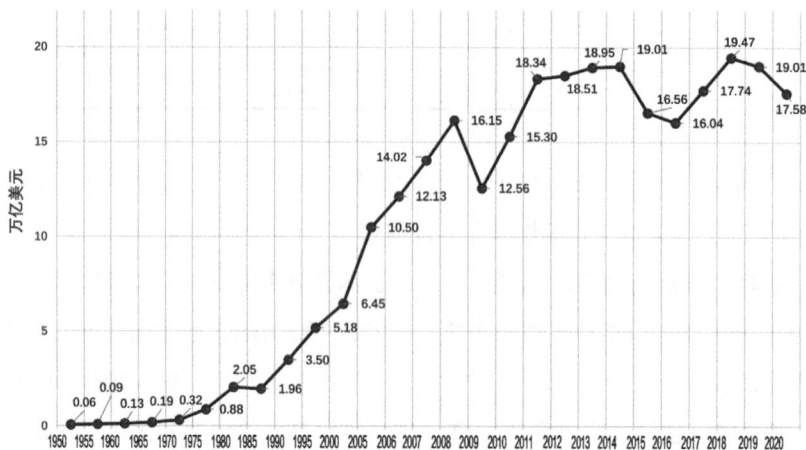

图 1-11　全球货物出口贸易额增长趋势（数据来源：WTO）

中国自改革开放，特别是 2001 年 12 月 11 日加入 WTO 以来，商品出口飞速增长，商品出口贸易额从 1980 年的不足 0.02 万亿美元，增长到 2021 年的 3.36 万亿美元，如图 1-12（b）所示。中国在世界贸易体系中的地位愈发重要，2021 年的商品出口贸易额居世界第一位，比第二和第三位的美国和德国之和还多，如图 1-12（a）所示。

（a）2021 年世界领先的出口国家（来源：WTO；单位：亿美元）

国家	数值
中国	40,339
美国	17,546
德国	16,318
荷兰	8,360
日本	7,560
韩国	6,444
意大利	6,103
法国	5,850
比利时	5,433
加拿大	5,034
墨西哥	4,943
俄罗斯	4,940
英国	4,681
新加坡	4,574
阿联酋	4,250
印度	3,954
西班牙	3,845
瑞士	3,799
澳大利亚	3,436

（b）1980—2021 年中国货物出口贸易额（来源：WTO）

数据点（万亿美元）：0.02、0.03、0.06、0.15、0.25、0.76、1.58、2.27、2.10、2.59、4.03

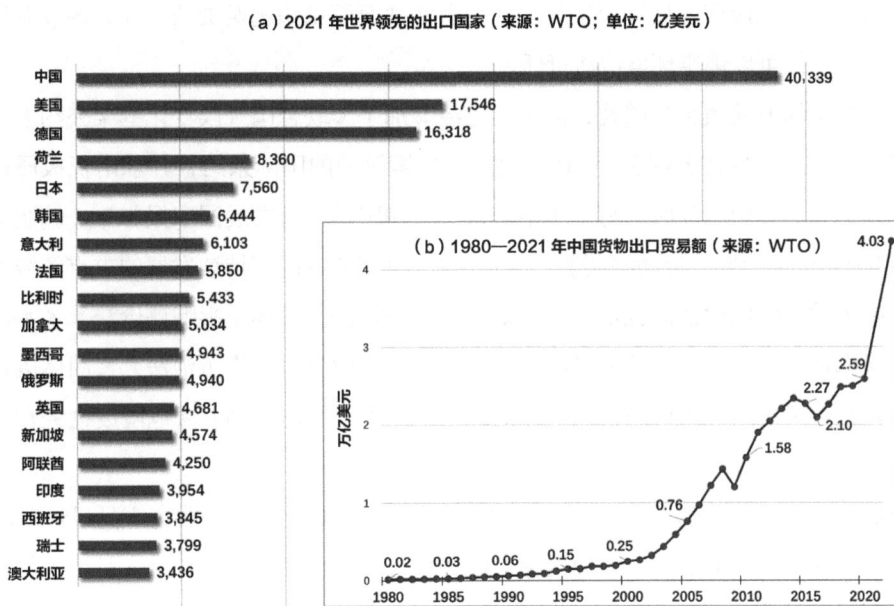

图 1-12　中国在国际贸易体系的重要性

如果考虑到欧盟、亚太和北美三大全球贸易地区的地理位置，人们就不难想象供应链全球化的长距离特征。长距离供应链带动了国际物流的蓬勃发展，但同时也增加了供应链中的不确定性。特别是由于地缘政治等相关因素的影响，全球供应链的不确定性愈发显著。有条件的国家、地区和大型企业，也开始探索供应链区域化的可能，例如，中国-东盟自由贸易区、东北亚、北美自由贸易区和欧盟都可能在日后数十年成为区域供应链的优先选项。区域供应链具有供应链距离相对短、区域文化相近等优势，影响着供应链的时间、成本和沟通效率。其中，最具代表性的就是中国-东盟自由贸易区的发展，区域贸易额占世界贸易总额的比重，已从 2002 年的 6.6% 上升到 2020 年的 12.8%。从 2020 年开始，东盟已连续两年成为中国的第一大贸易伙伴。

4. 绿色和可持续的供应链

在欧美国家，与供应链管理有密切关系的环保法律法规出台较早且较完备，如美国的《清洁空气法》《综合环境应对、赔偿和责任法（CERCLA）》《资源保护和恢复法（RCRA）》，以及欧盟的《关于限制在电子电器设备中使用某些有害成分的指令（ROHS）》《关于化学品注册、评估、授权和限制的法规（REACH）》《电气和电子产品废弃物法规（WEEE）》等。它们要求严苛、执法严格，如美国联邦环保法律不允许管理者对员工和供应商违反环境法律法规的做法视而不见和逃避责任，并强调没有任何法律保证采购组织可以逃避环境清洁责任。

中国在环保方面虽起步稍晚，但是也已经参加了《联合国气候变化框架公约》《京都议定书》《生物多样性公约》等50多项涉及环境保护的国际条约，并承诺积极履行这些条约规定的义务。中国政府编写了《中华人民共和国可持续发展国家报告》，编制了《中国21世纪初可持续发展行动纲要》，确定了21世纪初中国可持续发展的重点领域和行动计划。中国的环保法律法规也很齐备，如《环境保护法》《环境影响评价法》《水污染防治法》《海洋环境保护法》《大气污染防治法》《环境噪声污染防治法》《固体废物污染环境防治法》《放射性污染防治法》《危险化学品安全管理条例》《危险废物经营许可证管理办法》等。

企业绿色供应链管理框架如图1-13所示。绿色供应链要求企业在产品设计时就需要考虑到环境保护方面的要求，如使用绿色原材料，包括可降解树脂材料、可再生材料、可回收再利用材料等。采购过程也要注重环保，即要求选择通过ISO14000环境管理体系标准，对材料使用、有毒有害物质有严格控制的供应商。

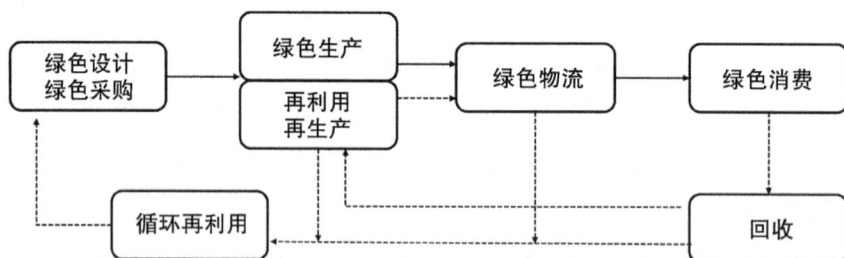

图1-13　企业绿色供应链管理框架

同样，生产过程也要环保，鼓励使用低能耗、清洁能源驱动的生产设备设施，尽量减少加工余量，充分考虑边角料的回收、分类、处理和再利用等，营造绿色环保的生产环境，充分考虑人体工学的要求，尽量减轻员工的劳动强度等。

原材料和产成品的运输配送、仓储物流管理中，应积极使用低能耗、绿色清洁的运输、仓储和搬运设施，使用可降解、可再生、可重复使用的、无毒无害的包装材料等。亚马逊公司从2018年开始推广的"零物流项目"，就涉及各物流中心的屋顶建筑改造、能源更换、高能效比的冷暖空调设备选用、物流包装以及使用清洁能源运输等诸多任务。

在产品消费环节，除了提供绿色产品和包装，鼓励绿色的消费方式外，对弃用、报废、冗余物料的处理，也需要严格遵循有关要求，如将有毒有害物料交给被环保部门批准的、有资质的废物回收企业回收处理等。在设计供应链时，既要考虑正向供应链中诸环节的环保，还要考虑逆向供应链的回收、生产再利用 / 再生产以及循环再利用。

　　如今，企业发展战略的关注点已从绿色发展到社会责任，再到可持续性发展，乃至更全面的环境、社会和公司治理，如图 1-14 所示。除了环境方面的考虑，企业在社会方面应更关注诸如员工福利与健康、性别平衡、产品质量安全、供应链责任、社区沟通和公益慈善等实践，而在公司治理方面则关注股权结构、反贪污受贿、反不公平竞争、财务报告透明、风险管理、公平劳动、道德行为准则、董事会独立及多样性、组织结构和投资者关系等实践。2015 年，联合国全球契约组织创建了社会可持续发展的 17 个目标，如图 1-15 所示，并倡议在 2030 年前全面执行。 供应链管理也应义不容辞地参与，并积极地以承诺、实践和透明报告等形式，坚定地支持企业发展战略。

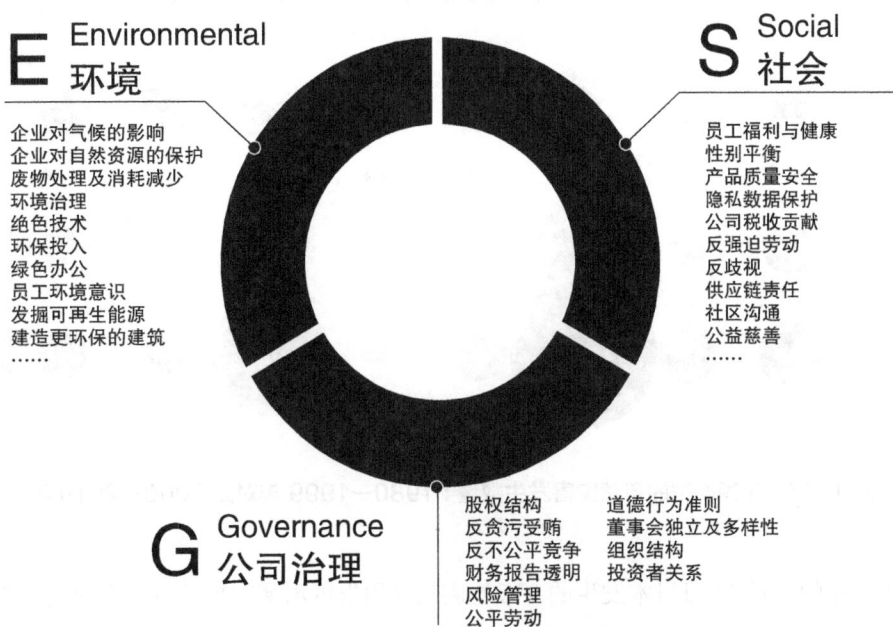

图 1-14　企业环境、社会和公司治理框架示例

图 1-15　社会可持续发展的 17 个目标

5. 日趋重视的供应链风险管理

供应链的安全程度取决于链上最薄弱的环节，而非最坚固的环节。供应链管理中的重要决策都必须关注客户和链条上各环节的风险。典型的供应链风险分析和管理包括地缘政治、环境、法律、财务、公共关系、运营、品牌和声誉、技术和数据安全等维度。其中，环境风险中还包括常见的自然灾害和环境保护等领域。位于布鲁塞尔的非政府组织灾害流行病学研究中心（Centre for Research on the Epidemiology of Disasters，CRED）发布的报告显示[29]，人类进入 21 世纪后的 20 年遭遇大型自然灾害的频率，相比 20 世纪最后 20 年有了大幅提高，如图 1-16 所示。并且，在 20 世纪的前 20 年，7,318 次的大型自然灾害共造成 123 万人死亡、40 亿人受到影响和 3 万亿美元的社会经济损失。

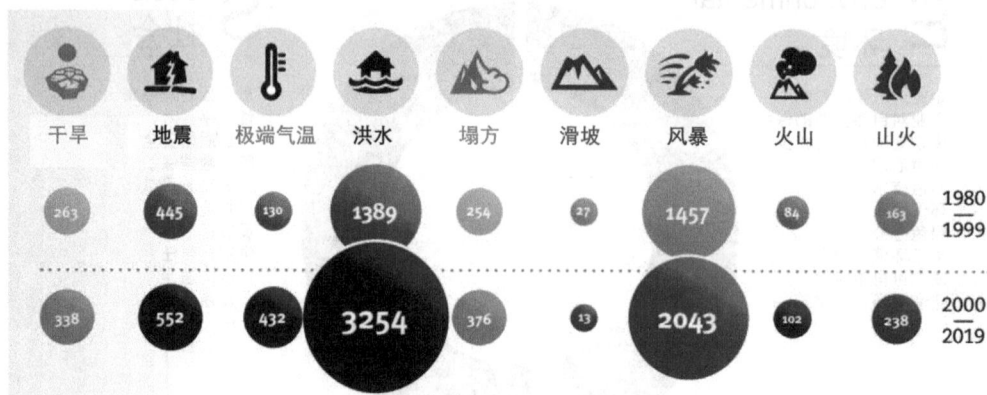

干旱	地震	极端气温	洪水	塌方	滑坡	风暴	火山	山火	
263	445	130	1389	254	27	1457	84	163	1980—1999
338	552	432	3254	376	13	2043	102	238	2000—2019

图 1-16　不同类型的自然灾害发生数量：1980—1999 年对比 2000—2019 年

2011 年的 3 月 11 日日本发生的 9 级地震及其引发的海啸与核危机，当时就引起了全球供应链管理者对电子供应链风险问题的密切关注。全球约有 20% 的半导体元器件产于日本，而就半导体器件的主要原材料——硅而言，日本的产量则占到全球的 60% 左右；同时，日本还是信息产业的重要器件，如 NAND 闪存和 DRAM 产品的主要产地；此外，日本还拥有 IC 封装用 BT 树脂全球产能的 90%。因此，日本发生严重的自然灾害时，无疑会给电子制造行业的供应链带来巨大的供应中断风险。

更甚者，根据市场研究机构 IC Insights 的统计，全球半导体制造产能中，有接近三分之二位于地震带上，其中包括超过 90% 的晶圆代工厂产能。

除了自然风险，供应链管理者还必须关注供应链上的合作伙伴的动向，时刻提防某个客户、供应商、供应商的供应商发生的问题给自身带来毁灭性的灾难。例如，2014 年 4 月，在诺基亚宣布完成与微软公司的手机业务交易，正式宣告退出手机市场之后，作为诺基亚下游代工厂，曾拥有 1 万名以上员工的苏州闳晖科技于 2014 年 11 月开始陷入停产状态。

　　所有这些内容都在提醒着管理者，必须重视供应链风险管理，更多的这方面知识参见本丛书第三册《供应链领导力》。

参考文献

　　[1] M. L. Christopher. Logistics and Supply Chain Management [M]. London: Pitman Publishing, 1992.

　　[2] J.F. Cox, J.H. Blackstone and M.S. Spencer. APICS Dictionary [M]. 8th ed.. American Production and Inventory Control Society, 1995.

　　[3] B. M. Beamon. Supply Chain Design and Analysis Models and Methods [J]. International Journal of Production Economics, 55, 281−294, 1998.

　　[4] ISM Glossary of Key Supply Management [M]. ISM, 2016.

　　[5] R.K. Oliver and M.D. Webber. Supply−chain Management: Logistics Catches Up with Strategy [J]. Outlook Magazine, 1982.

　　[6] D.M. Lambert, M.C. Cooper and J.D. Pagh. Supply Chain Management Implementation Issues and Research Opportunities [J]. The International Journal of Logistics Management, 11（1）, 1‑17, 1998.

　　[7] David Simchi−Levi et al.. Designing and Managing the Supply Chain: Concepts, Strategies, and Test Studies [M]. 2nd ed.. McGraw−Hill, 2003.

　　[8] J. T. Mentzer. Fundamentals of Supply Chain Management: Twelve Drivers for Competitive Advantage [M]. Thousand Oaks, CA: Sage Publications, Inc, 2004.

　　[9] J. Stock, S. Boyer. Developing a Consensus Definition of Supply Chain Management: A Qualitative Study [J]. International Journal of Physical Distribution & Logistics Management, 39（8）, 690‑711, 2009.

　　[10] CSCMP Bylaws ‑ Revised July 2013, 1−2.

　　[11] ISM Glossary of Key Supply Management [M].ISM, 2016.

　　[12] ISM Glossary of Key Supply Management [M].ISM, 2016.

　　[13] 中华人民共和国国家质量监督检验检疫总局，中国国家标准化委员会 . 供应链管理 第 2 部分：SCM 术语，GB/T26337.2−2011 [S].北京：中国标准出版社，2012.

［14］大野耐一著．李长倩等译．丰田生产方式［M］．北京：北京出版社，1979，p3.

［15］John Franklin Crowell. Report of the Industrial Commission on the Distribution of Farm Products［R］. Jan 1901,Vol.2; Vol.6, p.xvii.

［16］A. W. Shaw. Some. Problems in Market Distribution［J］. The Quarterly Journal of Economics, Aug. 1912, Vol. 26, No.4, p703−765.

［17］Ronald H. Ballou. The Evolution and Future of Logistics and Supply Chain Management, Produção, Vol.16, No.3, Set. /Dez. 2006, p375−386.

［18］Antoine H. Jomini. Summary of the Art of War［M］. New York: Putnam, 1854, p. 262. 6.

［19］Alan H. Stratford. The Book Review: The Role of Air Freight in Physical Distribution［J］. The Aeronautical Journal, Vol.61, Issue 561, September 1957, p644.

［20］M. E. Porter. Competitive Advantage: Creating and Sustaining Superior Performance［M］. Nova Science Publishers, 1985.

［21］Albert O. Hirschman. The Strategy of Economic Development［M］.New Haven and London, Yale University Press, 1958.

［22］赵林度，觚为觚．"三链"辨识与深度融合 [DB/OL].2021.

［23］John Krafcik. Triumph of the Lean Production System［J］. Sloan Management Review, Vol.30, fall 1988, p41−52.

［24］Graham Sharman.The Rediscovery of Logistics［J］. Harvard Business Review, September− October 1984, p71.

［25］国家发展改革委和中国物流与采购联合会.2021 年全国物流运行情况通报［R］.

［26］新乡重夫著．李兆华等译．以工业工程的视角考察丰田生产方式［M］．北京：中文在线数字出版集团股份有限公司，2016.8.

［27］国家统计局．中华人民共和国 2021 年国民经济和社会发展统计公报［R］．北京：中国统计出版社，2022.3.

［28］商务部．中国电子商务报告 2020［R］.商务部网站，2021.9.

［29］CRED.Human Cost of Disasters: An Overview of the Last 20 Years （2000~2019）[EB/OL].

第 2 章

客户需求管理与交付

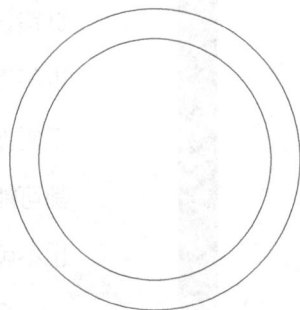

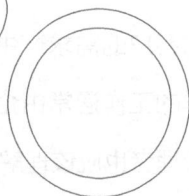

供应链管理中有不少名词包含"需求"二字，例如物料需求计划、分销需求计划和采购订单需求交付日期等。本章内容所涉及的"需求"，如无特别指明，均指来自企业供应链的下游，即客户方面的需求。

"客户是上帝"这句人们耳熟能详的话在一个多世纪里影响着管理者们，虽然其本意未必像我们简单理解的那样。该句话的原文为"The customer is always right."，即"客户总是对的"，源自20世纪初英国和美国的零售业，产生的背景是针对当时零售业"商品一旦售出，概不退换"的理念。这句话的经济学含义就是，即使客户是错的，与其纠正该错误而付出代价，不如让客户感觉他是对的而带来营销收益。

是的，客户不可能都是对的，甚至经常出错。想想那些因经营方针错误而疯狂烧钱的企业客户，想想那些因融资相对容易而无畏地冲进不擅长赛道的大型电商企业，还有那些被周围人激发而冲动购买本不需要的商品的消费者。客户的盲目需求、决策错误或者操作失误，都可能带来需求的假象。企业的本质目的是盈利，即使是长期的策略，也不可能与客户一同错下去。

企业的供应链管理必须加强对客户需求的正确理解，并努力去影响客户的需求产生和传递，包括时间、数量和信息传递机制。虽然这样的工作通常由企业的市场营销和客户服务部门去完成，然而供应链管理者也应该理解和参与。管理专家法约尔（Fayol）把管理总结为计划、组织、指挥、协调和控制五种手段，这五种手段也同样适用于对客户需求的管理。本章重点放在对客户需求的组织、协调和控制方面，而把计划、指挥留给本丛书第五册《计划管理》。

对客户需求的交付过程不仅涉及运作层面的工作，也涉及规划层面的工作，如交付渠道的选择和设计。本丛书第二册《供应链规划》的"供应链设计"章将对相关问题做进一步阐述。

本章目标

1. 了解客户各种"需求"的关系。

2. 掌握客户需求分类和分析的基本方法。

3. 掌握客户订单分类和分析的基本方法。

4. 了解订单承诺、订单执行和交付过程的管理实践。

5. 掌握应收账款管理的体系和基本方法。

|第1节| 客户需求与客户订单

在市场营销学的视角下，需要（Needs）、欲望（Wants）和需求（Demand）是有区别的，虽然它们常被管理者以"需求"所涵盖。需要，是人们在衣、食、住、行等方面的基本要求，例如要吃饭、喝水。欲望，指的是那些具体的、能满足人们的需要的要求，例如吃一顿满足吃饭需要的火锅。需求则是更具体的、能支付购买的欲望，例如是去哪一家店吃火锅，东来顺还是聚宝源？

在企业内部的供应链管理者经常接触的是需求，但也应该去理解需求之前的欲望甚至需要的产生原理。这在市场营销、需求预测、客户订单管理和客户满意度管理等环节至关重要。以上几种概念的关系如图 2-1 所示。

图 2-1　各种"需求"的关系

1. 客户需求分类及其需求特点

供应链管理者必须理解，需求信息从客户那里逐级向供应链上游传递时，会被不断地放大和扭曲，即我们熟知的"牛鞭效应"。因此，我们收到的客户订单或需求预测也未必是客户的真实需求，而是被干扰的信息。

1）基本客户需求分为：独立需求、相关需求和衍生需求

管理者在理解和描述需求时，一种基本的分类方法如下。

● 独立需求：这类需求的产生与其他商品、人或组织的需求没有固定的关联。例如桌子和椅子的需求，无论在零售还是生产环节，通常它们的数量没有固定的比例关系，所以为独立需求。

●相关需求：这类需求的产生与其他商品、人或组织的需求有稳定的关联。多数人更易把"关联"理解为"数量"的稳定关系，其实有时在"时间"上也存在关联。例如，某公司生产1张桌子需要1张桌面、4条腿和12根钉子，则这三种物料的需求在该公司物料层面为相关需求。而在超市，如果数据分析显示，100位购买洗发水的客户有90位会同时购买饼干，那么即使人们很难找到洗发水与饼干的关联，它们的需求也会被视为近似相关需求。

●衍生需求：这类需求是由供应链下级传递过来的。在供应链管理中，除了一些消费者的需求是独立需求，其他需求都是供应链上游企业为了足量满足下游客户而推演出来的需求，即衍生需求。

管理者对独立需求和相关需求的判别将有助于企业构建需求预测体系和库存计划，前者通常采用再订货点（水平）的库存计划，而多数人依赖 MRP 逻辑来处理后者。管理者对独立需求和衍生需求的深刻理解，将帮助他们设计供应链策略和规划。

图 2-2 描述了一个简单的供应链场景。假设在消费者之后有零售商、经销商、生产商和供应商，且每级企业都会针对其直接客户需求误差（假设都是 10%）准备安全库存。那么，由于需求预测误差而造成的整条供应链中的安全库存合计则是 110 个（零售商 10+ 经销商 21+ 生产商 33+ 供应商 46）。这还是简单传递的展示，如果不同层级的企业按照各自的 BOM 展开，则整条供应链中的安全库存就会很庞大。

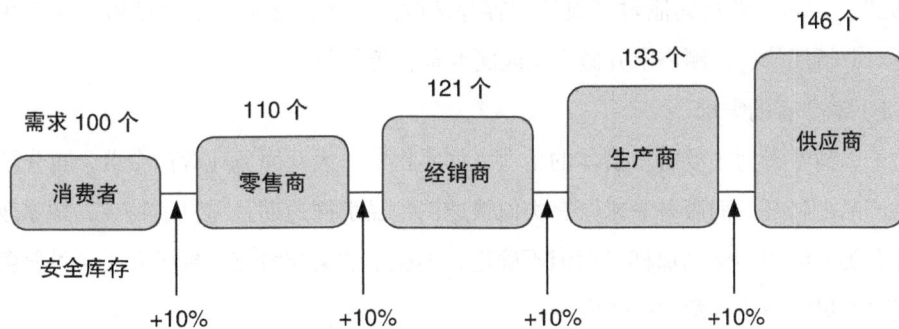

图 2-2　传统供应链中的衍生需求误差

如果管理者采用需求计划的理念和措施，并有能力推动供应链中各层级的企业不再各自预测并针对预测误差准备安全库存，转为传递真实的需求信息，那么这条供应链将演变为图 2-3 展示的那样。可见，需求计划是管理客户需求的一项极为重要的工作，但实现起来着实不易。

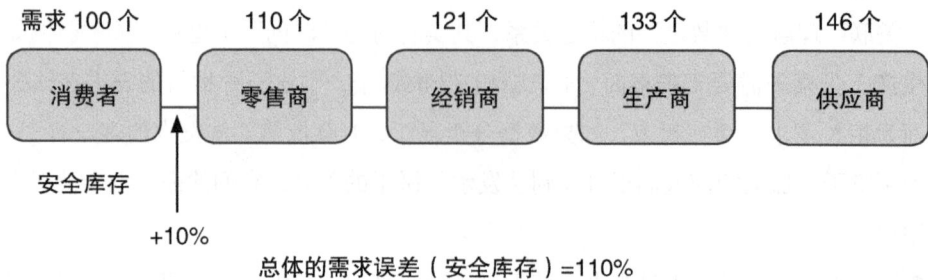

需求 100 个　　　　110 个　　　　121 个　　　　133 个　　　　146 个

| 消费者 | 零售商 | 经销商 | 生产商 | 供应商 |

安全库存

+10%

总体的需求误差（安全库存）=110%

图 2-3　有需求计划供应链中的衍生需求误差

2）不同类型客户的需求特点

不同企业所面对的客户类型迥异，例如消费者、零售商、经销商、生产企业、服务企业、政府和非政府组织等。企业的客户类型主要由企业在供应链中所处的位置以及企业进入市场的策略决定。同一家企业可能选择用不同产品或服务满足不同类型的客户需求，也可能用同一产品或服务满足不同的客户需求。例如，玛氏箭牌食品公司著名宠物食品品牌"宝路"的主要客户包括经销商、零售商和消费者，当然，最终食用产品的其实是消费者的狗狗。

供应链管理者对客户需求的理解更应聚焦在它们出现的频率（复购率）、每次数量和包装形式、时间要求及其他附带服务内容等角度。当然，能更深层地理解需求产生的原理，则对分析规律、预测需求并做好供应侧准备有所帮助。

（1）消费者的需求

对于以消费者为主要客户群体的企业，如零售业、大众服务业等的企业，首先要理解所提供产品的特征。而服务需求既有类似快速消费品那样短期且重复的特点，如家政服务等，也有类似耐用消费品那样长期但不确定、不稳定的需求特点。更多有关各种服务特征的描述可参见本书第 6 章的相关内容。

快速消费品，如饮料、零食和日化用品等，通常被认为是消费者在短时间（如一个月）内有可能消耗完并复购的产品。然而，正如前文所述，复购理论上仅可算作"需要"或"欲望"层级，因为能满足零食类"欲望"的不止巧克力，并且消费者即使确定买巧克力这种"需求"，依然会有不同厂家或同一厂家的不同产品可选择，所以他们可把"订单"抛给不同产品。即便如此，管理者还可以通过预测需要、欲望、需求和订单的容量和转化率的构建，努力提高需求和订单的预测准确性，并可借助市场调查、历史数据推断和数据模型等手段。

有些快速消费品还具有另一种特征，就是消费者的冲动性购买。理论上认为，这种行为背后是消费者某种本不明确的"欲望"，在商店或网上被某种形式的提示激发产生了"需求"和"订单"。这就是一些快速消费品企业更关注店面陈列作用的原因。"德芙"和"箭牌"品牌糖果的生产商于多年前就发现，收银台货架在消费者因排队等待而无聊时能激发冲动性购买。这些促销手段和效果增添了需求预测的变量，提高了难度。然而，随着手机与人的黏度不断提高，我们有理由质疑收银台货架的功效是否依旧，越来越多的消费者会只顾着看手机，结账时忘记了原本要买的生活用品。

市场营销专家科特勒在其名著《营销管理》中总结了影响消费者行为的因素，主要包括文化、社交和个人特点[1]。其中，文化除了本义，还包含亚文化和社会等级等因素；社交则涵盖了参照群体、派系、家庭、角色和地位；个人特点涉及年龄和生命周期阶段、职业和经济状况、性格和自我概念、生活方式和价值观。

快速消费品消费者的单次需求还具有购买量极小的特点，除非他是社区团购的团长。复购频率可能是一周或一月，这取决于上述消费者行为因素以及产品包装大小。在电商不发达的年代，上班族这一消费群体的购物时间多在周末或工作日下班以后。电商的急剧普及使得他们随时可以在网上购物，既可在上下班路上或午休时间，也可在工作时"偷偷"下单，当然，后者并不值得鼓励。

由于消费者消费耐用消费品的时间为数月，甚至数年，复购的时间就远长于运作层面的考虑范围。产品性能、质量等因素的长期表现会影响日后消费者的复购决定。而管理者对消费者新购订单的预测则更多地从传播影响率和潜在需要、欲望和需求的容量来推断。耐用消费品的功能越复杂，消费者评估选择的过程就越长，因而更多地发生在假期前后。服装和一些家居用品会有季节性购买的特征。

由于消费者需求是很多供应链的需求源头，因而对其的理解和研究就显得至关重要。特别是零售企业对需求的判定和应对，对供应链上游各个层级却具有举足轻重的影响。即使单个消费者各项变量（复购间隔时间、多少、地点等）的每次表现存在差异，但对于具有品牌知名度的企业来说，足够多的个体差异被汇集后，还是能相对容易地总结出规律。然而，对于新上市品牌或初创公司来说，需求管理的难度要大得多。相对于实体零售业，网络零售业消费者需求管理中的一个难点是不易捕捉需求地点。

（2）零售商的需求

从供应链上游企业看，零售商的需求属于衍生需求，根据他们的需求预测、库存策略和供应链运作能力执行补货计划而产生。零售商可分为有店铺和无店铺两大业态，也可以按业态的店铺特征划分，如食杂店、便利店、超市、大型超市、百货商店、网上商店和邮购等，可参考国家标准《零售业态分类》（GB/T 18106—2021）。尼尔森零售研究的调查表明[2]，随着零售业的发展和引导，消费者越来越认可线上线下融合的购物形式，如图2-4所示。

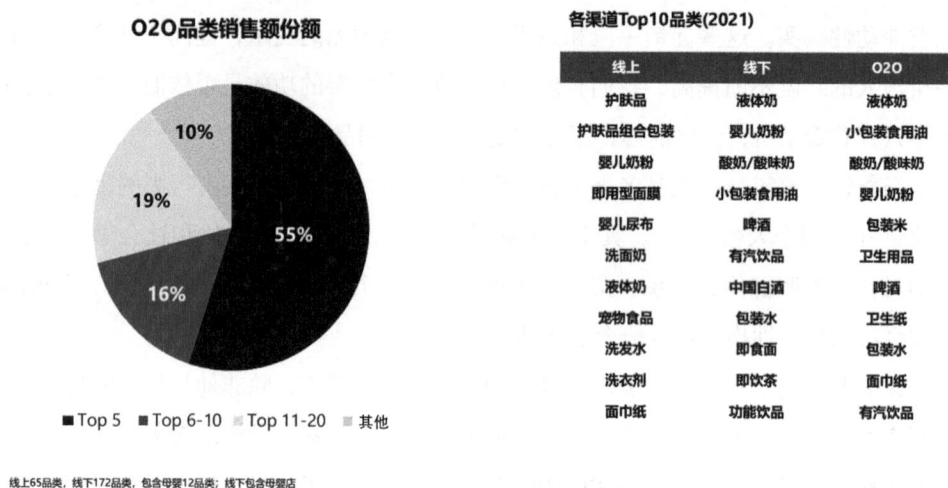

O2O前列品类与线下重合度较高，前十品类份额超七成

O2O品类销售额份额

55% / 16% / 19% / 10%

■ Top 5　■ Top 6-10　Top 11-20　■ 其他

各渠道Top10品类(2021)

线上	线下	O2O
护肤品	液体奶	液体奶
护肤品组合包装	婴儿奶粉	小包装食用油
婴儿奶粉	酸奶/酸味奶	酸奶/酸味奶
即用型面膜	小包装食用油	婴儿奶粉
婴儿尿布	啤酒	包装米
洗面奶	有汽饮品	卫生用品
液体奶	中国白酒	啤酒
宠物食品	包装水	卫生纸
洗发水	即食面	包装水
洗衣剂	即饮茶	面巾纸
面巾纸	功能饮品	有汽饮品

线上65品类，线下172品类，包含母婴12品类；线下包含母婴店

图 2-4　消费者购买行为的多渠道化

零售商为了追求收入和利润最大化，不得不在有限且昂贵的场地（包括网页）与销售品类和产品种类之间进行权衡。因此，以零售商为客户的供应链管理者，要理解企业产品或服务在零售客户那里的份额策略、竞品影响和价值主张。零售客户的需求和订单多与其补货计划频率和工作节拍有关，例如，有些传统实体零售店因顾及周末顾客多而习惯在周四或周五给供应商下单。除了供应商自身的促销计划之外，零售客户的各类活动以及竞品的促销都会导致极大的需求订单波动。零售客户的订单频率、订单行和单品订货数量和尺寸都介于消费者和经销商的订单之间。从物流角度来看，供方管理者要比较直送门店与送货至零售客户物流中心的优劣，虽然后者省时省力省成本，但不少零售客户要求两种模式的供货价格要有差异。

（3）经销商的需求

对于很多供应商来说，选择经销商的初衷是既能在地域上更深、更广地拓展业务，又能储备渠道库存，对终端客户实现快速响应。经销商也可被划分为一级至多级。典型情况下，经销商的（补货）需求间隔时间比零售商要长，且订单品种多，单次订货量也大。站在厂家的角度，经销商的需求订单波动及预测准确率受经销商管理能力、策略和竞品的市场营销活动影响。一些行业的大型经销商也有能力较强的物流部门甚至供应链部门，也会涉及多地区和城市的送货要求，因而厂家也需要斟酌配送多地点与经销商总仓的模式优劣。而那些供应链管理出色的企业，无论是生产商还是经销商，都在致力于增强渠道库存可视性、增加上下游的采购与计划和物流的协同。

（4）生产商的需求

客户是生产商即生产型企业的供应链管理者，最易感受到的是客户需求量和订单间隔期的极度不确定和频繁变更。这本质上是由于前述的"牛鞭效应"所致，还取决于客户在该条供应链的位置以及客户的客户特征。例如，如果该生产型企业的产品是快速消费品，则客户的客户就是消费者、零售商或经销商，消费频率高、终端客户基数庞大而相对容易进行供应链管理。如果该生产型企业服务的终端客户是工程项目类型，如造船企业的客户、轨道交通装备企业的客户、飞机企业的用户等，采购、交付和客户部署周期长，无论是需求计划和供应计划，还是生产运作和产品交付，管理难度都会明显增加。而如果企业提供的是工业企业的 MRO 类物资，管理需求的难度更会陡然上升。

生产型企业客户的典型物料需求，跟他们产品的物料清单和生产计划紧密关联，即相关需求。其主要特点是，一旦某些关键物料缺料或不足开工所需的"齐套率"，则会带来生产计划的变更并导致原有采购计划（订单）的变更。除此之外，客户需求的变更原因常包括客户的客户需求变更、客户为平衡产能以及技术变更引起的生产计划和采购计划变更。因而，面对此类客户，供应链管理的核心任务之一是管理客户需求的变更。

2. 客户需求分析维度

供应链管理者需要极为关注的客户需求分析维度包括需求量、趋势、季节性、交付要求关键功能点、验收要求以及结算和客户付款等。

●需求量：虽然管理者更多地依赖对客户历史订单的分析，但如果能对客户形成订单之前的需求机理有更深刻的认识，则更有帮助。不论是消费者、零售商，还是经销商、生产商，他们的需求订单并不代表他们在那个时刻的真实需求，而会受到他们的采购习惯、运营的库存策略、对产品或服务的感知，甚至对价格和价值的判定的影响。这些影响因素同时为企业管理客户需求和订单的产生创造了机会。

对客户需求量集中程度和稳定性的理解与分析对企业供应链管理的战略规划和运作发挥着引领作用。需求量集中程度的分析多基于客户订单分析，可在客户、时间和地域维度展开。需求量集中程度的分析结果指导着企业制订客户营销和服务策略、政策和流程，支撑企业设计供应链策略和网络，也是销售和运营计划的重要输入。需求量稳定性取决于客户的使用习惯，并受其补货策略影响而转换为客户订单的稳定性的表现。例如，生产型企业每天消耗的某种物料虽然可能看似连续，但由于其库存缓冲或订货间隔，转为采购订单后则表现为离散特征，从而增加了供货方预测和供应的难度。

●趋势：管理者通过分析客户需求的历史数据，可以识别需求趋势的特征，例如增长、持平还是下跌以及增长或下跌的速度变化规律，并据此进行需求预测。如果企业有更系统的历史数据结构，例如历史价格的变化、曾经的市场活动影响分析、客户和客户群体的活动（店庆、大促等）以及异常需求，那么管理者将有更多的手段剔除干扰数据，从而做出更准确的趋势分析。

●季节性：与其说气温影响一些产品的客户需求，倒不如说影响的是客户的购买行为。然而，相同的季节对同类产品需求的影响也会大相径庭。例如，像饼干和巧克力这些热量多的零食产品，厂家能明显感觉夏天由于气温高而影响了消费者消费的欲望。然而，薯片制造商却发现每年七八月份，孩子们由于暑假在家会多吃薯片。除了季节性，还有其他因素影响着客户购买习惯，例如，假期或休息日、上下班作息、生产计划的节拍、企业每年从预算到施工再到采购的工作周期等。管理者需要不断总结其产品和客户的采购规律。

不少管理者会把季节性特征拆分为季节性特征与周期性特征，并认为前者指向外部客户的周期往复规律，而后者源于企业内部的行为规律，如销售部门习惯性的月末压货，这在大量依赖经销商的生产型企业中屡见不鲜。

●交付要求：对供应链管理者影响较大的客户需求的交付要求涉及交付的时间和地点。不同类型的客户，如消费者、经销商和生产商，交付时间要求与行业习惯和企业对客户的承诺息息相关。多数线下购物的消费者已经习惯在店面立等可取，而线上消费者则可以等待 24 小时至数日。企业需要通过与客户协商和行业对标，并根据供需双方的博弈关系，给出交付时间承诺。有些行业的客户还习惯将同一个订单中的同一产品需求拆分到不同时间，常以不同的订单行形式出现。管理者必须理解、遵照客户在交付环节的按订单行、指定批次（如食品、药品）和工程进度时间表等特殊的送货要求。

然而，提交时间过早的需求订单往往会在后续出现大量的变化，因此供需双方应该事先约定变化的幅度限制，甚至因变化而造成损失的补偿机制。对供应链管理者来说，说服那些信奉"客户绝对至上"的销售同事是相当不易的挑战。这应该引起企业高管的高度重视，即使对于那些把交付速度定义为核心竞争力的企业，也应该清醒地认知自身的供应能力和相应的代价。

客户交付地点的分散或集中，对供应链策略、网络设计和运作绩效均会产生显著影响。管理者在确认客户的交付地点要求符合双方约定之后，就可能需要决定供应的路由，即最佳供应源和物流方式。这种"最佳"的选择标准可能包括成本、库存、时间、产能或服务能力等因素。

●关键功能点：客户需求的产品或服务的规格或任务描述差异，形成了不同的产品名称和编码。供应链管理者更需关注的是这些产品或服务的标准化程度。非标准的客户需求会使企业在技术确认、工艺设计、采购寻源、生产和质量检验等诸多环节花费更多的时间，从而影响交付时间和各环节的成本。除了在战略上已明确采取按订单设计（ETO，Engineering to Order）模式的企业，多数企业的管理者需要定期分析客户需求的标准化程度和趋势，从而决定是顺应还是改变这种趋势，并决定是否将其作为管理客户需求的当务之急。

●验收要求：客户需求被送达之后的验证标准和验收时间等会对企业的销售（财务）确认、发票开具和应收账款产生影响。验收标准的不明确可能会造成企业的逆向物流及其他损失，如返工、修补或报废。

●结算和客户付款：虽然客户付款账期通常由销售部门与客户商定，但是供应链职能的表现会影响结算、销售发票开具和客户付款的进程。物流送货的不佳表现，如延误、破损或状态不完好、货物数量短缺或票货不一致等，经常需要额外的处理流程和时间，这也成为客户延迟付款的重要原因。一些国际企业把这些造成客户延迟付款的原因统称为争议（Disputes），并制订了相应的管理措施和流程。争议若未及时解决，则可能上升为投诉。

有些管理严格的企业客户，在收货到结算流程中有明确的规定，如客户仓库或库存系统未能正确处理入库流程，则在财务上就不视同库存产生。因此，供应链管理者需要在物流送达并完成客户入库的必要手续环节，以及内部监控环节细化管理制度。对于分批交付的客户需求，供需双方要明确结算和开票的流程，避免无谓的等待。同时，企业物流部门和销售部门还需与客户明确送达签收的方式，如采用签字、盖签收章或电子签收手段，避免虚假签收的风险。

3. 客户订单分类

并非所有的产品销售或服务业务都会使用客户订单这种形式，有些业务仅凭合同即可运作，例如大宗商品和服务的销售就经常如此，供需双方需事先约定选用哪种形式。客户订单即为客户的采购订单，指买方为描述采购条款和条件而准备的具有法律约束力的文件，可在签订合同过程中用于要约、接受、口头协议的确认，或作为根据既定合同定期履行（解除）的触发点。按照订单信息的确定性，客户（采购）订单常有如下类型。

●标准订单：通常为一次性采购活动使用的隶属于合同的文件，也称"一次性订单"。标准订单应尽可能提供明确的信息，包括客户需要采购的产品名称、编码、规格描述、需求数量、需求日期、交付地点、付款要求等，对此各企业要求有所不同。

●计划订单：与标准订单相近，但通常交付日期和地点不明确。计划订单常作为客户的一种承诺，但如果未能严格地界定与合同的从属关系，或缺乏规范管理，这种订单会产生诸如无违约条款或规避审批等合同管理风险。

●框架订单（Blanket Order）：国际上也称为长期订单（Standing Order），即以预定价格，或根据市场或其他条件确定的价格，在预定时间段（通常为一年或更长）内向供应商提供采购某些产品或服务的承诺。这种做法旨在减少小订单的数量，利用即时性的发货通知来满足需求。框架订单的一种形式，是将同一产品的不同需求日期展现为同一订单的不同订单行，或者在订单中不明确具体需求日期，但约定日后有明确送货要求时所搭配使用的发货请求。框架订单给予客户的便利恰是供货方的不便利，给予客户减少库存的机会却使得供货方增加库存，因而双方应约定清楚并谨慎使用。

●合约采购订单（Contract Purchase Order）：一种在国际上被使用，但在我国少见的订单形式，客户在订单上设置了近似合同条款的各项内容，但未明确需采购的具体产品或服务。这种形式通常被客户用来确定双方的买卖关系，作为后续订单的基础。

越来越多的销售方企业会由指定的职能部门将客户订单转换为销售订单，指引企业内部的销售、客户服务和供应链管理的各种业务行为。由于客户订单中的产品或服务名称、编码、规格描述等信息常与供货方不一致，因而双方信息统一或精准的转换对后续供应链管理至关重要。从企业内部管理客户需求和交付的角度来看，销售订单管理涉及订单在执行过程中的不同状态，如下所示。

●新订单：指从客户处接收、输入企业系统并等待执行的销售订单。

●已完成订单：指已经完成交付的销售订单，有的企业则规定完成交付且完成收款的销售订单才称为已完成订单。

●未完成订单（Backlog）：指由于缺货而不能完全满足客户需求的销售订单。供货方需要与客户约定未完成订单的管理措施，是等待库存补充后继续执行，还是在规定时间内关闭订单。不清晰的管理措施将会造成充分下单或供货方多备货的风险。

●超期订单（Over Due）：指未能按客户需求时间交付的订单。

企业需要随时掌握销售订单的执行状态，并定期（如每月）计算订单完成比率和未完成订单数量和货量。

4. 客户订单分析

供应链管理者必须基于管理需要制订客户订单执行过程中的节点定义和数据采集方式，才能定期开展客户订单分析。

1）ABC 分析

通过对客户历史订单需求额的 ABC 分析如图 2-5 所示，管理者可识别重点客户。对于单品种的分析，可采用需求量；而对于多品种，则可选择使用销售额。管理者通常会将销售额累积占比在前 80% 的客户归为 A 类，而将销售额累积占比在 80%~95% 和 95%~100% 的客户分别归为 B 类和 C 类。如此，管理者可针对不同类型的客户制订差异化的供应链管理策略、政策和流程。ABC 分析既可在客户维度展开，也可在产品维度展开。

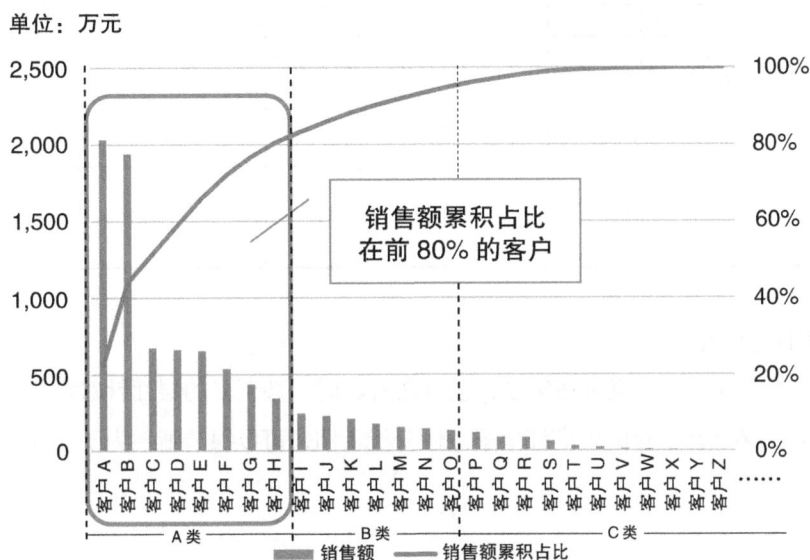

图 2-5　客户销售额 ABC 分析

2）地域集中度分析

有时，在地图上展示不同地理位置的客户需求量，不仅有利于管理者形成直观的视觉感受，也更容易辅助制订物流的运作策略，可以通过地图展示全国视角和城市区域视角，其中不同地点的客户需求量以不同大小的圆形代表。管理者还可以在圆形中填充不同颜色，以代表不同类型、产品线的客户。

3）产品 – 客户交叉分析

通过产品 – 客户交叉分析，管理者能更清晰地识别客户喜好分布、热销或冷门产品，如表 2-1 所示。对于那些经常订购全线产品的客户，如表 2-1 中的客户 A 和 B，企业可以制订针对性的客户服务政策，例如优先供应或快速物流；而对于像产品 1 和产品 2 那样的流行产品，管理者可以制订更高水平的安全库存或其他降低缺货风险的策略。更进一步，如果能结合更多的市场调查和供应链能力分析，企业还能及时淘汰滞销产品或调整客户服务重点。

表 2-1 产品 – 客户交叉分析

产品种类	客户 A	客户 B	客户 C	客户 D	客户 E	客户 F	客户 G	客户 H	产品订货资数	产品订货数量（件）
产品 1	50	5			12	34	20	40	6	161
产品 2	22	20	25	21	30	26	19	28	8	194
产品 3	40		32		46	39			4	157
产品 4	35	45			32				3	112
产品 5	26	16			18	20			4	80
产品 6	17	25							2	42
产品 7	23								1	23
产品 8	54	46			30		31	40	5	201
产品 9	10	12			16				3	38
产品 10	8	6	5						3	19
客户订货次数	10	8	3	1	7	4	3	3	39	
客户订货数量（件）	285	175	62	21	184	119	70	108		1,024

4）季节性分析

广义的季节性分析不仅可在年度，也可在月、周，甚至日的层面针对客户历史订单展开。图 2-6 是某产品全年的电商订单季节性分析示例，可以很清晰地为明显峰值贴标。

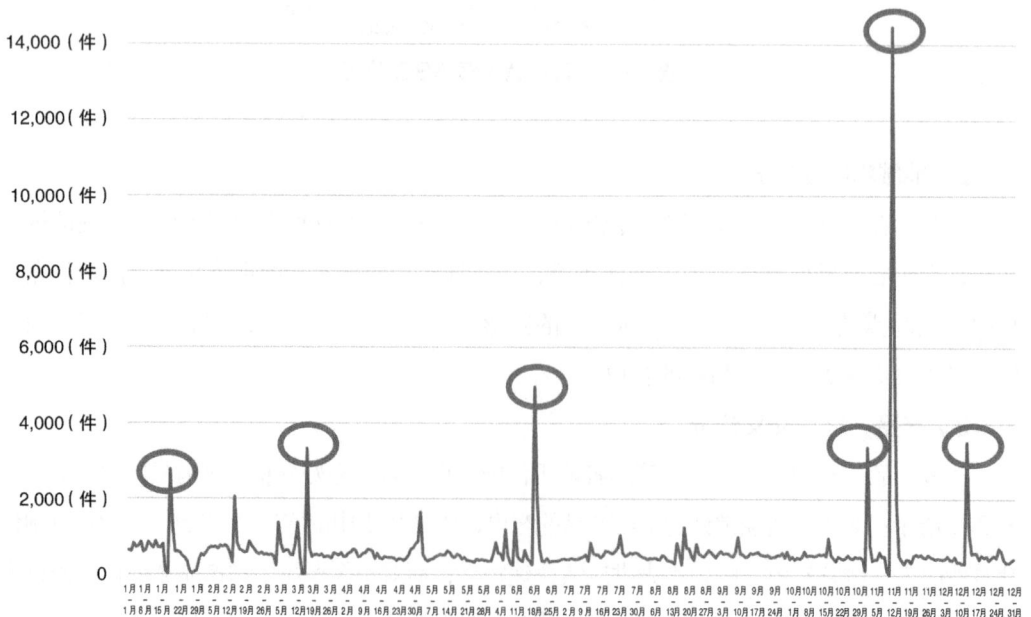

图 2-6 某产品全年电商订单季节性分析

季节性分析是为了找出客户订单出现的高峰和低谷，并确定日后是否会循环出现。管理者需要分析那些峰谷出现的原因，明白哪些是属于循环的，而哪些仅是因为临时的大促或异常事件，例如一群"疯狂的"客户在某个时间大量订货。除了判别季节性规律出现的时间段，管理者经常采用峰谷数量与整个周期（年、月、周、日）的比值，或峰谷时段订单量与整个周期平均值的比值，对周期性进行量化表述，为后续预测奠定基础。

基于季节性分析，企业可以更主动地制订供应链策略，进行销售预测、供应链能力（备货方案、产能、仓间和运力）计划以及市场营销活动，并利用营销活动管理客户需求。

| 第 2 节 | 订单承诺与执行

企业对客户订单的交付承诺受到行业习惯、企业市场营销和供应链策略的影响，而这些因素还受企业与客户的力量对比和企业自身的供应链运作能力的制约。超出能力的客户承诺，不仅会降低客户满意度，还会增加企业的运营成本，因此承诺要合理、执行要到位。

1. 根据供应链管理能力进行承诺评估和交付

对于面对消费者、零售商或经销商的企业来说，订单承诺通常在其销售服务政策中体现，而该政策制定的基础源自供应链管理能力。例如，大型网络零售企业敢于承诺 24 小时履约送达消费者，是基于其物流网络布局和强悍的配送能力。管理者需要绘制从接收客户订单到交付送达的全流程图，并分析诸如客户订单处理、财务审核、仓库拣货备货、运输等主要环节的流程时间和处理能力上限。

产品或服务较为标准且客户大量重复订购的企业，容易制订相对标准和稳定的订单履约时间和数量限制标准，因为这类企业大都采取按库存生产（Make to Stock，MTS）模式或按库存补货模式，从接收客户订单到履约送达涉及的流程少。而对于采用按订单生产（Make to Order, MTO）、按订单组装（Assemble to Order, ATO）和按订单设计（Engineer to Order, ETO）模式的企业，给出交付承诺恐怕就不易了。图 2-7 展示了 ATO 企业在给出客户订单承诺时需要考虑的典型场景。其中，订单处理、生产计划（间隔周期和计划本身的耗时）、采购（寻源和执行）、制造等环节在很多时候并非串行。管理者只有严谨地绘制流程图，识别串行、并行和停滞时间（Dwell Time），才能更为准确地勾勒出整体交付时间。停滞时间的典型场景为客户订单中的需求时间远远长于企业的订单履约时间，或客户订单的需求时间仅起着预测的作用，即使企业收到订单，也并未开始实质性的业务流程。因此，停滞时间不同于传统的等待时间，后者的示例如生产计划制订完成后未立即切换至新生产任务，可能需要等到一些其他准备动作完成之后再切换。

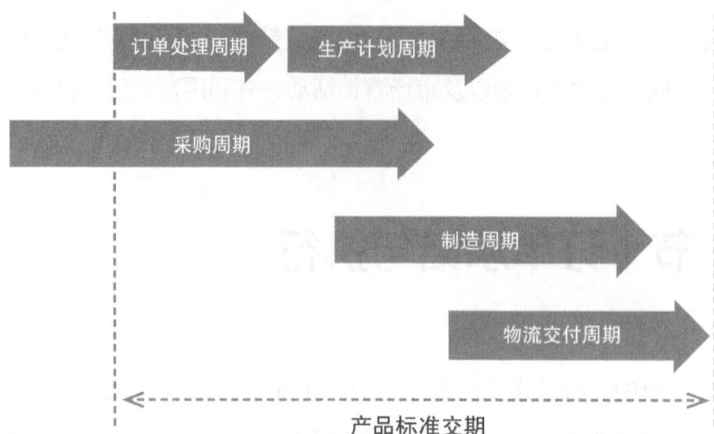

图 2-7 ATO 企业客户订单承诺的产品标准交期示例

不论是原料、在制品还是成品，它们的库存策略将影响订单承诺时间。库存的缓冲作用经常可以缩短作业时间，但会增加库存持有成本。管理者需要在库存持有成本与因流程等待而产生的人员设备闲置、配套物料库存成本之间进行权衡。管理者在估算子流程的动作时间时，应考虑到各重复作业的时间波动性，并选择采用历史数据的平均值、众数或项目管理中的项目评估审核技术（PERT），后者涉及最乐观时间、最悲观时间和典型时间的采集和计算处理，具体参见本丛书《供应链规划》中项目管理相关内容。

对客户订单的承诺时间管理必然需要绩效指标的设计和定期考核，例如订单履约时间的达成率，即在考核期内满足承诺时间要求的订单数与所有订单数的比率。实际履约时间的平均值和标准偏差也经常作为管理者的参考指标。本书第 6 章中有一个基于自身能力来给出承诺时间的示例。

2. 订单执行和跟踪

不同企业基于行业习惯、客户要求和自身的管理需要，对客户订单的执行（或称履约）流程迥然不同。典型的订单执行会涉及以下主要步骤。

● 订单的信息处理：将客户订单信息录入 ERP、客户关系管理（Customer

Relationship Management, CRM）系统等，可采用手工录入、文件导入和自动导入等常见形式。确保客户订单信息的产品名称、编码、批次、数量和需求时间等字段的准确，是管理者需要关注的问题。

●订单审核：除了基本信息的审核，如上述订单信息的审核，管理者还需要审核客户要求的送货地址、库存数量或可供发货的库存地点和客户财务信息，后者又涉及银行信息、信用审核和可能的到款。很多企业忽视对客户需求日期能否实现的审核，而不加任何评估和过滤就直接将需求日期录入系统，从而造成后续无谓的围绕生产计划和物料需求计划的产生，以及不可实现的采购申请和采购订单下单。特别对于实际的交付日期远超客户需求日期的情况，管理者应该按照对自身能力的评估录入可实现的日期，或者与客户协商变更需求日期。这就需要企业的销售部门或客户服务部门也具有供应链管理的意识，而不是打着"客户绝对至上"的口号录入不现实的需求日期。很多生产型企业的生产计划、物料需求计划和采购订单的大量变更也缘于此。企业高管应该重视在订单执行的前端，采用订单需求日期的审核制度或凭借产品标准交期表，进行缓冲和过滤。

供应链管理还应该在此环节制订库存不足时的订单分配措施和未完成订单的管理措施。前者经常涉及库存无法满足总订单需求时的不同分配规则，如按客户重要性、按地域和按渠道等。后者则需明确未满足的订单行、品种和数量的处理方式，如是继续等待，还是关闭而待日后的新客户订单。拆单率和未完成订单比率经常作为这个环节的评估指标，前者计算其间被拆单后出现的运单总数与订单总数的比率，后者相对简单地测量期间未完成订单数与收到的客户订单总数的比率。当然，也有管理者采用订单号、数量、金额等参数进行类似的评估。

●生产运作：生产型企业的订单执行过程可能包括生产运作的子流程，特别是那些采用 MTO、ATO 和 ETO 模式的企业。生产部门通常依赖制造执行系统（Manufacturing Execution System, MES）或手动定期追踪计划开工、实际开工、计划完工和实际完工的表现，将其及时或定期地反馈给计划部门或客服部门，使得后者能更新订单执行的进度和预期的交付日期。

●出向物流运作：通常包括仓库运作及运输这两个主要环节。管理者可以借助仓储和运输管理系统，追踪和更新客户订单的物流状态。随着电子围栏、车辆定位、App 的"握手交接"等技术越发广泛地应用，管理者对物流环节中的状态追踪更加细致和及时。

●结算：从订单货物送达、签收，到企业开票和收款的全过程均可纳入结算环节。除了遵照供需双方约定的结算政策和流程，供应链管理者还需要整合、优化多部门的工作，例如物流、客服、销售和财务部门，减少无谓的流程延误时间和差错。

无论是采用 MTS、MTO、ATO 还是 ETO 模式，企业都需要确定详细的订单执行流程，如图 2-8 所示，对关键流程进行分析，并侧重流程在时间、达成率、延误和差错等维度的量化测量，甚至制订绩效指标。全流程和子流程的平均执行时间、执行时间的标准偏差、承诺时间的达成率、订单执行差错率等指标经常被用在订单管理中，并落实到职能部门、业务小组乃至具体员工。对于经常发生的未达到期望的环节，管理者还需进一步进行根本原因分析和持续改善，并根据逐渐积累的订单执行时间数据制订客户需求承诺政策。

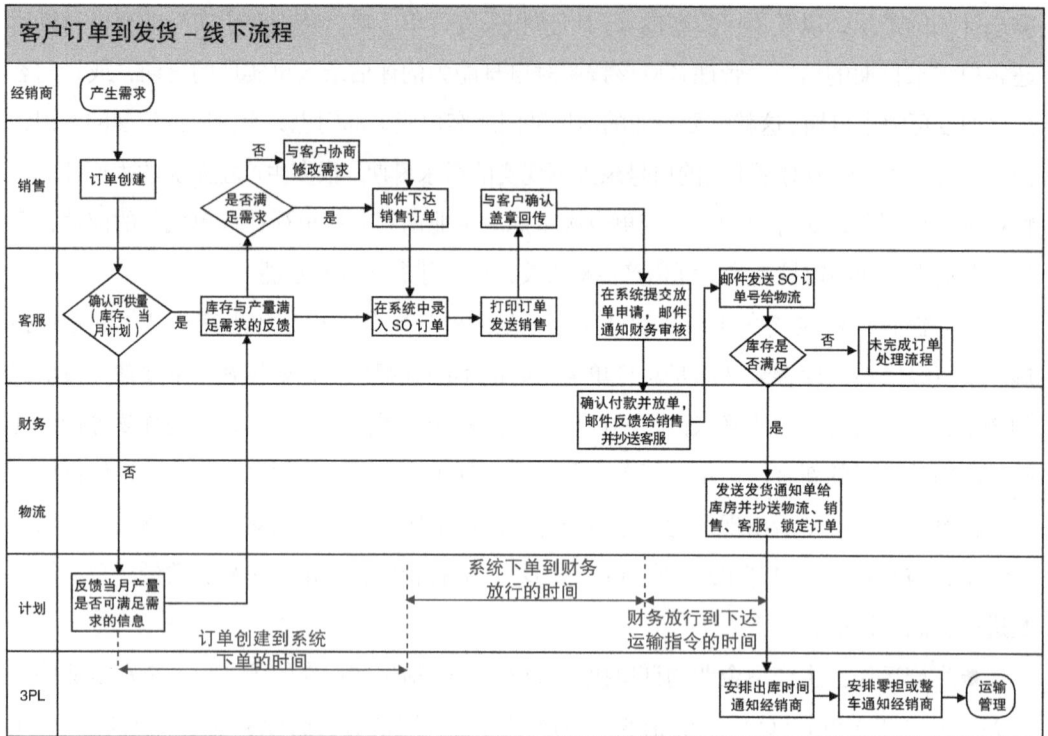

图 2-8　客户订单执行流程示例

3. 需求和订单变更管理

消费者、零售商、经销商和生产商的需求必然存在着变化，他们的订单也会随之变更。虽然是否允许变更、变更的内容（数量、需求时间、品种或技术规格等）和可接受的变更幅度应该在合同中事先约定，然而双方对契约精神的不尊重会经常突破约定。特别是供需关系中强势的一方，不仅可能经常变更订单，甚至会不履行订单。

1）客户订单变更的影响

对于很多面向工业客户的企业，虽然平衡产能、物料供应不及时或不齐套以及内部的技术工艺变更经常是生产计划和 MRP 变更的原因，但客户需求变更引发的订单变更，才是造成企业内部和上游供应链牛鞭效应的根源。图 2-9 展示了一家大型装备制造企业的内部"牛鞭效应"，某个月内 19 张销售订单的变更，涉及 460 个销售订单行的变更，最终导致了 1,216 张采购订单的变更以及对应的 17,590 个采购订单行的累积 53,627 行次变化。因此，其供应商的痛苦就可想而知了。

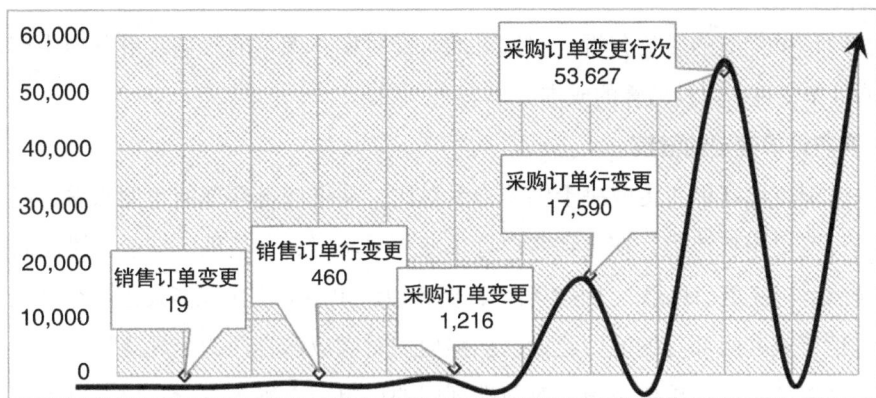

图 2-9　客户订单变更引发企业内的牛鞭效应

客户订单数量的增加或需求时间的提前会造成计划库存或短期产能不足、不同客户订单"抢料"、生产计划调整以及对应的 MRP 和采购订单变化，进而带来供应商加速交货、生产赶工的成本。或者，部分供应商无法按变更的需求履约，这又会造成那些能按要求送达的物料库存等待，以及因物料不"齐套"而再度变更生产计划，如此往复。如果因某客户订单变更不得不延期其他的生产计划，就会导致那些被延迟生产的配套库存（原料和在制品）积压，也会影响那些延迟订单的准时履约。

客户订单数量的锐减或需求时间大幅推迟，则会引起产品、在制品和原料的库存积压，以及计划产能的闲置。

2）客户订单变更的分析

对客户订单变更的及时记录和定期分析是管控的基础。负责处理客户订单的客服或销售部门会用 CRM 系统或电子表格记录订单变更信息，如订单号、客户、时间和变更内容。通过针对变更次数、客户、涉及的产品或服务等字段的定期分析，管理者可识别订单变更的集中特点，并制订针对性的管理措施。订单变更的典型分析包括如下方面。

●按客户、按区域、按产品的订单变更类型分析，如数量变更、时间变更和技术规格变更。

●按订单或客户、按区域、按产品的数量变化次数、增减量分析，以及进一步的ABC分析或占比分析。

●按订单或客户、按区域、按产品的时间变化总次数，以及时间提前和推迟的变更次数和天数分析。

●上述分析中的常见问题的趋势分析，例如某客户一贯的变更次数、变更类型的趋势。

●客户订单变更的影响分析，例如对准时交付率、库存的影响，引发的生产计划变更、采购订单变更，以及估算的成本。

3）客户订单变更的管控

能否抑制客户订单变更取决于供需力量对比。从供应链管理的角度来看，能力强的企业应制订变更审核流程，在接到客户订单变更要求时，评估供应链能否满足新需求，而不是简单地将变更信息录入ERP系统，更新原订单或对上游职能发出指令。企业高管应重视对销售或客服部门的能力建设，加强他们对供应链管理的全局意识，让他们避免成为客户订单变更的简单传声筒。对前端部门的订单变更管控设置绩效考核和奖励机制不失为一个良好方法，奖励的支出通常远小于订单变更增加的供应链成本。前端部门应该充分认识到，即使不能阻止客户的订单变更，也应在ERP系统中录入或更新经供应链部门评估的、能真实满足的订单数量和需求时间。前端部门普遍存在着一种谬误，认为订单即使不能完成，也要通过录入紧迫的交货期给供应链部门传递压力。这种部门间缺乏信任的做法导致的最终结局依然是无法满足客户变更的需求，因为供应链的能力就在那里。

当然，面对前端部门传递来的订单变更信息，供应链部门应积极应对，通过调整供应的路由，加快运输、生产和采购，尽可能平衡满足需求与控制成本增加。随着供应链数字化能力的提升，各种供应方案的模拟分析将为管理者提供迅速的决策支持。

为了加强对客户订单变更的管理，使得供应链管理更加畅顺，管理者应该制订相关的政策和流程，包括客户需求变更的接受条件、允许变更的内容和幅度、订单变更的评审流程、变更的定期分析方式及责任部门、与客户的变更沟通机制、变更管理的绩效考核及奖励机制等内容。

4.订单取消

一旦接到客户取消订单的通知，销售部门应立即根据供需双方的商业合同与客户协商解决方案并主张企业的索赔权利。供应链部门应启动成本影响的评估流程，对订单取消造成的库存（成品、在制品和原料）、生产活动的最小和最大损失进行估算。这可能还涉及已下达未交货的采购订单及供应商的索赔。同时，在接到正式取消订单的通知之际，供应链部门应该立即终止相关业务动作，如生产、采购和物流等，以尽可能止损。企业自身动作延迟造成的额外损失有可能不在向客户索赔的范围之内。因此，针对客户订单取消，企业的前端部门，如销售或客服部门，应该第一时间通知供应链管理部门和其他相关部门，甚至高管。

5. 客户服务管理

在交付过程中，客户可能会对交付时间、货品状况、运输单据、人员服务、货品质量等多个方面产生不满。这些不满有可能真实存在，也可能仅因为未达到客户期望。客户产生不满后有三种典型的表现方式：采取某种公开行动、采取某种私下行动或不采取行动。而前两种方式又分别存在细分行为，如图 2-10 所示[3]。不同客户群体因社会和行业习惯、地域文化、财务状况等差异，表现不满意的行为也会大相径庭。客服部门的连续记录和定期分析能帮助企业确定客户群体的上述行为特征，制订系统的服务策略。

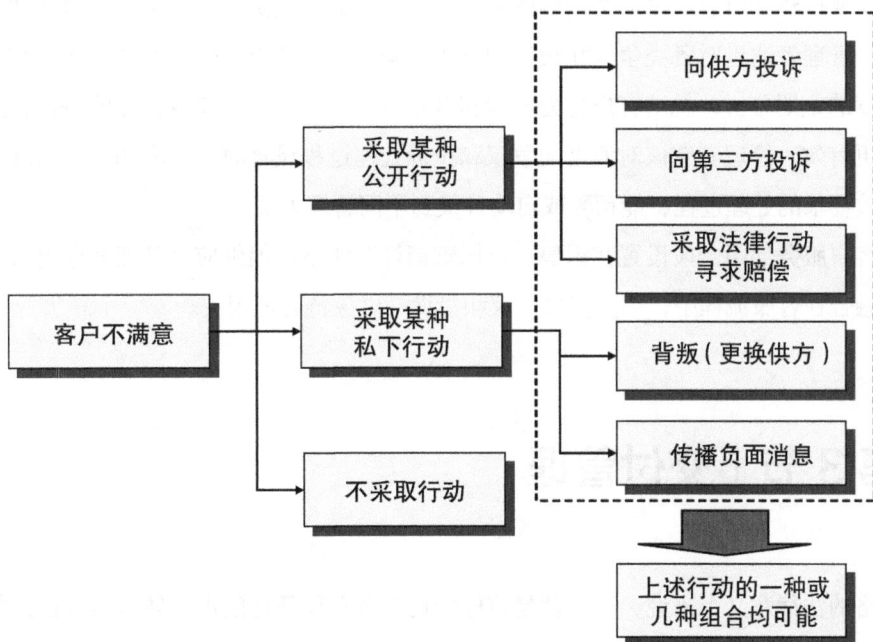

图 2-10　客户表现不满意的典型行为

客服部门在与客户的交往中会有三个层级的互动：垂询、争议和投诉。

●垂询：指客户对企业提供的产品或服务特点、工作流程、订单状态等多方面的信息进行询问。垂询会涉及企业的任何职能，并不代表客户是否满意。然而，如果一个询问不能被有效答复，则有可能造成客户不满意，甚至会演变为争议或投诉。

●争议：不同企业的客服部门对争议可能会有不同的解释，例如，客户对投诉后的裁定或解决方案依然不同意，也会被一些企业定义为争议。在本书中，争议指影响发票的全部或部分款项支付的特定问题，包括产品的质量问题、交付问题、文件问题等，不管最终是客户还是供应商的错误。争议如不能被及时解决，就可能上升到投诉。

●投诉：更严重的问题，通常由特别差的服务或对待引起。投诉既可以是口头形式，也可以是书面形式。一般投诉会报送给上一级管理者，如果想要维持客户关系就必须尽快解决。

研究者发现，在遭遇问题的消费者中，9% 没有明确表达问题的人仍然保持品牌忠诚度，19% 表达了问题但不满意的人仍然保持品牌忠诚度，而表达了问题并感到满意的人则有 54% 仍然保持品牌忠诚度[4]。虽然国家或地区、时代、消费者阶层、企业客户的力量强弱等因素主导了客户表达不满的行为，然而无论是客户争议管理还是投诉管理，都对提升客户忠诚度至关重要。

企业需要构建针对客户争议和投诉的分类，例如产品质量类、物流类、销售活动类、价格类等。管理者通过对各类争议和投诉的发生频率、客户要求、处理时间、解决方案和效果等维度的定期分析，总结客户行为规律和有效应对方法。为了使得企业的争议和投诉管理流程更有效，管理者应该对典型的争议和投诉处理过程设置时效要求和考核制度，对于超过时效要求的处理过程，能预警或自动升级到不同管理人员。

虽然客户服务部门一般设置在销售、市场营销等职能下，但供应链管理者也越来越多地进入或融合在客服流程中，因为多数争议和投诉与供应链管理相关。

| 第 3 节 | 交付管理

从严格的法律意义上来说，交付就是将标的物或所有权凭证的占有转移给受让人的法律事实。本节讨论的交付是相对狭义的概念，指卖方从签订合同或订单开始，将产品或服务实质性地转移给买方或承运人，并得到买方或承运人接收确认的活动过程。这种约定与《美国统一商法典》中 2-503（1）条款、2-504 条款的规定是一致的。国际商会制定的

《2020 年国际贸易术语解释通则》中，则是使用货物由卖方向买方转移的过程中，损毁风险在何处转移来定义交付是否完成。这也未涉及"商流"的转移。

1. 交付定义和标的物分类

交付标的物也称交付对象，在供应链运作中，交付对象千差万别，既包括实物产品，也包括服务和知识产权，例如管理咨询服务、清洁服务、软件和著作等。管理者通常将交付分成有形可移动产品的交付、有形不动产的交付和无形服务的交付三大类。

有形可移动产品包罗万象，既包括生产用原材料、零部件、半成品和设备等，也包括用于最终消费的各类有形产品，如 3C 产品、食品饮料、衣服鞋帽等，还包括一般归属于服务业范畴的某些行业所提供的有形产品，如餐饮服务业为消费者交付所需的菜肴糕点。其交付是通常意义上的产品交付。

有形不动产的交付主要是指建设工程项目竣工后的交付，例如建筑行业所交付的厂房、仓库、高速公路等基础设施。

无形服务覆盖的主要是包括咨询服务、软件开发、仓储运输、维护维修、保洁保安等在内非具象化的、纯劳务性质的服务领域。虽然咨询服务或软件开发服务提供商，最终可能提供承载了情报或应用程序等内容的媒介物，但客户最为关心的不是媒介物本身，而是其中所承载的内容。

2. 所有权问题

供应链管理专业人士必须要清楚，风险转移与所有权转移是两个不同的概念，尤其是对于有形可移动产品而言。例如，在采用寄售采购方式时，卖方将货物交到买方指定的场地后，所有权并没有发生转移，但是货物的保管及风险却转移给买方了。再如，租赁时风险与所有权基本完全无关。这也是"物流"和"商流"之间的区别。世界上有许多公约都对风险的转移问题进行了约定，但是，由于各国的法律对所有权的转移适用不同的原则和规定，这些公约一般不涉及货物所有权何时转移的问题。

1）有形可移动产品的所有权转移问题

所有权转移问题是买卖关系中最核心的一个问题，直接影响到双方的权利与义务。世界各国的法律对所有权的转移适用不同的原则和规定，但基本上都会承认买卖双方通过合同对所有权转移问题做出约定的效力。一般来说，有形可移动产品所有权的转移有以下几个基本原则。

（1）特定化后的货物在交付时所有权即转移

所谓"特定化"，就是指卖方在货物上加注标志，或以装运单据、通知买方等方式将货物清楚地确定在合同项下的行为。比如，《美国统一商法典》规定，除双方另有约定外，货物在特定于合同项下之前，所有权不发生转移；特定化后的货物的所有权在实际交付的时间和地点发生转移。美国国内贸易中经常使用到的六个FOB贸易术语，也对所有权的转移进行了明确的规定。

（2）合同生效后所有权即转移

这是指在合同成立并生效后，货物实际交付之前，所有权就已经从卖方转移给买方。比如，《法国民法典》中就有规定，当事人就标的物及其价款达成合意后，即使标的物尚未交付，价款尚未支付，买卖已经成立，标的物的所有权也同时在法律意义上由卖方转移给买方。

（3）在订立物权合同后才转移所有权

在有些国家的法律中，合同法属于债权法范畴，并不决定所有权转移问题，而是由专门的物权法对所有权的转移进行管辖。比如，《德国民法典》将货物所有权的转移归属在物权法的管辖范畴，也就是说，买卖双方需要就所有权转移问题订立物权协议，只有在卖方交付了物权凭证后，所有权才发生转移。

（4）交付时转移所有权

我国的法律就采用了这一原则。例如，我国《民法典》第一百一十四条和第二百二十四条规定："民事主体依法享有物权。物权是权利人依法对特定的物享有直接支配和排他的权利，包括所有权、用益物权和担保物权。""动产物权的设立和转让，自交付时发生效力，但是法律另有规定的除外。"

需要注意的是，我国《民法典》中并没有财产所有权转移的明确规定，而是尊重合同双方在合同中做出的约定，也就是下面要加以说明的原则。

（5）以双方的约定转移所有权

基本上世界各国都承认和接受这一原则，即尊重买卖双方有关所有权转移的约定。例如英国的《货物买卖合同法》中规定，所有权转移的时间与特定化有关，而特定化货物何时发生所有权转移，又是以买卖双方的合同约定为依据的。

我国《民法典》认可买卖合同中设定的留置权，也就是说，买卖双方可以在合同中约定，当买方未履行货款支付或其他法定或约定义务时，货物所有权依然归属于卖方。

在国际贸易惯例中，只有国际法协会制定的关于CIF合同的《1932年华沙—牛津规则》对所有权转移的时间与条件做了规定，该规则至今仍然沿用。其他国际贸易惯例，包括国际商会制定的《国际贸易术语解释通则》都没有涉及所有权转移的问题。《1932年华沙—牛津规则》第六条规定，除卖方依据法律对货物享有留置权、保留权或者中止交货权外，货物所有权的转移时间，就是卖方将有关单据交给买方掌握的时刻。这里的单据主要指的是提单。虽然该规则是针对 CIF 合同的特点制定的，但一般认为该规则也适用于卖方有义务提供提单的其他合同，其中包括 C&F 合同与卖方有义务提供提单的 FOB 合同。

综上，国际上关于买卖合同标的物所有权转移这个重大问题的规定存在着很大的差别。各国的规定都受着本国社会、经济状况以及法律背景的影响。我国《民法典》对此问题在参考借鉴其他国家规定的同时，根据我国的情况做出规定。

2）有形不动产和无形服务的所有权转移问题

对于有形不动产，如建设工程项目下的厂房、库房、桥梁、道路等基建设施等，以及无形服务标的物，如软件等，所有权的转移一般可以参照我国《民法典》第二编第二章的相关内容。

当然，很多时候无形服务可能并不存在所有权问题，或者不存在所有权转移的问题，而是使用权的许可。我国《民法典》第六百条规定：“出卖具有知识产权的标的物的，除法律另有规定或者当事人另有约定外，该标的物的知识产权不属于买受人。”因为知识产权载体的买卖与知识产权的买卖是两回事，对于知识产权载体的买卖，买方占有的是内含知识产权的载体，如光盘，而作为内核的知识产权本身，很多时候是保持在卖方手里的。当然，定制开发的软件也会涉及知识产权的转移问题。

我国《专利法》第十条规定，专利权可以转让。专利权的转让是指专利权人作为转让方，将其发明创造专利的所有权或者持有权转移给客户，客户按约定支付价款。另外，我国的法律还规定了一种权利客体的许可使用合同，如《专利法》第十二条对专利实施许可合同做出了规定。专利实施许可合同就是指专利权人作为许可方，许可被许可方在约定的范围内实施其所有或者持有的专利技术，被许可方按照约定支付使用费的合同。这种合同与专利权转让合同的区别在于，后者是以专利所有权的转移为目的的，而前者是以转让技术使用权为目的的，所以也可理解为专利技术使用权的转让合同，转让人并不因专利技术使用权的转让而丧失专利所有权。

因此，很多无形服务的交易，实际上是一种权利交易（不是权力交易）。尽管从根本上来说，一般货物买卖也是权利交易，即货物所有权的转移，但是，货物的所有权建立在现实的、可见的实物之上，其所有权是一个法律上的抽象概念，当事人所追求的是物的实用性。而权利的买卖或者转让则不同，当事人所追求的是权利本身所体现的利益。这种情况下，买卖当事人看重的不是该载体本身，而是通过它表现的一定技术以及对这一技术享有支配的权利而能带来的利益。因此，如果一个买卖合同的标的物本身体现着一定的知识产权，一般就不会将知识产权转移给买方，除非当事人明确表明，或者法律有相关规定（如

《著作权法》规定美术作品的展览权随作品原件转移）。

3. 交付违约

交付违约是指交付期、交付质量和交付数量等方面，全部或部分出现与约定相违背的情况，致使不能实现合同目的的其他违约行为。

1）卖方完全不履行或部分未履行交付义务

交付违约中最根本性的违约现象就是完全不履行，在这里特指卖方完全不履行交付义务。卖方既可能明确表示不履行交付义务，也可能以自己的行为表明不履行交付义务，这两种情况在法律上被称为"预期违约"。当然，如果是买方明确表示或用行为表示不履行付款责任，也属于"预期违约"。在实务中，更常见的情况是卖方延迟交付。此时，如果在买方催告后，在一定合理期限内卖方仍未履行交付义务的，买方可以依法解除合同。

另外，在合同约定分批交付的情况下，卖方不履行交付义务会被区分成以下三个层次。

● 一般情况下，卖方不履行某一批标的物的交付。此时，买方可以针对该批标的物不履行的情况要求卖方承担违约责任。如果卖方对该批标的物的不履行构成了根本违约，买方可以就该批标的物主张对整个合同的部分解除。

● 卖方对某批标的物的根本违约，如果将导致对该批之后各批标的物的根本违约，买方也有权解除合同中该批标的物以及其后的这部分。由于实务的复杂性，法律中并未阐明这类情形的具体情况，只是给出了一个原则。一般来说，某批标的物的根本违约将导致今后各批标的物出现根本违约的情况十分明显时，适用这一规定。

● 某批标的物与整个合同的其他各批标的物可能是相互依存的，或者说是不可分的，否则整个合同的履行将不可能或者没有意义。在这种情况下，买方如果依法可以对该批标的物解除合同，那么也就可以直接解除整个合同。

2）交付质量或数量与约定不符问题

当卖方没有出现不履行交付义务的违约现象时，且买卖双方对检验或验收期限有约定的，买方则应当在该期限内实施检验或验收，并将交付标的物的数量或者质量不符合约定的情形及时通知卖方；买方未能及时通知卖方时，可视为交付标的物的数量或者质量符合约定。对于没有约定检验期限的情况，法律没有对出现质量违约的情况进行分类，或相应地规定出买方提出异议的期限，而是规定了买方自接收（不是接受）标的物开始，直到检验并发现或者应当发现标的物的质量或者数量不符合约定之日为止，之间的期限应该合理。但究竟多久才是合理期限，法律并没有也不可能具体地规定出来。这时，需要针对不同的买卖合同、不同的标的物、不同的质量违约情形进行个案的分析确定。

买方如果在合理期限内没有向卖方发出异议通知，依照法律规定，即视为标的物的质量或者数量符合约定，即从法律上认为买方认可和接受了标的物。我国《民法典》第六百二十一条针对法定异议通知时间给出了一个底线，最长的异议通知时间为两年。也就是说，在两年内，无论买方是否发现或者应当发现标的物不符合约定，只要未向卖方提出异议，就都视为他认可接受了标的物。两年时间适用于绝大多数的买卖合同。另外，如果合同对标的物的质量保证期做了约定，如某种商品在标识中注明了保质期为 180 天，那么也就意味着做出了最长的异议通知时间为 180 天的约定，这时就不适用两年法定期限的规定。

对于质量或数量不符合合同约定的，买方通知卖方后，还要依法给予卖方一定的合理期限进行更换、补齐或采取其他补救措施。

质量不符合约定的，卖方应当按约定承担违约责任。如果没有约定或者约定不明，又不能协商确定的，买方可以合理选择，请求对方承担修理、更换、重做、退货、减少价款或者报酬、赔偿损失等违约责任。在履行质量与约定严重不符，无法通过修理、替换、降价的方法予以补救时，买方可以依法解除合同。

当卖方交付的标的物数量超过合同约定时，买方可以接收或者拒绝接收多交的部分。买方如果接收多交部分，应当按照合同的价格支付价款；买方若拒绝接收多交部分，应当及时通知出卖人。在国际贸易中，联合国国际货物销售合同公约第五十二条的规定与此相似。

如果卖方交付的标的物有多项，其中一项不符合约定，一般来说，买方只可以就该项交付物提出解除买卖约定，除非该项交付物与其他交付物无法分离独立使用，或分离后致使交付的价值明显受损。

| 第 4 节 | 应收账款管理

站在企业经营和供应链运作的角度看，交付不仅仅是把客户需要的产品或服务如约定转移给客户，还需把合同约定的账款收回来，供应链管理也涉及资金流的管理。

1. 营运资金对企业的影响

营运资金（Working Capital），也称净营运资金（Net Working Capital），通常被定义为企业的流动资产（现金、有价证券、存货和应收账款之和）减去流动负债（应付账款加短期债务）。也有管理者以下列公式简化地计算营运资金。

营运资金 = 应收账款 + 库存 − 应付账款

营运资金常作为考核企业流动性、运营效率和短期财务健康状况的管理指标。营运资金的正值意味着企业能够支持当前的运营、投资于未来的业务活动和成长，营运资金的负值则意味着企业无法使用流动资产偿还短期债务，严重的负值甚至会造成企业的破产倒闭。通过对营运资金的管理，企业能够实现其战略目标，提升股东价值，为并购提供资金、偿付债务、提高盈利能力、赎回股票、支持成长和自助内部项目。

然而，过高的营运资金也未必是件好事，它可能意味着企业持有了太多的库存，未能高效地使用其富裕的现金，或者丧失了投资低成本债务的机会。美国咨询公司哈克特集团2022 年发布的《营运资金调查报告》[5] 分析，北美领先的 1,000 家上市公司在 2021 年合计拥有 1.7 万亿美元的营运资金，比 2020 年的 1.3 万亿美元上升了 30.77%。这些企业的营运资金持续增加，远超过企业销售收入增加的步伐。

管理者通常还使用现金流量周期（Cash to Cash Cycle，CCC）以及它的三个分项指标库存天数（Days Of Supply, DOS）、应收账款天数（Days Sales Outstanding, DSO）和应付账款天数（Days Payable Outstanding, DPO）来管理监控营运资金的表现。本丛书第二册《供应链规划》的"供应链财务分析及工具"一章有这些概念的更详尽解释。表 2-2 尝试给出了几个代表性行业里，领先企业的这几项指标。酒店、餐厅和娱乐行业中的零售型企业，由于业务直接面对消费者，持有极少的库存和相对少的应收账款，因而现金流量周期多为负值。该行业现金流量周期的中位数为 8 天，应收账款天数、库存天数和应付账款天数的中位数分别为 20 天、7 天和 22 天。特别地，像麦当劳这样的企业，库存天数仅为 2 天，但应该没有人会感到奇怪，因为没有人会去买"陈年"的巨无霸。再看通信设备行业，苹果公司不仅仅是提供终端设备（手机等）的生产商，由于有自己的零售专卖店，其几项指标明显比高通要好。后者虽然也很强大，但由于面对的是大型企业客户，其力量总比面对消费者的行业要弱些。像通用电气、开利和库力索法工业这样的机械行业中的企业，就只能努力在上下游均为大型企业的供应链中，保持应收账款天数和应付账款天数的相对平衡。

表 2-2 北美一些行业领先企业的营运资金指标

行业	企业	现金流量周期（CCC）			应收账款天数（DSO）			库存天数（DIO）			应付账款天数（DPO）		
		2021年	一年变化	2020年	2021年	一年变化	2020年	2021年	一年变化	2020年	2021年	一年变化	2020年
酒店、餐厅和娱乐	卡罗尔斯饭店（Carrols Restaurant Group,inc.）	−1	−432%	0	4	−22%	5	4	10%	3	8	3%	8
	奇波勒墨西哥烤肉（Chipotle Mexican Grill,inc.）	−3	−249%	−1	5	−24%	6	2	1%	2	10	9%	9
	麦当劳（Mc Donald's Corp.）	−10	−230%	8	29	−27%	40	2	−5%	2	42	19%	35
	行业中位数	8	−42%	14	20	−8%	22	7	−19%	8	22	15%	19
通信设备	高通（Qualcomm.inc.）	53	−33%	78	39	−37%	62	93	−23%	121	79	−24%	104
	优倍快（Ubiquiti,inc.）	86	−25%	115	33	−18%	40	95	−40%	159	42	−51%	85
	苹果（Apple.inc.）	−61	8%	−66	26	22%	21	12	28%	9	99	2%	97
	行业中位数	47	66%	28	63	22%	52	60	21%	50	76	8%	71
机械	库力索法工业（Kulicke & Soffa Industries.inc.）	107	−40%	179	101	−13%	116	76	−42%	130	70	4%	67
	通用电气（General Electric Co.）	98	−35%	152	101	−35%	156	114	6%	108	117	5%	112
	开利（Carrier Global Corp.）	42	−29%	60	51	−25%	69	50	2%	50	60	1%	59
	行业中位数	100	1%	99	61	−2%	62	104	7%	98	57	15%	50

数据来源：哈克特集团 2022 年发布的《营运资金调查报告》

企业可以通过计划和库存管理控制库存，通过采购管理控制应付账款，通过交付管理控制应收账款。

2. 市场营销策略和供应链能力对应收账款的影响

企业依据市场营销策略选择进入不同的市场，以及使用不同的渠道，如传统零售、经销商或代理商、网络零售、直销等。不同渠道和行业习惯，会产生不同的应收账款账期。如果企业选择自营零售店销售产品，例如前述的苹果公司，由于消费者多为现场支付，因而应收账款极少。如果企业选择销售商品给零售商或经销商，那么往往会产生一个月或数月的账期。供应链上下游的博弈关系是影响应收账款的重要因素。市场营销策略不仅能帮助管理者选择渠道，还能协助他们定义目标客户。如果非要选择进入"赖账者遍地"的行业，那么后续应收账款管理的难度就可想而知了。

企业的市场营销策略还需要考虑不同渠道、不同客户的信用措施。即使选择零售商或经销商作为分销渠道的企业，把商品销售给下游也并不是供应链管理的全部。如果厂商在消费者端不能产生拉动需求，造成产品库存积压在渠道中，零售商或经销商就不太愿意快速付款，从而增加了厂商的应收账款。因此，企业提高渠道的可视性和供应链管理的能力，与下游企业协同管理需求预测、库存计划和补货，将帮助企业控制应收账款。

从接收客户订单到产品或服务交付给客户的整个过程中，供应链运作能力将影响应收账款的表现。如果企业不能延长采购端供应商的账期，并且不能有效地控制库存增加，那么管理者只有努力减少应收账款，才能减少营运资金的占用。收紧客户的信用措施和严格管理收款流程，能帮助企业减少应收账款，但同时也会影响销售收入。客户订单交付时间、交付物的数量及质量、所需单据的准确性等因素，都会影响客户的满意度以及他们的付款流程。

3. 创建销售到收款的典型流程

虽然不同行业、不同企业的业务场景大相径庭，但从创建销售到收款的流程还是可归纳为如图 2-11 所示的典型流程。这些流程均涉及影响企业应收账款的管理实践。

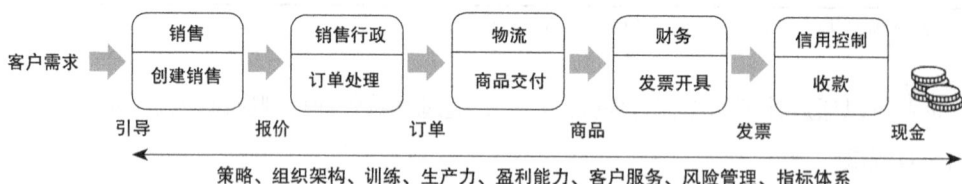

图 2-11　创建销售到收款的典型流程

1）创建销售

如前所述，企业的市场营销策略应该能清晰地勾勒出目标客户群体，并通过诸如五力分析、SWOT 分析等工具，理解与客户的力量对比，从而制订差异化的信用政策。对于潜在客户和既有客户，应定期关注他们的财务风险，理解不同行业的账期和付款习惯。企业的销售人员不能仅为了实现销售业绩、获取客户订单，而不顾企业的信用政策，随意接受和承诺不合理的应收账款账期。针对新旧客户定期的信用审核（Credit Vetting）是此环节的一项重要工作，其依据是信用政策。信用政策必须规定如下几项内容。

- 不同渠道客户的信用额度。
- 同一渠道不同分类客户的信用额度。
- 信用额度上限和最大账龄。
- 新客户信用额度和最大账龄的创建。

- 现有客户信用额度和最大账龄的调整。
- 突破信用额度的客户订单审批制度。
- 未达到信用政策要求的客户订单冻结机制。
- 销售部门和人员有关信用政策执行的绩效考核制度。

其中，信用额度上限的制订往往需要管理者参考行业习惯、下游客户行业习惯、客户正常的现金周转能力、企业的营销策略等因素。而在很多采用分销渠道的行业，企业为经销商设置的信用额度还与经销商被要求储备的库存水平有关。供应链管理不佳的企业，会简单地安排经销商囤积库存，而因此产生应收账款天数延长的现象。

最大账龄是指从客户订单的应付日期到实际必须付款日期的时间。对于达到最大账龄的客户订单，企业除了冻结该订单之外，还要辅以更严格的追款流程甚至法律手段。即使为客户设置了最大账龄，日常管理也不能过于宽松，否则订单的应付日期就得不到应有的尊重。有管理者认为，最大账龄与正常应付账款账期仅是为了照顾双方在订单交付过程中出现的异常事件及处理所需的时间。

2）订单处理

如果说"创建销售"阶段更关注在策略层面对应收账款管理的影响，那么"订单处理"阶段则偏重操作层面。首先，销售或销售行政人员在创建客户订单（或销售订单）时，应严格执行企业的信用政策和双方合同约定。其次，这些人员应该深刻理解订单处理过程的各种常见条款以及它们对净收入和应收账款的影响，如图2-12所示的销售价格瀑布图展示的内容。

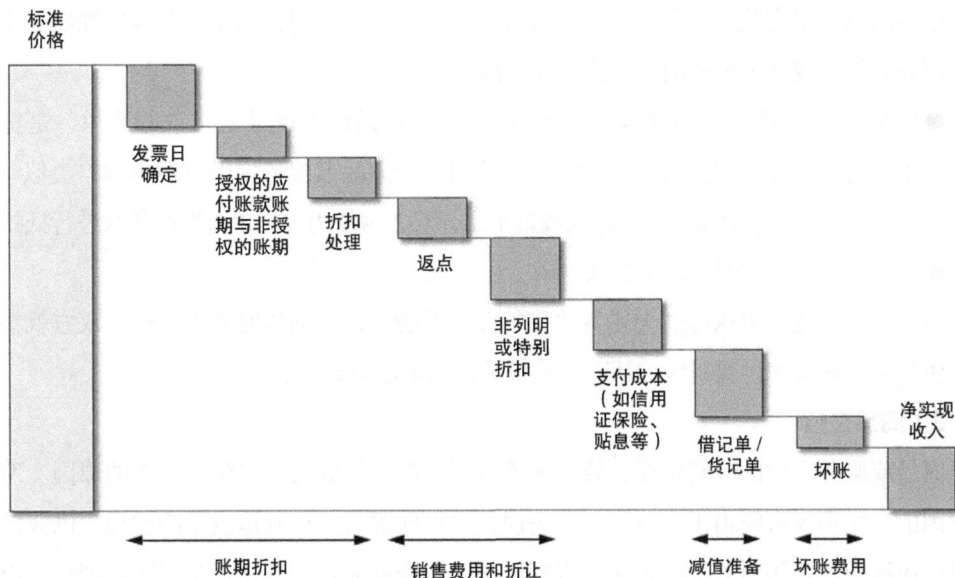

图2-12 销售价格瀑布图

●发票日确定：在我国国内贸易或服务业务中，由于税控发票的要求，发票日和发票开具日期是相同的，而在国际上二者有可能是不同的。不同行业可能会有不同的发票开具日期，而该日期有可能滞后于商品或服务的所有权转移日期。这无疑延长了商品或服务提供方的实际账期。频繁交易的月结账、大批分批发货、发货到现场并安装调试后开票等处理方式，是这种延迟的典型现象。很多企业也因此出现了发货未开票的订单状态，这在国际财务处理中常称为"应计收入"（accrued revenue），即能确认销售收入但尚未开票的款项。从供应链资金流管理的角度，无论"应计收入"是否算作财务口径的应收账款，管理者都有义务加速这些款项的回笼。

●授权的应付账款账期与非授权的账期：根据企业的信用政策给予客户的账期。有时，销售人员可能根据客户的特殊营销策略，未经授权而给予客户额外的账期，当然这种行为是需要管控的。

●折扣处理：出于某种营销策略提供给客户的折扣，通常包括批量折扣、账期折扣、渠道折扣和季节折扣。

●返点：通常用于鼓励客户多销售或订货的款项返还。其与折扣的不同常直接体现在价格调整方面，返点通常不做时效的价格调整，而是事后返还给客户一笔金额。

●非列明或特别折扣：一般属于销售人员未按照企业的销售政策而擅自提供客户的折扣。

●支付成本（如信用证保险、贴息等）：指的是处理客户应收账款时发生的银行和保险费用，例如信用证保险和远期汇票的贴息。有些大型企业为了管理应收账款回收的风险，还专门投保了应收账款保险。这些与客户支付相关的费用会因渠道和客户性质的不同而有差异，但都侵蚀了企业的正常价格或利润。

●借记单/贷记单（Debit Note/Credit Note）：借记单就是通常说的账单，是提供给客户（应付账款方）的；而贷记单常是客户出具给商品或服务提供方的单据，类似"欠条"。在国际上，由于商品质量问题或数量不足，双方常使用贷记单对原始货款进行抵扣。

●坏账：指无法收回的订单款项。

很明显，涉及订单执行的上述条款和条件如不能在订单创建时加以明确，双方就很容易产生后续的误解和付款纠纷，从而造成应收账款的收款延误。

3）商品交付

商品或服务交付的时间延误、数量或质量不符都可能成为客户延迟付款的原因。而这些原因的产生不仅可能由于物流部门的失误，也可能源自生产制造或采购过程。供应链管理部门应该与销售和财务部门定期分析客户的应收账款表现，特别是超期账款表现，识别按客户按订单维度的延误原因，并聚焦于与供应链职能相关的订单和日后的改进机会。

如今，越来越多的企业使用了信息系统来管理采购订单，因此供应链管理部门也需要与销售部门和客户明确系统收货的手续，而不仅是满足实物送达的客户签收，服务业务也应如此。客户对系统收货动作的不经意，很容易造成应收账款的收款延误。一些采用 JIT 采购的大型制造业客户，往往习惯把同一种物料的采购，按生产计划的时间分解成不同交付日期的订单行。因此，作为产品或服务的提供方，在处理发货单制作和客户收货签收时，更要按时间次序或要求进行，避免订单行号或订单号信息不一致造成的数据紊乱，从而使得对账和结算开票过程更加畅顺。有时，客户要求 JIT 送货到车间现场之后，再由供方司机或送货员回到物流中心办理收货签收手续。这就要求供方的供应链管理部门加强对送货人员和流程的培训和监控，做到"日清日结"，避免遗漏签收。

4）发票开具

发票信息的正确以及所需配套的单据和其他质量文件齐全，都有助于避免客户付款的延迟。该环节的责任不仅在供方的财务部门，也要求销售部门和供应链部门提供的信息准确。

5）收款

多数企业的收款责任是在销售部门，也有的企业将其放在供应链职能、客服或特别团队。在商业信誉普遍不好的国家、地区或行业，企业管理者不应寄托于客户会自觉按时付款。收款管理需要企业制订收款计划、责任分配、跟催流程、争议处理等方面的制度，甚至还需要制订收款策略。

在采用良好的信息系统进行管理的企业，管理者可以很容易地从系统中调出不同时期的到期订单及订单执行表现、客户付款的历史表现、信用政策和争议记录，甚至超期款订单信息。这些信息均可作为收款的辅助信息。

收款管理也需要企业根据典型的收款周期和关键时间节点，如图 2-13 所示，在不同时间阶段渐进地采取以下具体动作。

图 2-13 收款周期及关键时间节点

● 基于发票信息，初次联系客户。
● 识别客户的可能争议。
● 获得客户付款承诺。
● 跟进客户承诺。

- 第一次催款通知（信函、邮件、短信或微信）。
- 第二次催款通知。
- 向客户发送法律文书（如律师函）。
- 发出最后通牒。
- 停止动作。

对于超期款或争议严重的订单，企业应该制订相应的升级管理流程，以便让有更高权限的管理者及时介入处理过程。

4. 应收账款管理中的常见问题

虽然很多企业面临着收款难的问题，但这并不能成为应收账款管理缺失的借口。许多企业在应收账款管理中存在如下常见问题：第一，企业管理者，特别是企业高管，在策略上不重视。很多企业在进行市场营销策略和信用政策的制订时，虽然分析了客户力量，但未认真考虑自身的承受能力。管理者过于依赖销售拿单，而忽视了销售"拿回钱"。特别是资金紧张的企业，管理者要理解应收账款的代价，甚至坏账风险。第二，对于销售价格、账期、折扣、返点、费用冲销产生的借记单等交易条款和条件缺乏管理制度，造成最终的利润被蚕食。第三，管理者缺乏基于流程的应收账款管理手段，简单地依赖"请客吃饭"等单一方式。第四，企业围绕应收账款的管理指标不充分，仅依赖最终回款的结果性指标，过程指标缺失。第五，收款人员缺乏信息化手段作为支持，也缺乏专业的培训。第六，对收款过程的资源分配不合理。

管理者必须深刻地认识到，资金回笼不仅是企业供应链资金流的结果，还是周期运营的开始。供应链的资金流管理与供应链的物流和信息流管理相辅相成。

5. 应收账款的管理指标

1）应收账款天数

除了应收账款余额之外，应收账款天数（Days Sales Outstanding, DSO）应该是较为关键的结果性指标。DSO 的简单计算公式如下。

$$DSO = \frac{应收账款余额}{当期销售收入} \times 期间天数$$

管理者通常可视需要选择月、季度、半年或年作为期间天数。DSO 可按照事业部、分公司、地区、渠道或客户分别进行计算。由于有管理者认为应收账款广义上包括已开票的销售收入和未开票款项（即前述的"应计收入"），那么 DSO 也可分别细化为应收开票款天数（Days Billing Outstanding, DBO）和应计账款天数（Days Accrued Outstanding, DAO），计算原理类似。

从公式看，DSO 实际上是应收账款余额与日均销售收入的比值。然而，实际上销售收入在时间维度上并非按平均的进度产生。基于此，更严谨的 DSO 计算方法常称为"倒扣法"（Exhausted Method），计算过程如表 2-3 所示，其中还包括某企业 9 月底应收账款余额和 7 月至 9 月的销售收入，其计算原理大致如下。由于 9 月应收账款余额大于当月销售收入，则以应收账款 25,000 元扣除当月销售收入 12,500 元，扣除后余额为 12,500 元。该余额大于 8 月销售收入 10,250 元，扣除该值后的余额为 2,250 元。这时的余额小于 7 月销售收入 11,000 元，则该月的 DSO 为：2,250 元 ÷ 11,000 元 × 31 天 ≈ 6.3 天。最终，采用倒扣法计算的 DSO 为：30 天 +31 天 +6.3 天 =67.3 天。

表 2-3　倒扣法 DSO 计算过程示例

	7 月	8 月	9 月
期间天数	31	31	30
销售收入 / 元	11,000	10,250	12,500
9 月底应收账款余额 / 元	25,000		
用倒扣法计算 DSO：			
1）扣款款项 / 元	2,250	10,250	12,500
2）余额 / 元		2,250	12,500
3）倒扣计算天数 / 天	6.3	31	30
倒扣法 DSO/ 天	67.3		

很明显，如果采用公式计算，DSO 应为 68.1 天，两种计算方法的结果是有差异的。计算 DBO 或 DAO 时也可采用倒扣法。倒扣法在销售收入不均衡时更能代表真实的应收账款表现。

2）最佳应收账款天数

DSO 虽然代表着应收账款的实际表现，但管理者也关心最佳表现应该是多少，这就需要定义最佳应收账款天数（Best Possible of Days Sales Outstanding, BPDSO）。BPDSO 的计算为期间内，各合同（或客户订单）的销售收入与各合同（或客户订单）约定账期的加权平均值。

例如，某企业在 9 月份有三份合同产生销售收入，分别为 15 万元、20 万元和 50 万元。三份合同的约定账期分别为 90 天、60 天和 30 天。那么这些合同的 BPDSO 为：

（15 万 ×90 天 +20 万 ×60 天 +50 万 ×30 天）÷ 85 万 ≈ 47.6 天。

管理者可逐月对企业的实际 DSO 与 BPDSO 进行对比，寻找差距和改进机会。

3）其他应收账款的管理指标

企业还可以根据每月产生的合同（或客户订单）以及它们各自的开票日期、约定账期，设置如下管理指标。

● 按计划收款比例：当期实际收款金额与计划收款金额的比值。

● 超期账款比例：当期超过付款日未到账的款项与总应收账款的比值。管理者甚至可以设置"超期一个月款项比例""超期两个月款项比例"等指标。

● 账龄：截至当前，各合同（或客户订单）的实际账龄的加权平均值。其中，实际账龄为开票日到当天的天数。

上述这些指标可以分别用于企业、事业部、分公司、渠道和具体员工的应收账款管理。

6. 应收账款的管理策略

应收账款的管理不能等到出现客户拖欠款才引起重视，也不能简单地依赖"请客吃饭"或严格的绩效考核，它需要一整套制度的建设，需要持续的员工培训和过程管理。首先，企业要把被动收款模式改变为主动收款模式。这种主动不仅仅体现在付款日前的与客户沟通，还需要结合市场特征制订营销策略、合同条款和条件以及定期的收款目标和工作计划。

其次，管理者也应该认识到收款管理的资源合理配置。对于产品或服务技术专业性强、交付过程长且复杂的业务场景，仅仅依赖销售人员收款是远远不够的。应收账款管理是供应链交付管理的一个重要环节，必然需要跨职能的团队合作。世界上领先的企业，为复杂的收款业务设立专门团队的举措屡见不鲜。

随着信息技术的飞速发展，大量的客户历史表现、收款行为的效果分析以及业务流程的监控，都使得"老赖客户"或"异常延期"无处遁形。当然，真正要有效促进应收账款管理还需上下游企业的供应链协同。

参考文献

［1］Philip Kotler.Marketing Management［M］.Pearson India Education Services Pvt. Ltd, 15e, 2016, p271−281.

［2］Christopher Lovelock&Jochen Wirtz.Essentials of Service Marketing［M］.3ed. London: Pearson Education Limited, 2018, p415.

［3］John Goodman&Steve Newman.Understand Customer Behavior and Complaints, Quality Progress［J］. American Society of Quality, January 2003, p51−55.

［4］The Hackett Group.Working Capital Survey 2022［R］. July 2022.

第 3 章

库存管理基础

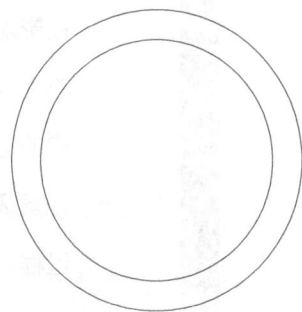

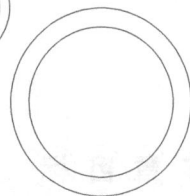

对于制造型和流通型企业来说，库存管理是供应链管理中的一个重点环节。很多服务型企业也会涉及物料的采购、储存和分发，库存管理依然重要。美国供应管理协会（ISM）是这样定义库存的：在一个组织中，处于等待状态以便将来用于增值活动的物品或者资源的存货。企业的库存通常包括成品库存、在制品库存和原材料库存。而广义上，其他许多类型的物资也会被称为"库存"，如促销品、办公用品、寄售品和代销品等，这些物资完全可以借用库存的管理方法来管理。

库存管理只是供应链管理的一个组成部分，但是库存管理本身与供应链的各个相关职能相互影响，比如在大多数情况下，库存的补货需求触发采购动作，供应商的交付绩效又反过来影响库存。很大程度上，仓储管理及运作是围绕着库存展开的，库存种类、数量等因素直接影响仓储运作的工作量、操作方法以及需配备的资源。就库存的状态而言，除了在库库存，由采购方负责运输的购进原材料、在发往客户的运输途中尚未交付的成品也是库存。高效的运输运作有助于各个经营环节的紧密衔接，加快原材料—产成品—用户交付与使用的转化过程。库存的分布，也决定了运输的范围、距离和路线。

本章目标

1. 认识库存的功能和形成原因、不同概念，以及库存管理在供应链管理中的重要作用；了解库存管理的策略及措施、通用和项目专用物料的库存管理，以及非财务存货的物资库存管理。

2. 了解库存管理的核心思想，掌握不同库存成本的定义和权衡原则、库存计划的基本模式、管理渠道和供应商的库存、管理寄售等。

3. 掌握库存管理基础，深入了解包括联合指标在内的库存管理绩效指标，以及库存管理和企业各项职能的相互影响、对库存品种规格的管理。

4. 学习库存的分析方法，包括分析工具、库存优化的措施、发货未开票的库存管理、呆滞库存的分析和处理等。

｜第1节｜库存概述

对于企业，库存被普遍视为保持正常运营的润滑剂。同时，为了有效管理，避免或减少库存的不利影响，人们从不同的角度审视、分析库存，以便开展细致的管理。

1. 库存的功能和形成原因

库存往往具有如下功能和形成原因，管理者只有了解这些功能和形成原因，才更容易进行库存管理。

●协助形成经济规模：在生产、运输及采购环节，具有一定的经济规模就有可能降低成本，而为了形成规模，就会保有库存。

●分离作用：在生产线上，如果前后两个生产工序的处理速度不一样，人们可以通过在二者之间设立在制品库存，保持连续生产，并把两个工序分开，单独进行管理。

●支持运输和转移：在人类尚不能高速运输货物时，从一个地点转移物品到另一个地点肯定需要较长时间，因而就会有在途库存。

●投机作用：有时，建立库存并不是为了满足即期或未来的需要，而是为了博得日后的升值。

●战略考虑：企业有时会因为生产运作或采购的策略而形成库存。例如，由于季节性特征而在淡季生产，以弥补旺季时产能的不足；或是为了阻击竞争对手而进行原料的垄断，以便限制竞争对手的原料供应。这些境况下产生的库存即为战略库存。

●预期考虑：出于促销、预计的短缺、预计的罢工、政治不稳定、预计的价格增长等原因，而进行提前采购，形成预期库存。

●缓冲作用：为了抵抗供应链中的不确定性而建立的缓冲库存，也称安全库存。供应链中最主要的不确定性就是需求的不确定性和供应的不确定性。

●积压库存：企业被动拥有的库存，如呆滞库存、进入淡季或产品衰退期而产生的过剩库存。

当然，库存也会带来一定的成本和风险，具体可参考本章第二节的"库存成本"部分。

2. 库存的不同概念

供应链管理者在对库存进行量化分析时，以及在与同行交流库存管理实践时，为避免南辕北辙，一定要先了解双方谈及的是哪个库存概念。包含 "库存"二字的概念有很多，如图 3-1 所示。

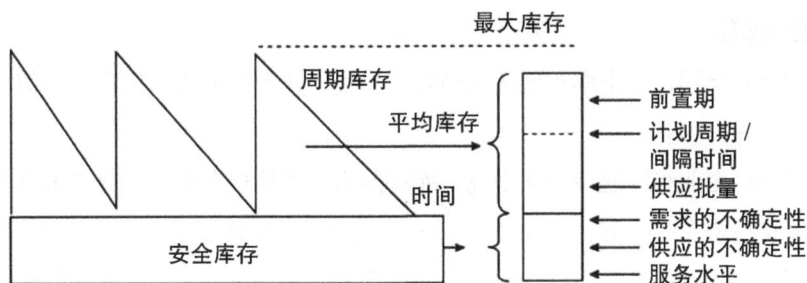

图 3-1　常见库存概念

1）周期库存

从库存补充的指令下达到库存实际得到补充的时间，我们通常称之为前置期、提前期或补货时间。该时间包括内部准备和订单的前置期，内部准备包括订单的产生和审批，订单的前置期是指客户从发出订货单到收到货物的时间间隔。前后两次库存补充指令下达的时间间隔，则称为计划周期或订单间隔时间。在前置期及计划周期内，我们需要一定的库存来满足消耗，此库存称为周期库存（Cycle Stock）。

2）安全库存

安全库存（Safety Stock）是企业提前设置以应对需求和供应波动情况的最小库存，在正常生产或销售库存之外，作为缓冲来减少断货风险。

3）平均库存

由于库存经常是变化的，我们难以用其中某一时刻的库存量代表库存的水平。有些企业会采用期末那天的库存值作为衡量库存水平高低的依据。这种做法简单，但并不科学。特定时间点的库存数据虽易采集但具有偶然因素，并且，以特定时间点的库存水平进行绩效考核也往往会造成人工干预或操纵的现象。因此，平均库存分析不失为一个较好的工具。平均库存是一定时期内库存的平均水平，企业可采用期内各个时间点的库存值计算平均值。通常，企业的财务报表直接提供了库存的数据，因为这些报表一般按年、半年、季度或月的自然周期编制，所以人们一般按自然周期选取期初和期末的库存值计算平均库存。这其实也仅是两个时间点的库存平均。企业如可以在经营管理中有效地使用 ERP 或其他库存管理系统，则可利用系统实时抓取库存数据，从而获得更符合当前实际的库存数据。如果有条件，抓取多个时间点的库存数据计算平均值无疑能更加客观地反映企业的库存状况。

4）最大库存

通常，按照最高的库存水平，加上库存补货到达瞬间的在库量，加上补货量形成了最大库存。我们进行仓容规划、储位设置的时候，会使用这个概念。

5）最小库存

在库存计划层面，最小库存通常就是安全库存，即预期的未来库存最小值。而实际业务中，最小库存有可能是零。

对于制造型企业和流通型企业来说，库存的影响也体现在企业的财务报表中，影响着企业管理者和投资人的决策。表 3-1 是公司损益表的一个简单示例。库存会分别影响表中的销售费用、存货跌价准备和财务费用。而在企业的资产负债表中，库存价值直接体现在流动资产中。有些企业为了"美化"财务报表，会制订特殊的措施（如向经销商压货）来弱化资产负债表中库存的表现。其实，我们在进行财务报表分析时可以通过观察资产负债表中的应收账款是否增加，或者通过查看损益表中的销售折扣是否增加等手段来发现这种行为。库存对企业的财务影响还体现在对现金流量和营运资金的影响上。

表 3-1 XYZ 公司损益表 2021 年度预算

项目	预算
营业收入	3,766
营业成本	2,245
税金及附加	334
业务利润	1,187
存货跌价准备	2
销售费用	675
管理费用	336
财务费用	95
营业利润	79
所得税	23
净利润	56

3. 库存管理在供应链管理中的重要作用

在中国物流与采购联合会（CFLP）供应链管理框架下，供应链管理活动可以分为八个主要的管理领域，即战略层面的供应链规划，运作层面的计划、采购、生产、交付、物流，以及基础层面的内外部利益相关者协调和环境、社会和公司治理。从运作的角度，供应链包括从原材料到交付给最终客户的最终产品或服务的整个过程，而库存的流动贯穿全程。这主要表现为，库存依次以原材料—半成品—产成品的形态，沿着价值链向后端流动，直至到达客户。高效的库存管理对保持持续稳定的供应链运营有着深刻的影响。比如，产品主要物料的提前期为 90 天，如果生产周期为 30 天，企业不能因此向客户提出产品的标准供货周期为 120 天，否则就可能因为交付时间过长、缺乏竞争力而丢失市场。企业需要提前采购物料，通过增加原材料库存，快速满足客户需求。如果客户对交付时效提出更高的要求，企业的应对措施包括提前生产，设置部分在制品或产成品库存，进一步缩短响应时间；还包括优化物流网络的分布，规划物流中心（Distribution Center, DC）、地区配送中心（Regional Distribution Center, RDC），甚至前置仓或网格仓，将产品库存推到距离客户最近的地方，缩短运距优化交付时效。在这个过程当中，通过制订合理的库存策略，确定库存应包含的物料或产品种类、库存量、库存的分布，以及设定库存计划，确定补货的时间、批次和批量，企业不仅可以满足客户的时效需求，还能将运作成本保持在合理的水平。

4. 库存管理的策略和措施

根据库存管理的层次，库存管理基本上可分为库存管理策略（Inventory Management Strategy）及库存管理措施（Inventory Management Policy），前者偏重于战略层面的管理决策，后者更多体现为日常的管理活动。两者的主要内容分别如下。

1）库存管理策略

管理策略通常由供应链职能与其他关键职能协同确定。典型的策略内容包含以下部分。

● 是否保留库存？选择推式 / 拉式（Push / Pull）补库？

● 如何应对需求波动？比如可适当设置原材料、零部件或成品库存的比例或种类，提高安全库存水平，或加强需求预测等。

● 库存采取集中存储还是分散存储的方式？

● 产品品种、设计标准化和市场营销多样化的权衡。

● 分销环节安排几级库存？

● 计划预测的颗粒度，比如针对品牌、产品线或 SKU。

● 选择库存计划模式。

● 设计库存管理绩效体系及确定合适的责任部门等。

2）库存管理措施

库存管理措施基于库存管理策略而制订，更多体现为如下的日常管理活动。

● 确定库存物料如何分类，比如基于品类、ABC、XYZ（需求波动）或其他维度。

● 设置各种补货计划中的相关参数，如前置期（Lead Time, LT）、间隔时间、最大 – 最小库存水平、补货时机、批量、服务水平、再订货点（Reodet Point, ROP）、安全库存水平等。

● 按原材料、在制品、成品设置绩效指标。

● 管理呆滞物料。

● 确定盘点制度和差异处理流程。

● 确定库存统计和报告机制。

读者可在本章及系列丛书的相关章节中阅读以上内容涉及的知识点。

5. 通用物料和项目专用物料的库存管理

在库存管理中，库存物料按照用途和分配方式，可以分为通用物料和项目专用物料。前者是可以被不同客户订单或多个项目共用的库存物料或产品；后者是专用于或被分配给特定的订单、项目或重点客户，而实际已被保留或"锁定"的库存，多见于按客户需求生产定制品的企业，以及承接工程项目服务于客户的企业中。"锁定"的方式可以是部门之间的约定，或使用系统设置库存物料的专用属性，例如在采购订单中或库存入库时，为物料添加特定的项目编号（WBS，项目工作分解结构），标注这些物料只能用于特定的项目。另外，可以设定 ERP 系统，交货时间靠前的订单享有更高的库存物料使用权，系统优先保证供应先交付订单所需物料，满足能够先实现的销售需求。

使用通用物料的库存管理方式，内部客户通常可以无限制地使用库存物料，因而库存周转率高，但是缺乏一定的库存物料保留机制，可能会影响到重点项目或关键用户订单的物料供应，造成停工待料。相反，按项目专有物料的方式管理库存，如果被优先分配库存的项目或销售订单没有如期进行或履约，造成没有按原定计划消耗库存物料或产品，这部分被占用库存又没有及时释放给其他项目或订单，就会影响库存的流动性，增加长期被动持有库存的风险。

合理的方法应是结合两种方式进行动态管理。一方面，避免不合理地、长时间地将库存和特定的需求绑定，例如保持对未交付订单的有效监控，对长期占用库存物料使用权的订单，企业需要及时更新订单交付时间。由于特别原因需要长期保留的库存也需要将其纳入经常化的管理范围当中，定期回顾并适时调整库存管理措施。另一方面，企业需要订立管理办法，保证对经营具有重要影响的项目或客户获得优先支持，最大化企业的总体利益。

6. 非财务存货及固定资产管理

财务意义的库存通常也是企业资产负债表中的"存货"，一般指持有的为了生产或销售的物品，包括原材料、产成品和成品等。同时，企业中也会有不直接用于生产或销售目的的库存物资。这些库存不直接在财务报表中体现，属于非财务存货，比如一次性大量购买后缓慢消耗的办公用品等低值易耗品。对于非财务存货，其管理过程应参考企业的库存管理措施和办法，由库存管理部门或物资使用部门的指定人员进行管理。长期不用的物资也需要采取类似呆滞库存处置的方法尽快处理。

固定资产一般指企业为生产产品、提供劳务、出租或者经营管理而持有的，可使用时间超过一个会计年度，价值达到一定标准的非货币性资产，包括建筑物、机械、运输工具，以及其他与生产经营活动有关的设备、器具、工具等。虽然固定资产并非"存货"，但其管理办法亦可借鉴库存管理思路。作为组织的重要投资，固定资产需要在生命周期中被分类、追踪和监控，以维持账目准确，防止被盗窃，并在不再被使用的时候以回报最大的方式进行处理。获得固定资产的时候，首先应为其编号，通过条形码 / 二维码扫描、射频识别（Radio Frequency Identification, RFID）标签记录资产类型、部门和购买年份等信息，输入管理数据库；在使用过程中，追踪和记录资产的流动，及时发现和报告资产状况、位置和净值，警告不合规操作；使用台账或专业的资产追踪软件管理固定资产，定期进行实物盘点，确保账物保持一致，记录和分析盘点中出现的差异并做相应处理。固定资产长期不用而需要处置时需要参考其残值，残值是价值较高的固定资产使用期满将报废时，处置资产预计能够回收的剩余价值，一般通过原值乘以残值率计算得出。在我国的法律法规中，并未对企业的固定资产残值率做出限制性规定，一般由企业根据资产使用工况、预期可使用年限等因素合理评估确定。

| 第 2 节 | 库存管理的核心思想

库存管理的核心思想是在保证及时供货的前提下，尽可能降低库存水平，并减少各种由库存直接或间接导致的成本。

1. 库存成本

库存管理之所以对企业重要，一个基本原因是库存具有成本。库存成本通常可以划分为库存持有成本、库存订货成本和库存缺货成本。如何有效地权衡和取舍这三者，一直是库存管理者面临的挑战。

1）库存持有成本

企业拥有库存，就要付出成本。库存持有成本包括资金成本、仓储成本、保险、损耗、贬值和税金等。

●资本成本库存占压企业的运营资金，而资金是有机会成本的。企业若从库存中释放出资金，可投入自身的生产运营或财务投资领域，获得投资收益。不同企业因投资获利或理财能力不同，资金成本率也不尽相同，如法国施耐德公司曾经按照每年 17% 来核算，诺基亚曾经按照每年 14% 来核算。

●仓储成本。多数企业的库存都需要仓库来存储和保管。对于租赁仓库的企业，库存的仓储成本可通过库存所占据的仓间（平方米、立方米或货位），以及单位仓间所分摊的租金和存储设备来估算。对于自建仓库的企业来说，核算库存的仓储成本较为复杂。

●保险。为了加强对库存的风险管理，企业通常会对库存上财产保险。库存水平越高、库存价值越大，则保险费用就越多。

●损耗。英文为 shrinkage，最早指谷物在储存一段时间后因水分挥发而重量减轻，此概念后来逐渐拓展为库存随时间推移而产生的消耗损失。

●贬值。有些物资在存储一段时间后，即使数量／重量没有改变，但本身的价值却降低了，比如 IT 产品、服装或食品饮料等。

●税金。有些国家（地区）会对企业的库存征收财产税，如截至 2021 年美国有 14 个州收取库存税[1]。

企业是不是应该追求"零库存"以避免产生库存持有成本呢？在日常经营当中，首先，"零库存"仅是一个理念或目标，或是从财务角度去解读，在理想状态中才可能存在。因为严格从操作意义上来说，零库存是不可能真正实现的。受到供应市场及需求方的不确定性、连续生产要求导致的连续供应等诸多因素的制约，企业的库存不可能为零。但通过有效的运作和管理，识别、控制和降低"多余"库存，企业可以最大限度地优化库存，并逼近零库存，这也正是库存管理的重点。其次，虽然存在库存持有成本，但是"没有付出就没有收获"，企业开展业务就会发生成本，包括库存成本在内的各项经营投入也是市场竞争的关键制胜因素之一，是企业获得发展、获取利润的条件。成本控制应当从价值链的角度，权衡投入产出的综合效益，也就是衡量投入产出比。控制成本费用不一定要追求成本费用总额的下降，也可以是让相同的成本费用带来更多的增量产出。在实际业务当中，更不能为了追求形式上的"零库存"，利用买方的强势地位，将建立库存的责任完全转嫁给供应商，这会破坏供应链的平衡，最终也会影响到自身。

2）库存订货成本

由于订货在提前期内发生的所有为获取库存而产生的费用，称为库存订货成本。它通常包括需求计算、申请、审批、下单等活动的人工、设备成本和通信费用，也包括谈判、订单跟催、收货和检验等活动的支出；甚至还可能涉及因为订货而产生的后续活动，如供应商发料检验和应付账款的处理流程及索赔等产生的成本。在不同业务环境下，订货成本也不尽相同。有些行业，如汽车制造行业，向供应商订货经常需要派出供应商质量工程师（Supplier Quality Engineer, SQE），因而订货成本中包含很高的差旅费用；有些行业因需要进口物资，所以需要支付报关等费用；而有些行业，订货可能仅需简单按下回车键发出电子订单。供应链管理者可以采用作业成本法，根据订货流程及环节测算出订货成本。

库存订货成本可分为固定的和可变的两部分。前者指在一定范围内，不论订货多少，都会产生的稳定费用，如设施成本、计算机系统的维护费用等。后者往往指订单处理成本、生产准备成本等随着订货量变化的成本。具体某项费用是固定的还是可变的，要视具体情况而定。例如，每次订货量远小于一个运输工具的容量时，那么在运力范围内，对于每次订货，运费即为固定费用。但如果采用零担运输，运费随订货量近似产生线性变化，就会被视为可变费用。在以下内容中提到的"固定成本""可变成本"均有类似的含义。

3）库存缺货成本

企业因缺乏适当的库存，导致无法及时满足内外部客户的需求，将会产生库存缺货成本。通常，库存缺货成本涉及以下几个方面。

●客户罚金。缺货可能导致产生客户罚金。例如，某些汽车总装厂就对供应商的订单完成情况设置罚金，如果缺货造成总装线停线 10 分钟，则针对这张采购订单罚款 3 万元。还有个别的连锁零售企业，也针对供应商送货不能满足订单价值的 95% 时，设置了整个订单价值 5% 的罚金。

●客户流失。企业出现缺货，可能由于无法完成客户的订单而造成客户流失。这时，库存缺货成本为流失客户的订单利润。供应链管理者应当充分认识客户流失的真实情况，避免夸大，从而被迫储备极高的库存。这就需要供应链管理者与市场或销售等部门一起，统计、调研真实的客户流失率，并量化可能的损失。

●额外花费。许多情况下，供应链管理者能够根据库存的消耗进度，预见可能出现的缺货，从而采取加急、赶工等措施。这时所产生的费用即为额外花费。此外，额外花费还包括因材料供应中断，企业于非正常停工期间产生的损失。

2. 多种库存成本的权衡

管理的挑战往往在于平衡多项管理要素，在边界约束条件之下做出最大化企业利益的决策。管理者在平衡库存持有成本与库存订货成本、库存缺货成本时，也会面临类似的取舍。

1）库存持有成本与库存订货成本的权衡

库存管理者在进行库存计划时，会面临两个不可回避的基本问题，也就是订货时间和订货批量的选择。其中订货批量的大小影响着库存水平，从而影响库存持有成本；与此同时，如果一段时间内总需求不变，那么订货批量的大小又影响了订货次数，从而影响库存订货成本。库存管理者必须从库存的总成本角度进行权衡，选择合适的订货批量。即使像JIT那样的理论和实践，也不得不考虑过分追求小批量多频次而增加的订货成本。

在 1913 年，由福特·哈里斯（Ford Harris）[2]开发，由威尔逊（R. H. Wilson）[3]最终完善的经济订货批量模型，在当时就很好地完成了前面所述的权衡，如图 3-2 所示。库存持有成本随着订货批量的增加而增加，库存订货成本随着订货批量的增加而下降。在总成本曲线上，可以找到最低点，该点所对应的订货批量即为经济订货量（Economic Ordering Quantity, EOQ）。

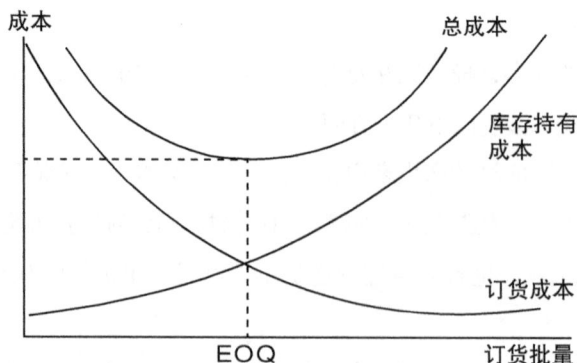

图 3-2　经济订货批量（EOQ）模型

EOQ 的计算如公式如下，其中，D 为一段时间内的总需求量，C_0 为单次订货成本，

C_i 为单位货物的持有成本。在计算中，一定要保证需求量 D 和持有成本 C_i 的时间范围及货量单位一致。

$$EOQ = \sqrt{\frac{2DC_0}{C_i}}$$

然而，一百多年前定义 EOQ 模型时的有些假设条件，放在如今激烈竞争的年代就失真了，导致在实际工作中，即使计算出来 EOQ 并依照它去订货，也不能保证一段时间内库存的总成本是最低的。该模型的假设条件包括以下六个。

●需求是稳定的、可预知的。而如今，多数的物资需求都是波动甚至剧烈波动的。使用物料需求的标准差除以该物料的平均需求可以计算物料的波动系数，波动系数可以用来衡量物料需求的波动性，并据此对物料进行分类。库存管理专家西尔弗（Silver）建议[4]，只有当物料的波动系数小于 0.25 时，采用 EOQ 才能使库存的总成本最低。

●订货数量是可操作的。实际上，根据 EOQ 模型计算出的订货数量未必符合最低订货量（Minimum Order Quantity, MOQ）的要求。

●单位可变成本与订货数量不相关。如前文对库存成本的介绍，库存持有成本和库存订货成本中都会存在可变成本，这些可变成本经常与订货数量相关。

●品种之间相互独立。多数的物料需求是相关的，有时一些产成品的需求也是相关的，如产品的配件、选件等。

●补货的前置期为 0。这在实际工作中是不可能的。

●订货数量整批瞬间到达。很多情况下，补货是分批、陆续到达的。

即便 EOQ 模型因其假设条件的局限性，在当今的实际工作中应用得不再广泛，但其思想却一直影响着库存管理者。很多时候，我们可以借鉴 EOQ 模型的这种权衡思想。例如，在管理工厂的成品库存时，如果某产品的月需求量为 10,000 箱，库存计划人员需要决定如何制订生产计划和批量。从传统的生产者角度，他们当然希望一批就把这 10,000 箱产品生产出来，因为这样仅消耗一次生产准备；而传统的库存管理者又希望能尽可能小批量、多批次地生产，从而获得较低的平均库存。如何权衡这两个方面呢？此时，我们可以借鉴 EOQ 模型的概念，把生产的准备成本视为单次订货成本。生产准备成本可以由生产主管和成本会计测算得出，通常包括生产准备过程中的机时损失、工时损失和过程中的废料成本。需求量即为月需求量 10,000 箱，按同样数量计算当期内库存持有成本，通过 EOQ 的计算公式近似求得生产的最佳批量。这样就权衡了生产成本和库存持有成本。

EOQ 模型后来又演变出不少分支模型，如持续到货的 EOQ 模型、考虑订货批量折扣价格的 EOQ 模型等。

2）库存持有成本与库存缺货成本的权衡

企业库存过多会造成较高的库存持有成本，影响财务表现。然而，正如在"零库存"部分的介绍，为了降低持有成本而过于压低库存水平可能会引发对下游的交付延迟，影响企业的正常生产和销售，反而会增加库存缺货成本，同样不利于企业的长期发展。所以，在库存管理中，企业要具有全局意识，权衡库存水平，特别是安全库存与服务水平，权衡库存持有成本和库存缺货成本，以改善总的运营成本。需要提醒的是，库存持有成本不容易精确计算，库存缺货成本中也有部分来自销售机会成本，难以准确度量。

还有一种常见场景，比如产品处于其生命周期的成熟期，需求是有一定的稳定性，但由于市场竞争或季节性流行等因素，需求也是有一定的不确定性，生产量过多会造成积压库存，生产量过少会有销售损失。这时企业就需要分析库存持有成本和库存缺货成本，计算两种成本的平衡点，进而决定生产多少产品。这种情况下，企业可以借用"报童问题"的模型进行定量计算分析。

有关安全库存与服务水平、"报童问题"的相关知识请参考本丛书《计划管理》第7章。

3. 库存计划的基本模式

库存管理涉及众多管理方法的组合，但不论采用什么方法，都需要确定补货时间点和补货数量。根据物料需求和供应市场特性，企业常采用连续补货模型或定期补货模型确定补货时间点。

1）连续补货模型

连续补货模型适用于价值比较高、对业务比较重要或需求变化大的物料。使用该模型时，库存管理者需要时刻关注库存的变动，一旦库存量下降到事先设定的ROP，则立即触发订货行为，如图3-3所示。设定某种物料的再订货点（ROP）时，需要考虑该物料在前置期内的可能需求。前置期包含从释放采购订单到采购物料入库上架，处于可使用状态之间的所有时间，其中也包括企业内部的采购订单生成及审批时间。企业根据内部审批流程的设定，需要充分考虑这部分工作可能耗用的时间及在这段时间内的物料消耗情况。如果还需要考虑到不确定性导致的供应风险和需求风险等，ROP的设定还需要考虑处于风险防范而准备的安全库存量。

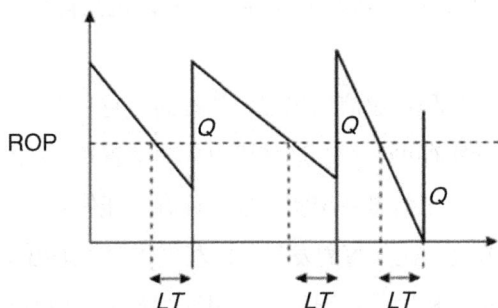

图 3-3　连续补货模型

$$ROP=LT \times D+SS$$

图 3-3 及 ROP 公式中，LT 为前置期，D 为前置期内的单位时间的平均需求量，Q 为订货量（补货量），SS 为安全库存。

2）定期补货模型

定期补货又称固定间隔补货，需要事先设定固定的订货时间，如每周二、每两周的周一或每月月初等，如图 3-4 所示。一旦到达订货时间点，库存管理者就根据事先设定的最大库存目标，减去现有在库、在途库存和未完成采购订单订货量，计算出订货量并订货。这里的最大库存目标除了同样需要考虑前置期的可能需求和安全库存量，还需要考虑下一个固定间隔时间内的物料需求。

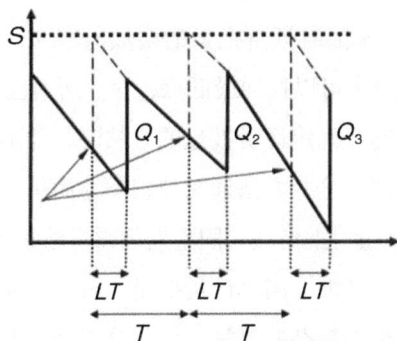

图 3-4　定期补货模型

$$S=D \times (LT+T)+SS$$

$$Q_i=S-I_0$$

图 3-4 及上述两个公式中，S 为最大库存目标，LT 为前置期，D 为前置期内的单位时间的平均需求量，Q 为订货量（补货量），Q_i 为第 i 次订货量（补货量），T 为订货间

隔时间，SS 为安全库存量，I_0 为当时的库存量，应该包括订货时刻的在库库存、在途库存和供应方的未完成订单。

随着计算机技术的普及和企业信息化程度的提高，越来越多的企业使用信息系统连续监控库存，不用定期检查库存再补货，这样可以缩短前置期，减少供应或需求波动导致的安全库存。有些企业虽然利用信息系统实时监控库存，能做到随时补货，但鉴于业务量较小，也采取定期补货的方式，比如每周发货，以获得货运、进出库的规模效益。

总体来说，在基本条件相同的情况下，采用连续补货模型可将库存水平控制得更低，而定期补货模型操作起来更容易，更易吻合计划工作节拍，容易整合多品种下单。对于后者，间隔时间越短，则库存水平越低，管理者可根据不同品类的重要性和对库存水平的影响，制订不同品类库存补货的间隔时间。

库存管理者在进行库存计划时，除了要确定采用哪种库存计划模型之外，还要确定订货的批量原则。订货批量的大小通过影响库存水平间接影响库存持有成本；在一段时间内总需求不变的情况下，订货批量的大小又影响了订货次数，从而影响着订货成本。作为库存管理者，要根据权衡各种库存成本，选择合适的订货批量原则。

除了连续补货模型和定期补货模型，管理者还可采用"最小 – 最大"（Min-Max）模型。

3）订货批量

以上是确定补货时间点的方法，下面谈的是常用的确定订货批量的方法，如需了解更多有关计算应用，请参考本丛书《计划管理》的相关内容。

● EOQ 法。库存持有成本随着订货批量的增加而增加，库存订货成本随着订货批量的增加而下降。在总成本曲线上可以找到最低点，该点所对应的订货批量即为 EOQ。

●简单批量法。企业在选择确定订货批量的方法时，并不追求库存成本最低，而更多考虑简单、易操作、使用方便，这些方法通常被归类为简单批量法。这些方法包括固定数量法、MOQ 法、倍数法、批量对批量法、固定期间需求法和周期性订货法等。

●启发式批量算法。为了精细地测算订货批量，有些企业会以订货成本和持有成本总和最小化为约束条件，使用更加复杂的算法，如部分期间平衡法、期间最小成本法和单位最小成本法等，通过定量、迭代计算包含库存订货成本和库存持有成本的总和最小时的订货批量，以这个订货批量作为基准，叠加供应商的最小订货量等条件确定下单数量。

4. 管理渠道中的库存

传统上，库存管理者一般更关注在己方管理下的库存。然而，库存会以不同的形态沿着整个供应链流动，库存在单个环节流动得过快或过慢，不仅会导致本环节的库存不够或堆积，也可能导致下游的供应不足，或使上游库存增加。所以，库存管理者应着眼于优化整个供应链上的库存，不仅要管好自身的库存，还要关心供应商和渠道商的库存，优化库存的流动，降低全链条的库存总量。

　　一般而言，制造业的产品销售通常分为两种：直销到终端用户，或通过渠道销售到终端用户。图 3-5 描述了制造业和流通行业中典型的层级销售渠道。

| 制造商 | 总代理 | 分销商 | 零售商 | 用户 |
| 制造商 | DC | RDC | 前置仓／网格仓 | 用户／社区 |

注：图中第一层是制造业层级销售渠道，第二层是流通行业分拨配送渠道

图 3-5　制造业和流通行业的层级销售渠道示例

　　渠道库存一般指进入销售渠道中，所有权归属各类分销渠道节点，尚未销售给终端用户的产品库存。渠道库存在各层级渠道经销商和终端用户之间起着蓄水池的作用，如果不能及时消化，就会影响上游企业的持续销售出货，增加上游库存。部分企业的销售部门为了完成销售任务，在销售期期末，比如月末，要求渠道商接收大量库存。一次压货可能需要渠道商长时间的销售消化，这种行为人为扭曲了需求，造成了更大的需求波动，企业可能因此需要设定更高的安全库存，同时也干扰了企业的出货节奏，影响库存向下游正常地流动。

　　生产企业或流通主导企业在价值链中由于可以影响上下游，通常占据链主的位置。为了更有效地改善渠道库存的流动，链主企业有必要将库存管理的范围延伸到渠道库存。渠道库存管理方法有多种，比如在流通行业中使用较多的分销需求计划（DRP）就是其中之一。DRP 是在多层级的物品分销和配送环境中，将 ERP 和 MRP 的工作原理和方法应用在物流配送过程，通过从后向前的需求拉动获取靠后层级的需求。首先根据多个低层级用户的需求确定总需求；然后根据实际库存计算净需求，制订物流运输计划向下游渠道补货；如不能通过已有库存满足需求，则将需求信息及时传递到上游企业，便于上游企业有效地规划生产或补货，以满足需求。通过在空间、时间和数量上更有效地适配需求，DRP 能帮助整个渠道解决分销物料的计划补货和运输问题，优化库存资源的配置，提高总体的物流效率。另外一个比较好的管理实践是加强双向数据交流和沟通。链主企业在拥有良好数据分享和数据处理能力的基础之上，提前对经销商的补货需求进行预判，基于经销商的出入库数据进行预测，主动对经销商补货进行指导，而不是等待渠道商的要货订单，被动应对下游需求。

如果具备一定的条件，上下游可以参考 VMI 的操作方法管理补货和库存。在 VMI 模式中，买卖双方利用及时准确的供需信息交换，得以缓解"牛鞭效应"的影响，降低整体库存水平。链主企业和渠道商还可以在合作中引入更具专业性和运作效率更高的第三方物流服务商负责补货和库存管理。如果以上做法难以实施，那么双方可以协商，应用类似寄售的虚拟仓库共同管理补货和库存，以达到有效管控渠道库存的目的。

需要指出的是，管理渠道库存时，企业往往不能直观地看到日常的库存转移。如果没有利用系统及时、准确地记录物料的进出库，双方不能及时获取和确认库存移动信息，将造成信息流和产品流不同步，对账很容易出现偏差，最后不得不依靠大量的人力处理。同时，持续改善依赖上下游的共同努力，渠道商也需要及时准确地反馈库存移动和变化情况。此外，以上的操作方法都涉及对下游渠道需求的预测和补货，而销售预测又往往不在企业库存管理部门的职能范围当中，因此有效管控渠道库存还要求企业内部相关部门之间紧密合作和沟通。

5. 管理供应商的库存

供应商库存结构和数量影响其库存成本，经过财务核算，供应商又会通过其产品定价将库存成本传递至下游用户。供应商用于加工生产交付给用户的原材料或成品，其库存管理的方式、补货方法、库存状态和库存（设施）分布在很大程度上决定着下游用户的采购前置期和供应稳定性。对于按库存组织生产（MTS）的供应商，其根据目标成品库存量组织原材料采购和产品生产。供应商的产品库存水平，无疑关系着可以在多大程度上满足用户的需求。即使是按照销售订单组织采购和生产（MTO）的供应商，在有需求的时候是否有足够的原材料或在制品可用于生产，也决定着是否可以按时按量地满足用户的需求。因此，作为链主的买方企业应眼光向上，关注并适当管理供应商的库存。管理供应商库存和管理渠道库存的不同在于，后者主要是企业自身的成品库存，前者针对供应商的成品库存，也可能涉及原材料库存及在制品库存。

在管理方法上，管理供应商的库存也和管理渠道库存类似，通过上下游间更紧密的需求沟通和信息交流，以减少信息的不对称。买方企业应主动沟通其需求和预测，改善彼此的库存可视性，供应商根据需求有目标、有计划地组织生产，协调物流运输。双方如果合作很深入，下游买方的管理能力比较强，资源比较丰富，那么双方可以通过买方管理输出，双方协同管理供应商的库存。在战术层面，双方可以组成工作小组，链主企业帮助供应商评估和改善物料计划、补货和库存管理策略，帮助优化供应商流程和工具，提高日常管理水平。目标可以是提升用户的交付服务水平，同时协助供应商改善库存周转和库存质量。

6. 管理寄售

实行寄售制（Consignment）要求供应商在采购企业所在地保持一定的产品库存，但这些库存产品的所有权归供应商所有，直到采购企业使用了库存中的部分或全部产品时，所有权才转给采购企业，而后采购企业再根据双方约定的账期进行结算支付。寄售制的使用场景包括买方占据主动的情况下，希望实行寄售制减少己方库存，增强灵活性并改善现金流；或者企业购买新产品或备件，出于对需求不确定性的顾虑，希望可以采用寄售制降低库存变成呆滞库存的风险。寄售制还可以帮助企业缩短前置期，降低供应不确定性。需要注意的是，寄售制产生的成本，如库存资金成本、仓储费用等，实际上多会被转嫁给企业购买方。

在操作层面，双方应该签订寄售合同，保障双方权益，并明确双方的责任划分，如明确寄售仓库系租赁，相关的库位租赁费用、库存保管和移动服务成本、库存保险费用、损耗成本等双方如何分担，确定实物库存盘点的规则、销售和开票认定标准等。

寄售制要求供应商将产品库存放置于采购企业所在地，通常是在采购企业的仓库，或者是在第三方物流（3rd Party Logistics，3PL）服务商的仓储设施当中。选择企业自己的仓库或使用 3PL 仓库开展寄售业务并没有绝对的答案，这需要企业考虑自身的业务特点和需求，对比双方能力和成本水平等综合因素后决定。

｜第 3 节｜库存管理的绩效

1. 库存管理绩效指标

由于库存在企业供应链管理中的重要性，库存的表现一直是企业供应链管理的一个主要绩效考核指标。著名的 SCOR 模型，定义了十种战略性的考核指标，其中，衡量资产的重要指标现金周转时间（Cash-to-Cash Cycle Time）里就包括库存天数。美国 Gartner 公司的供应链 25 强的年度评价指标中，实物资产指标里也含有企业库存的表现。

1）库存可用天数

库存可用天数（Days of Supply，DOS）是一个通用的衡量库存水平高低的指标，指当前的库存水平能支持多少天的供应，也称供应天数。对于单品来说，计算公式如下。

$$DOS= \frac{当期库存数量或期间平均库存数量}{期间总需求数量} \times 期间天数$$

其中，有些企业采用较简单的方法，当期库存数量使用期末库存数量，如月末库存，而期间的需求数量采用当月的出货数量，这样，期间天数就采用 30 天。从更为严格的角度看，期末库存数量往往具有偶然因素，并不能揭示一段时间库存的表现，因此，也有不少企业在计算该指标时，采用的是期间平均（如月平均）库存数量。另外，不同的供应链管理者对库存的意义也有不同看法，采用以上计算方法的企业，通常是把库存作为历史管理动作的结果来看。然而越来越多的供应链管理者认为，库存可以看成是对未来需要的准备，因此他们在计算库存天数时，期间总需求数量采用的是预计的未来用量。

在考核众多物品的整体库存绩效时，采用各单品的数量计算 DOS 就不可行了。这时，管理者通常都采用金额来计算。如果计算的是成品，分母通常采用期间总营业成本（Cost of Goods Sold，COGS），计算公式如下。

$$DOS= \frac{当期库存价值或期间平均库存价值}{期间总营业成本} \times 期间天数$$

另外，有些管理者也喜欢使用 DOS 分别计算原料、半成品（或在制品）和成品的库存表现，但计算时均采用 COGS 作为分母，这样并不严谨，严谨的计算方法是分别采用各类库存所对应的需求。管理者在计算 DOS 时，还会遇到当期有库存，却没有需求，而出现计算结果是无穷大的情况。这就需要管理者进行人工调整了。

DOS 并不是越低越好，如前所述，企业需要权衡缺货成本，过短的库存天数会带来断货风险，从而影响服务水平。企业应设置合理的库存天数目标并定期进行考核，并根据业务需求适时调整。

2）库存周转率

库存周转率（Inventory Turn-Over, ITO）与 DOS 的意义大致相同，指统计期间内库存周转的次数，通常采用如下公式进行计算，也可将其中的"金额"概念替换为"数量"概念进行类似的计算。在计算 ITO 时，同样可能遇到有需求值无库存值的情况，造成计算结果是无穷大，这也需要管理者进行人工调整。

$$ITO= \frac{期间需求的成本金额}{当前库存价值或同期的平均库存价值}$$

ITO 较高意味着可以使用更少的库存完成同样的销售额，从而带来较低的库存持有成本。但是，如果过于追求高周转率，也可能带来难以保证供应的潜在风险。

3）库存质量

库存质量是指库存的结构是否合理，特别是对产品批次或保质期管理有要求的行业来说，通过衡量不同批次的库存金额占比，能看出库存管理水平的高低。企业通常会提出一个符合行业习惯的要求，如定义距离生产日期三个月内的批次为可接受批次，或者定义距离保质期限六个月以内的批次为临期批次，定期计算可接受批次和临期批次的库存价值占整体库存价值的比率。

还有一种在企业中流行的考核指标是移动缓慢库存的价值占比。企业通过记录和分析库存的周转和消耗快慢，或在库天数（即库龄），考察库存的流动性，将流动性较弱的库存进一步细分为慢动库存、呆滞库存。企业通过考察慢动库存或呆滞库存价值占整体库存价值的比率，也可定量地评估库存质量水平。对于识别慢动库存或呆滞库存的归属，不同的企业有不同的方法。虽然库存质量分析多是事后分析，不如预防有效，但是经常进行有助于企业及时识别哪些是移动缓慢的库存，并根据不同的成因采取措施，防止库存的进一步积压。对于发现的积压物料，不能一概予以同样的关注，因为管理需要成本，高价值物料周转速度慢所造成的影响要大于低价值物料，企业需要通过对库存物料的适当分类，按不同优先级解决问题。

4）库存差异

在库存管理工作中，库存差异难以避免。库存差异指实物库存和账目不一致，主要体现在数量差异、生产日期或批号差异、质量状态差异等。

数量差异是库存实物的数量和库存系统或台账的记录不一致。产生库存数量差异的一般原因包括：物料出入库时，没有填制凭证、登记入账，或者在填制凭证、登记入账时，由于计量、检验不准确而发生品种、数量或质量上的差错；在库存的仓储过程中，受气候等自然因素影响而发生的数量上的变化，比如某些化学品的自然挥发；不法分子营私舞弊、贪污盗窃等造成的库存物资损失。

库存差异还体现为库存实物和标明其属性的标签内容所指不一致，常见情况如外观很相似的两种物料互相放错了位置，导致统计记录出错。生产日期或批号差异是指系统记录的物料生产日期、批号或序列号和实物不一致，造成差异的原因多是出入库或仓储过程当中的操作或记录存在错误或遗漏。质量状态差异是指将包装破损、箱内产品破损、扣货 / 待检 / 退货物料错误记录为正常可用库存，这种质量状态差异也会导致数量差异。

从量化管理的角度，库存差异应分别从数量和金额两方面进行统计。数量差异率主要反映仓库日常库存出入库和数量清点工作的工作质量，金额差异率主要反映差异对财务影响的程度。还有企业根据库存 SKU 差异统计考核，库存 SKU 数量差异更能体现库存管理的难度。库存数量差异的计算公式如下。

$$库存数量差异 = \frac{\Sigma 数量差异绝对值}{\Sigma 库存数量}$$

将上述公式中的"数量"换为"金额"或"SKU"即可计算库存金额差异或库存 SKU 品类差异。

准确的库存数据是计划和库存管理的基础。库存数据不准确将导致后续的运营决策建立在错误的数据之上，形成的决策自然也会受到影响。要想减少库存差异，从物料到货验收、入库、上架、盘点到出库以及退库的全过程，都要注意保证数据的准确性。通过使用条形码、RFID，装备扫描枪以减少人工记录，部署 WMS 等手段，均可以显著地减少人为错误，提高数据准确率。根据物料重要性分类，并定期进行循环盘点被证明是减少库存差异的有效办法。对于盘点中发现的问题，应及时分析原因，并采取措施解决，避免重复出现类似问题。

5）服务水平

在实践当中，与库存相关的服务水平指标主要是库存满足率，它反映的是依照有关货品、质量及数量的要求，按照客户要求的交货时间或企业承诺的交货时间，不考虑在途库存，依靠在库库存可满足交付要求的服务水平。库存满足率可以采用如下公式进行计算，公式中的订单金额也可改为订单量。

$$库存满足率 = \frac{\Sigma 通过现有库存，按用户要求准时交付的订单金额}{\Sigma 当期用户订单金额} \times 100\%$$

企业可根据客户的重要程度等条件对其进行分类，不同的客户享有不同的交付服务，比如企业可要求重要客户的库存满足率应达到 98%，一般客户应达到 95%。有些企业还会设定不同时间窗口内的客户需求满足率，比如接到需求后，两周内的库存满足率是 95%，四周内的库存满足率是 98%，相当于 95% 的订货需求在两周内交付，98% 的需求在四周内交付。

在制造业，企业从外部购进原材料进行加工制造。为了及时响应产线的用料需求，企业需要安排一定的原材料库存。当生产部门产生用料需求时，为了衡量库存对生产用料需求的保障水平，不同的企业可根据自身业务特性，定义不同表现形式的服务水平指标，如直接对库存有货率、可供应存货天数提出要求，或考核供料不足导致的产线停线率。加工装配业务根据 BOM，在生产中需要多种料件，只有备齐 BOM 中的所有料件才能完成装配，因而库存需同时满足数量和品种规格要求，也就是需要达到一定的"齐套率"。因此，库存"齐套率"也是库存服务水平的一部分。而在服装零售行业，"齐码率"的概念也是类似的。

比较高的库存满足率，无论是基于客户要求的交付时间还是企业承诺的交付时间，都可以带来更高的客户满意度，并且在很大程度上降低缺货成本，比如减少延迟交付罚金。当然，企业可以不计投入地保证满足客户需求，比如提前备货、提前安排生产，增加库存，从而获得更高的库存满足率。但如果企业亦对ITO有考核要求，必将抑制通过高库存获得高库存满足率的行为。这样一来，通过一对平衡的绩效考核项，即ITO和库存满足率，企业可以实现间接调控库存持有成本和库存缺货成本的目的。同时，对客户稳定且准时的交付也有助于改善ITO。

2. 库存管理和企业各项职能的相互影响

在典型的制造企业的组织架构中，对库存管理有着直接影响的职能包括产品开发和设计、计划、采购、质量管理、物流管理等。

1）产品开发和设计

产品开发和设计部门在日常研发和测试工作当中，需要及时获得符合要求的物料，以保证开发计划的顺利进行，因而具有较高的时效要求。如果相关的物料供应商不具有足够的交付灵活度，那么企业必须提前准备相关物料库存。产品开发和设计不仅受库存的影响，通过定义和调整旧品种下线（End of Life, EOL）、停产（End of Production, EOP），以及设计变更（Engineering Change, EC）计划，也会反过来影响库存的形成和流动，还可能使有关的原材料、零部件、在制品和产成品库存因无法继续充分利用而成为呆滞库存。如果供应商为企业提供定制化的物料，那么呆滞风险将扩展到供应商的这部分库存。在企业经营中，产品更新或设计调整的产生有其合理性和必要性，要解决其中矛盾，思路有以下几点。

●及时沟通产品计划。相关部门之间应及时沟通未来的产品更新及开发计划。根据了解到的信息，库存管理部门应及时应对，如调整库存和补货策略，降低安全库存，调整再订货点水位，缩短采购间隔，减少采购批量等，从而使库存调整和产品调整保持同步。

●引入设计变更的经济性考虑。产品开发和设计应在开始时就考虑到经济性，尽量采用标准化程度高的通用物料和主流品牌物料，少使用某产品独有的专有物料或冷门品牌的物料，以减少供应的不确定性所带来的额外库存准备；考虑产品的可制造性和加工周期，尽量降低产品在生产制造时的加工难度和组装复杂度，将由于产品设计复杂引起的生产失误和次品率降到最低，缩短制造周期，减少周转库存和残次品呆滞库存；考虑设计变更对物料和库存成本的影响，加强设计变更实施的计划性，提前与计划部门、库存管理部门沟通，尽量消耗已有物料或产成品后再实施变更，以减少呆滞物料。

2）计划

库存和生产计划之间存在双向影响。一方面，生产计划影响库存形态和水平。生产计划指导生产排程，不断地将原材料和在制品库存转化为产成品库存，这会改变库存的形态。生产部门为了保持一定的开工率或设备利用率，会有意多生产或提前生产，从而造成在制品或产成品超过实际需求，形成库存。另一方面，库存是生产计划得以执行的保障，比如原材料不足会引起生产断线或不连续，导致频繁切换生产品种，这也为生产计划的实施添加了不确定性。为避免这样的状况，原材料库存满足一定的"齐套率"后才能确定和下发生产计划。

在很多企业，物料计划既是库存管理流程的主导者，也是库存策略和补货策略的设计者。库存水平的高低、库存结构的合理与否和物料计划的有效性直接相关、互为因果，物料计划对库存管理的影响在本丛书《计划管理》中有更为详细的介绍。

3）采购

采购部门在供应商评估、选择和绩效管理方面的决策也会影响库存管理，需要综合评估采购决策对库存的潜在影响。例如，考察交付时效、最小采购量要求、以采购量为基础的阶梯报价、供应商位置远近和交付频次对库存的影响。

4）质量管理

企业的质量管理部门负责采购物料的进料检验、生产中的过程检验以及产品生产完毕入库前的最终检验，能够在不同的阶段中影响库存。质量管理部门在进料检验环节高效工作，尽量缩短工作时间，有助于缩短总体的前置期，降低库存。质量管理部门严格按照标准进行质检，确保不合格的原材料不入库，可改善库存质量，同时也可减少因不合格物料流入而形成的呆滞库存。在过程检验中，质量管理部门应确定适当的检验标准，改善检验方法，采用预防性检验手段减少过程中产生的废品；在终检环节把好质检关，不把有缺陷的产品发给客户，以减少退货导致的库存。当需要调整质量管理标准时，质量管理部门应充分考虑到和现有库存的兼容性，提前通知，给出足够的时间尽可能地消耗现有库存。

5）物流管理

物流管理包括仓储管理和运输管理。仓储运作效率的提高或降低会相应地缩短或拉长提前期，提前期的长短又会影响库存水平的设置。此外，保证库存数据的准确性是仓储管理中的一项重要内容。准确的库存数据是补货计划的基础，也有利于改善库存水平。而库存计划随着企业的业务发展和运行情况进行调整，也会影响到仓储作业团队、设施、设备的规划及运作成本。

库存和运输的影响是双向的。一方面，库存量越大，库存物料的外形尺寸和重量、形态和化学性质等越复杂，越需要更完善且综合的运输能力。另一方面，有序调度加上合理配置的运输能力可使采购物料按时到货，企业也可以稳定有序地组织生产，将产成品及时运送至更广阔的销售区域，实现库存形态的顺畅转化，加快库存流动和周转，以便用更少的库存储存空间支持自身的运营和发展。

除了以上各个部门，库存管理部门还应和财务部门保持良好的沟通和协同。在财务部门的支持下，库存管理部门可以在企业内部更有效地推行各项库存控制和改善计划。

3. 联合的库存管理指标设置

由于多个部门的工作都会影响到库存表现，所以控制库存应着眼于全流程。降低企业的运营成本才是关键，紧盯局部、不顾整体的思维往往会导致局部最优，却使总体利益受损。因此，以加快库存周转、降低库存呆滞风险为目标，建立基于全流程、各个管理环节彼此关联的联合库存管理关键绩效指标（Key Performance Indicator, KPI）体系，有助于企业提高库存的流程管理绩效。

为了优化库存，KPI 体系的设定应考虑到企业全局和局部目标的平衡。在设置绩效考核机制层面，为了打破传统绩效评估方法和体系造成的困境，引入矩阵式的绩效评估体系可能是可选方法之一，即纵向仍然维持各个职能的传统绩效目标，同时横向设置基于流程的绩效管理目标。例如，为了便于库存控制，对于研发，除了固有的绩效要求外，还可以定义企业范围内的通用物料库，将产品设计中通用物料的利用率作为该职能部门的 KPI 之一；对于设计或工程变更发布，设定一定的发布提前时间要求；对于销售，考核由于销售订单延迟交货或取消导致的超出合理库龄的库存，并按一定库存持有成本从其当期实际盈利中扣减。对由于实行不合理的库存或采购策略导致的长库龄库存，应挂钩物料计划和采购管理部门，甚至个人的年度 KPI 考核。对不合理的生产策略导致的长库龄产品库存，计收一定比例的持有成本，计入生产费用等。以上提出的基于流程、跨职能的联合 KPI 设置思路仅供参考，在实践中需要根据具体情况，与相关部门经过充分协商后共同确定。

4. 管理库存品种规格

准确获知库存水平和消耗情况有助于提高需求预测的准确性，减少错误的物料计划，降低库存。库存物料数据的完整性会影响库存可用数量的判断，进而影响物料供应。完整的库存物料数据通常包括物料名称、物料编码或编号、规格、批号、序列号、单价、单位、供应商等信息。在某些企业中，物料编码也可能叫作物料号，或称为SKU。SKU通常被认为是物理上不可分割的最小存货单元，在很多企业被引申为产品统一编号的简称。适当和精确的物料编码能帮助企业区分和追踪不同的物料和产品，实现具体到物料层级的细化管理。使用统一和标准化的物料编码能代替不同个人或部门的文字描述。物料的领发、验收、盘点、记录等操作，均有物料编码用于有效沟通和查验，能避免误解、提高效率。这些方法对于库存管理的意义在于帮助企业准确掌握库存信息，精确实施控制管理，减少呆滞物料，提高计划和物料管理工作的效率。在生产型企业中，物料编码根据产品的BOM展开，如图3-6所示。在各个展开层级中，最终产品、半成品、部件、零件包括各种辅料如包装盒，都有各自的编码。

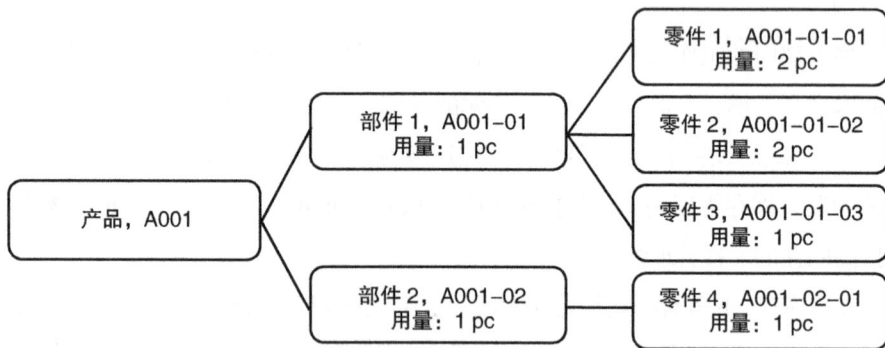

图 3-6　产品 BOM 结构和物料编码示意图

在创建物料编码时，一个重要的规则是避免发生一物多码、一码多物现象。一旦完成编制，物料编码在其使用组织和环境中应是独一无二的。物料编码通常由企业根据自身的需求和物品情况编制而成，需要兼顾统一、准确、简单、完整、唯一、可扩展等要求。物料编码可以采取不同的编制规则。在物料或产品种类很少的情况下，可考虑使用"品类编号+顺序或流水编码"的形式。只要遵循同样的规则，比如同样长度的全数字编号即可。此外还有赋义编码，其基于一定的规则赋予编码特定含义，便于使用者理解编码代表的意义，并准确和有效地使用编码。

在实际工作中，为了保证物料编码规则得以有效实施，企业应制订流程和管理办法。当有新物料产生时，即应赋予新的物料编码，并定义新的物料；如无编码，管理系统就无法生成入库单、发料单和采购订单。在使用过程当中，当使用部门发现物料编码不正确时，应及时提醒相关管理人尽快纠正，以确保物料编码的完整性和准确性。企业还应设立专人集中统一管控物料编码的新增、调整和取消，并通过相关流程设计和实施保证管理效果，从中发现统一、合并和简化物料编码体系的机会。因产品更新换代或设计变更等原因需要下线某物料编码时，首先需要调查现有的相关库存情况；如果库存物料仍可使用，则可根据现有库存量给出一定的缓冲期，争取在缓冲期内消耗掉库存，避免物料编码取消后形成实物呆滞。

除了物料编码，仓储管理中还会涉及批号。批号一般是指企业购进物料或自身生产产品的生产批次编号，可用于质量追溯、出厂后路由跟踪、库龄和 ITO 计算，以及作为仓库"先进先出"拣货出库策略的基础数据。对于需要批次管理的物料，必须做到标识区分和相对隔离。批次管理与目视管理是息息相关的，批次管理的效果与目视管理的水平成正相关。序列号通常用于单价较高的物品，或对成品性能影响较大的零部件，比如手机等电子设备、PCBA 板卡等，其作用是实现在物流和装配过程中对物品的跟踪。

| 第 4 节 | 特殊情况下的库存管理

1. 库存分析工具

由于企业的需求和供应情况在不断变化，定期分析是库存管理中的一种必要手段。库存分析通常包括现状分析、原因分析和未来模拟等。

1）现状分析

库存管理需要定期对库存水平的实际表现（包括与目标 DOS 或 ITO 的对比）进行分析，可按照总体、类别乃至具体的 SKU 或物料进行分析，也可按照不同的仓库或货区进行分析。最简单实用的一种分析，就是绘制出一段时期内库存价值或数量的日变动曲线，通过观察周期内库存曲线的各个低点与目标值的差距，即可判断出库存管理是否有可以改进的空间。

可使用的更多分析方法还包括库存 ABC 分析、库存结构分析和库存质量分析等。库存 ABC 分析源于著名的"80-20 法则"，又称帕累托分析。管理者在进行库存 ABC 分析时，可能会由于分析目的的不同而选择不同的业务参数，如库存金额占比、销售或消耗额占比、利润额占比等。库存 ABC 分析不仅可采用一维的分类，还可采用二维的分类，如表 3-2 所示。表中的 ABC 按照库存金额占比进行分类，而表中的 XYZ 按照品类需求波动性进行分类。品类需求波动性使用波动系数（Coefficient of Variation, COV）进行衡量，计算公式如下，COV 也称变动系数。

$$COV = \frac{某\,SKU\,在一定时期内需求的标准差}{该\,SKU\,在同期内的平均需求}$$

把库存进行分类并不是管理的最终目的，重要的是要对各类库存制订库存管理措施。在表3-2中，库存按照库存金额占比及品类需求波动性分别分为三大类，并分别制订了库存管理和补货策略。需要指出的是，如何划分ABC和XYZ及制订相应库存管理措施，企业需要根据自身的实际情况确定。

表3-2　库存的ABC/XYZ二维分类分析及库存管理政策示例

分类	$X \leqslant 0.5$	$0.5 < Y \leqslant 1$	$Z > 1$
A: 库存金额占比80%	每周检查库存及补货计划 有货率≥95%		每4周检查库存及补货计划 有货率≥85%
B: 库存金额占比15%			
C: 库存金额占比5%	每周检查库存及补货计划 有货率≥90%		

管理者应当结合企业的管理要求，制订库存的分类管理措施并定期进行分析，甚至考核。库存结构分析常见的方法是定期分析各类物资或各个SKU在库存总价值中的占比，如图3-7所示。而库存质量分析，即按企业事先规定的新鲜度或呆滞的定义进行各批次类别库存价值占比分析。

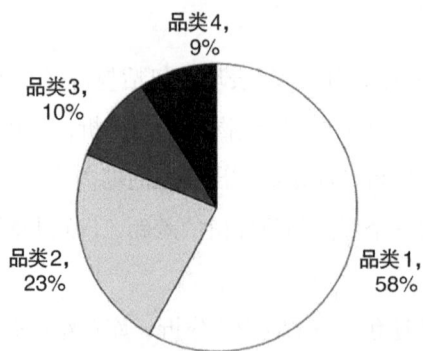

图3-7　各类物资在库存总价值中的占比

2）原因分析

通常，企业的实际库存表现都会比事先设定的库存目标差，因此管理者定期进行差距分析和原因分析十分必要，如图3-8所示。

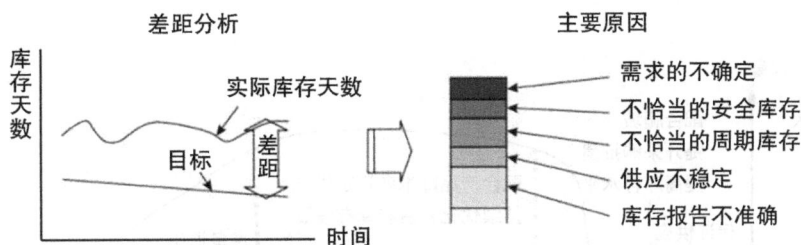

图 3-8　实际库存表现与库存目标产生差距的原因

实际库存表现与库存目标产生差距的主要原因包括需求的不确定、不恰当的安全库存或周期库存设置、供应的不稳定和库存报告不准确等。

3）未来模拟

为了更好地对库存进行规划，或为了检验即将实施的新库存措施，或出于协同供应链仓储、运输、采购等其他职能的管理等目的，管理者需要经常模拟未来一段时期的库存表现。此过程中经常要调用需求预测及误差、假定的供应频率 / 批量和供应的稳定性等要素。对于更关注产品批次或新鲜度的食品、药品企业，计划人员应定期模拟不同批次库存的演变，以起到对管理层或其他职能部门预警的作用。

2. 库存优化的几个措施

通过现状分析和原因分析，管理者可以进一步对库存进行优化。库存优化的目标是在保证及时交付的前提下，维持尽可能少的库存。除了应及时处置呆滞库存，库存优化时还可以考虑采取如下几个方面的措施。

1）确保库存相关数据的准确性和及时性

想要做好库存管理，首先要有准确的数据。比较关键、在实际工作中又容易出现的问题包括未能及时准确地更新物料的采购提前期、一物多码或一码多物、库存数量或规格型号等账物不符。另外一个影响库存数据及时性的常见现象是供应商对采购订单进行确认后，采购人员没有在系统中及时维护交货时间，从而影响未来库存数据的准确性。

2）动态管理补货和库存策略

根据产品生命周期的发展适时调整补货和库存策略，企业可以动态和持续地优化库存结构和数量。图 3-9 展示的是配合产品生命周期的变化，针对产品的特有物料（非与其他产品共用的物料），应如何相应调整补货和库存策略管理措施。

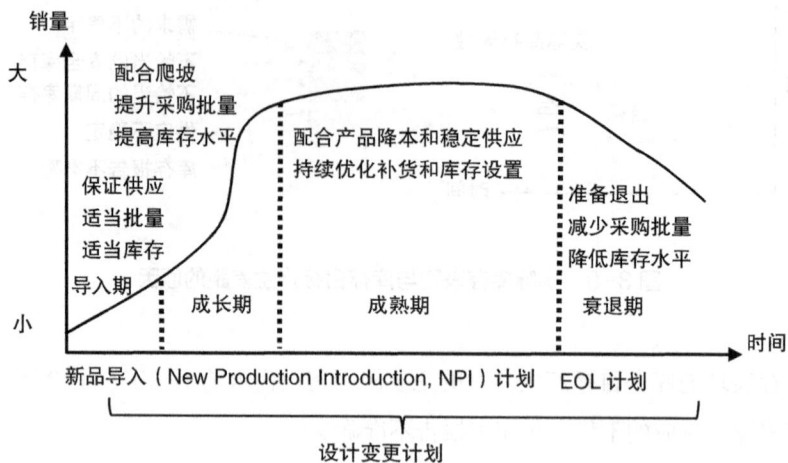

图 3-9　随产品生命周期的变化调整补货和库存策略示例

同时还需注意，在整个产品生命周期，有关产品的设计变更可能一直都会存在，所以库存管理部门应及时据此调整采购和库存管理。

3）更多优化库存管理的方法

企业还可以借助系统工具、管理方法优化库存，包括库存的可视化、库存整合、实施 JIT 库存管理和 VMI 等。

通过库存可视化管理，管理部门可以直观、快速地查看、跟踪和分析库存的移动和变化，及时了解库存量、库存质量情况、周转率等并采取措施，加快库存周转。库存整合是企业将原本分布于不同仓库的库存合并在一起储存，这样不仅可以降低运营成本，还可利用不同用户需求波动降低总变化水平，从而降低整体的安全库存数量。JIT 库存管理使用"看板"系统拉动供应商补货，企业只在需要的时候获得物料，减少了无用库存，有助于保持较低库存水平。在具备一定的使用条件情况下，VMI 也是一种优化补货和库存管理的好办法。

3. 发货未开票的库存管理

通常，企业在发货给用户后，为尽快收回货款，会立即开发票给用户。我国的增值税法也要求企业在销售交货之后，应当及时开具增值税发票。但是，有时企业由于种种原因无法实现这种流程上的及时衔接，这就有可能引发账面库存和实物库存的不一致性。例如，产品 A 的期初库存是 0 件，本期入库了 100 件，销售了 90 件，此时的实际库存为 10 件。但是销售的 90 件中，有一个 30 件的销售订单未开发票。如果企业只结转开票其中的 60 件成本，存货里就只体现 60 件的出库成本，另外 30 件仍在账面库存上。账面库存就是 100-60=40 件，比实际库存 10 件多 30 件，造成账物不符。

以下是造成发货后未及时开票的部分原因：

● 买方当期剩下的采购预算金额已不够用于支付采购货款，要求卖方先不开票，待下个预算执行期有充足预算后，卖方再开票，买方支付；

● 买方有意拖欠账款，借各种理由不让卖方开票；

● 卖方零散发货，双方协商定期统一开票并结算；

● 在设备类购销买卖中，双方协定，卖方先发货，买方收到设备后，试用一段时间，或完成调试，买方确认后，卖方再开票收款。

理想的状态是交货后及时开票或者定期开票。库存管理部门除了与相关部门积极沟通、分析原因之外，也需要制订一些制度和办法，如对交货和开票环节如何衔接的规定、通过定期盘点及时发现有问题的流程等。库存管理部门也可通过设置系统，定期自动抓取并分析发货金额、应收货款金额和开票金额之间的差异，分别与销售部门和财务部门沟通，督促用户及时签收或确认收货，财务部门适时开票，使得账面库存和实物库存一致。

4. 呆滞库存分析和处理

呆滞库存一般指长时间不用或者不会再使用，流动性低于企业目标的库存物料或产品。在管理流程上，企业首先需要定义呆滞库存标准，确定呆滞库存的目标水平，定期分析库存水平、组成和分类占比，识别移动缓慢的库存和呆滞库存，并分析原因。一方面，企业应根据不同的成因，通过制度、流程、工具的调整或优化，在以后的工作当中减少呆滞库存的持续产生；另一方面，通过适当处置低价值或已无价值的呆滞物资，企业可以部分回收库存的价值，减少损失，释放仓储空间。

1）呆滞库存的定义和识别

呆滞库存分析是库存质量管理的一部分，只有识别出呆滞库存后，企业才可以目标明确地分析成因，进而采取不同的管理措施，加快库存流动。有的企业会通过考察 ITO 或 DOS 判断库存是否已属呆滞库存。企业应根据其产品特点、市场特性及库存控制的策略确定考察标准。比如，相比于生产定制品的企业，以标准化产品为主的企业可以接受更低的 ITO。然而，同样一家企业，为了改善其现金流，也可能会在改善期内提高呆滞库存的 ITO 标准，或降低 DOS。还有企业认为，基于未来需求做出的判断更为客观，应将未来一定时间内不能消耗的库存认定为呆滞库存。但是需要注意，预测的未来需求存在不确定性，根据预测判断库存的流动性是有风险的。如果误判，将本可以正常消耗的库存当作呆滞库存处置将造成浪费。为平衡可能的误判风险，库存管理部门应搜集和分析历史需求数据，并预判未来一段时间区间的需求，结合历史需求和"向前看"两个方向的分析，做出的判断更具参考意义。同时，越近期的需求预测的准确性越高。根据行业特性和产品更新节奏，企业采用不同的时间区间作为判断标准，比如电子行业可能以未来90天的需求为标准，来判断现有库存是否为呆滞库存。

对时效敏感的产品，比如有保质期的食品，或具有有效期的化学品等，生产日期或库龄超过一定时间的库存即为呆滞库存。在库存达到呆滞标准之前，在临近保质期内，企业需要采取一定的处理措施。这里的"一定时间"和"临近"的定义应根据产品特性、相关规定和企业实际管理情况而定。

2）呆滞库存的成因

库存流动性降低，成为呆滞的典型原因可能来自市场对相关产品的需求降低，导致对库存的产品生产所需原材料、半成品或产品本身的需求减少。产生不再使用的库存可能是因为产品发生设计变更，或者产品下市导致不再需要相关的原材料及成品。企业在生产加工中产生的残次品也会成为呆滞库存的一部分。

3）呆滞库存的处置

移动缓慢的库存发展成为呆滞库存，会影响企业的经营成本，因此管控及减少呆滞库存是库存管理的主要任务之一。当然，处置也会带来一些财务损失，但是从长远和整体看，及时处置进行止损，符合企业的总体利益。

出于以下原因，越来越多的企业将呆滞库存的评估和处置工作，交给采购部门去完成。

● 采购部门了解呆滞库存。呆滞库存中的相当一部分可能就是由采购部门在以前的工作中购进的，因此其更了解呆滞物资的特性和用途。结合ITO或DOS分析，采购部门可以更加综合地判断现有呆滞物资是否还有留存的必要。

● 采购部门了解供应市场。呆滞物资中的相当一部分可以通过物料售回的方式转卖给供应商，采购部门更了解市场供需情况，便于更准确地评估售回定价，协调完成呆滞物资的售回工作。

● 采购部门更专业。通过市场处置呆滞库存，包含寻源、商务谈判、合同管理等工作，在这些方面采购部门具备更多经验和资源。

对呆滞物资的处置，必须建立合法和合规的制度、流程、台账和处置记录，接受定期审计。根据呆滞物资的成因和性质，企业需要采取不同的处理方法。

●对于超过保质期而无法使用的过期库存，通常做报废销毁处理，处理过程需要全程记录。注意，处理危废物资时，需要联系有专业资质的服务商。

●可循环利用的呆滞物资可以售回供应商，或售卖给可再生物资回收商。外形和功能完好、不影响使用的呆滞物资，可以通过内部调拨、低价促销、捐赠等方式再利用，避免资源浪费。

●对于由于存在质量缺陷导致用户退货，或超过规定使用年限，按国家相关政策规定应予淘汰，或在生产使用过程中损坏，难以修复或修复改造不经济等原因形成的呆滞物资，可作为可再生物资售卖，或直接报废销毁。

参考文献

［1］2021 State Business Tax Climate Index[DB/OL].

［2］Ford W. Harris. How many parts to make at once［J］.Operations Research, 1990, 38（6）: p947 −950.

［3］Haxac, Candea D.. Production and Operations Management［M］.Englewood Cliffs: Prentice − Hall, 1984, p135.

［4］Silver, Peterson R.. Decision systems for inventory management and production planning［M］. New York: Wiley, 1981.

第4章

物流管理

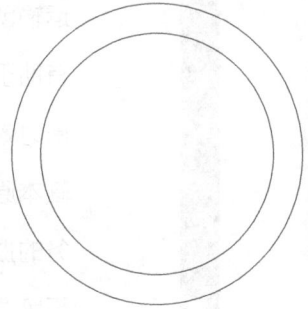

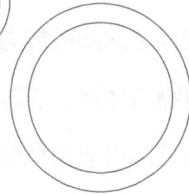

物流是根据实际需要，将运输、储存、装卸、搬运、包装、流通加工、配送、信息处理等基本功能进行有机结合，使物品从供应地向接收地进行实体流动的过程。而物流管理的本质是为达到既定的目标，从物流全过程出发，对相关物流活动进行的计划、组织、协调与控制[1]。物流网络是通过交通运输线路连接，由分布在一定区域的不同物流节点所形成的系统，节点包括供应商、仓库、工厂、配送中心。除了物流网络的源头，在相邻的两个节点，通常会重复发生四个基本的操作，即每一个节点的物资入库、储存、发货，以及两个节点之间的运输，直至该物品抵达终端用户。所以，物流管理主要包括仓储管理和运输管理，前者关注进出库、库内与发货等作业的运作效率，及库存品的存储和保管；后者注重缩短运输时间，在运输过程中保证物品质量，并减少差错。高效、组织有序的仓储运作过程能为紧密衔接运输创造良好的条件，而一个稳定、具有较短作业时间的运输过程也有助于企业降低库存水平。从管理角度，仓储管理和运输管理需要平衡时效、成本、服务和资产回报率多个维度的绩效表现，并以此作为基本原则。在供应端，根据各自拥有的资源状况和发展策略，物流服务的提供方按照服务方式、覆盖区域和目标行业、服务范围及服务水平等要素，寻找最佳组合方式，形成符合自身特点的服务模式，构建差异化的服务能力。在客户端，具有物流服务需求的企业可以选择自建物流体系，通过内部的物流部门为企业经营提供服务；也可以选择从外部供应市场选择合适的服务商，获得所需的物流服务，使得自身可以聚焦主业、提高经营效益，实现利益的最大化。

本章目标

1. 了解企业物流管理的相关概念，认识公共物流的主要模式、国际物流，以及仓配一体化服务的基本运作。

2. 理解仓储管理周期及运作流程管理，领会相关职能对仓储作业的影响，掌握仓储运作成本核算及绩效管理方法。

3. 认识主要的运输方式，理解运输管理周期、运输运作流程管理，以及相关职能对运输成本的影响，了解运输系统和技术的应用，掌握运输成本和运输绩效管理方法。

4. 深入认识进向物流的几种模式，并了解生产物流中，分拣、配送及线边库管理的特点。

| 第1节 | 企业物流管理

1. 物流管理的相关概念

随着物流服务业的发展，很多与物流管理相关的概念不断产生，包括企业物流、第三方物流、公共物流及一体化物流等。其中，企业物流是生产和流通企业围绕其经营活动所发生的物流活动，后面的几个概念是根据物流的资源组织方式、物流服务的实现形式而做出的区分，并服务于企业物流业务。

1）企业物流的范畴

按照企业中业务发生的一般顺序，企业物流可分为进向物流、生产物流、销售物流等不同的具体物流子过程。如图 4-1 所示为企业物流各子过程。

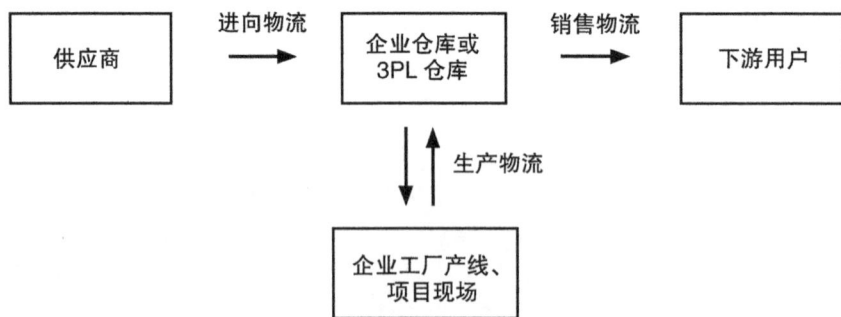

图 4-1　企业物流各个子过程

（1）进向物流

进向物流又称入厂物流，一般指实体物品从供应商流向下游用户的生产或储存设施，用于生产或分销的过程。不同供应商的地理分布、交付提前期不同，造成运输成本和运输提前期有所差异，企业供货向多品种、小批量、多批次和短周期方向的发展也增加了物流计划的复杂度和多变性。随着管理水平的提高，企业希望根据业务需求对进向物流进行精细化管理，为自身正常经营提供物资保证的同时，努力降低运作成本。

（2）生产物流

企业将所采购的物料投入生产后，物料以不同阶段的在制品形态，沿着加工路线，经过不同的工序向后流动，直至生产完毕，转化为产成品入库。这个过程当中的物流活动即是生产物流，也称为厂内物流。生产物流的主要功能是移动和搬运，距离相对短。但是对于项目型企业，其生产和加工可能不仅限于企业所属的工厂，安装、调试，甚至部分紧急加工需要在客户的项目现场完成，物流活动也相应地从企业厂区内部延伸到更广阔的范围。生产物流在一个加工周期内，所耗费的时间可能还多于实际加工的时间。企业通过研究生产物流的改善，可以节约时间、劳动力投入和储运成本。

（3）销售物流

销售物流是企业在销售产品过程中所发生的物流活动[1]，起点通常是产成品仓库，产品经过或不经过中间环节，运输和配送到下游企业、商业客户或最终客户。其实质意义是通过在空间和时间上转移产品所有权至客户，企业获得销售收入。销售物流涉及的地理范围可能很大，客户的需求时间和数量不确定，有时还难以预测。因此，s相关管理部门需要加强和企业内其他部门的沟通，了解供需双方的实际状况，周密地制订和实施销售物流计划，使产品按时发货、运输和配送，同时平衡物流成本。企业如果利用分销网络进行销售，或应用多级仓储配送体系，销售物流的工作内容可能还会涉及物流网络的设计和优化。

部分企业还会成立单独的部门，用于处理已售产品的维修、升级、保养用材料或料件的流转，通过高效的售后物流运作，支持售后服务的顺利开展，以配合和扩大销售。

（4）逆向物流

逆向物流指为恢复物品价值、循环利用或合理处置物品，使原材料、零部件、在制品及产成品从供应链下游节点向上游节点反向流动，或按特定的渠道或方式归集到指定地点所进行的物流活动[1]。逆向物流存在于上述企业物流的各子过程当中，比如在进向物流中，企业会将采购的物料或物品退回原供应商；在生产物流中，逆向物流则表现为不合格在制品向上道工序的回流返工；在销售物流中，也可能伴随着已售产品因质量问题退换货或返厂维修、循环使用包装回流至原发货企业，以及原生产厂商或第三方的专业处理企业（机构）回收含有有害物质的废旧产品，分解回收其中的可循环利用物质或进行无害化处理等逆向物流[2]。

以上逆向物流还涉及可循环利用物品，与其相关的物流概念是废弃物物流，是指将经济活动或人民生活中失去原有使用价值的物品，根据实际需要进行收集、分类、加工、包装、搬运、储存等，并分送到专门处理场所的物流活动[1]。

大部分逆向物流的发生有很强的随机性，难以对微观层面的需求做出有关时间和地点的预测。逆向物流的对象通常是小批量货物，缺乏规模经济性，因而成本高于同类物品的销售物流费用。

（5）备件物流

备件物流是指备件在提供者和用户之间物理流动的过程。备件服务的特点是需求分散、难以预测、订货数量少，挑战在于在满足用户对于备件可获得性、及时到货率等需求的前提下，企业如何管理好库存SKU、库存水平和分布，如何优化物流网络设计，以平衡服务效率和自身运营成本。由于备件业务的特殊性，企业也会将备件物流作为一项独立的业务实施管理，以更有效地支持自身运营。

2）物流策略

物流策略是企业制订的系统的行动计划，目的是从物流服务商处获得所需资源，以满足自身长期及短期目标的需求。企业的物流策略主要聚焦在速度、成本和服务等方面，受外部环境和自身业务特性影响，不同的用户所注重的方面不同。例如，在电商行业，行业内的竞争非常激烈，缩短配送时间被视为提升用户体验、增强竞争优势的关键因素。而服装企业的经营具有SKU数量众多、配送层级复杂、季节性特征明显、逆向物流频繁等特征，其更注重保持相当的灵活度，并控制住成本。因而，优化物流系统和运作流程，降低经营成本成为企业的一个主要诉求。在大型工程项目中，当需要大范围转运超大、超重设备时，项目经理最棘手的问题之一，就是如何在满足项目工期的同时，在物流全程当中遵守运输安全和合规要求。

面对复杂且多变的用户诉求，物流服务企业需要深入了解目标用户群的业务特点和物流相关的策略目标，理解背后的业务逻辑，并结合自身的发展目标和计划，有针对性地制订物流服务策略，配备资源，强化核心竞争力。对以上列举的电商平台及用户，具备仓配一体化服务能力的物流企业通过优化物流运作过程，紧密衔接各个作业环节，可大幅提升配送时效。而资源整合能力强的物流服务商可以帮助服装行业用户灵活有效地管理渠道物流，优化存储和运输网络，降低缺货率，并改善ITO。定位于提供特种物流服务的服务商则可为用户提供全程可视化管理，周密安排转运计划，协调各种服务资源，保障项目得以安全、合规和高效地执行完毕。

3）第三方物流

第三方物流3PL是由独立于物流服务供需双方之外且以物流服务为主营业务的组织提供物流服务的模式[1]。通过整合、管控资源，第三方物流公司按照合同约定的时间、地点、价格等内容为需求方提供物流服务。3PL提供的服务涵盖运输、仓储、配送、库存管理、货物代理等多个物流环节，通过整合自身和社会运力、仓储设施资源，并综合运用信息系统、自动化设备等，为客户提供一站式物流外包服务。3PL利用协同效应获取规模效益，促进成本的降低；在经营上具有很强的灵活性，可以根据用户不同的业务背景和诉求，灵活地组合和扩展其服务范围，为用户提供定制化服务。合同物流

（Contract Logistics）属于 3PL 的一种模式。在这种模式下，3PL 服务商与企业签订具有固定期限的物流服务合同，并提供服务。

市场或业务的波动导致企业对物流资源的需求产生不确定性，3PL 提供的服务可以缓解因此产生的不可控性，增强企业对环境的应变能力。利用 3PL 的专业能力，企业可以将有限的资源聚焦于其最具竞争优势的经营环节。但企业自建物流服务体系也有诸多优点，比如对服务过程有更多的掌控，从内部更容易协调解决出现的问题；更了解自身需求，服务更有针对性；可避免因使用外部服务商泄露有关客户和产品的商业秘密等。企业在选择自营物流或 3PL 时，应考虑自身当前的发展阶段和业务需求，比较两者的物流运作效率和成本水平，以及自身的战略是否将物流视为核心竞争力的重要支撑。根据这两个维度，图 4-2 给出了一个物流自营或外包的选择矩阵。

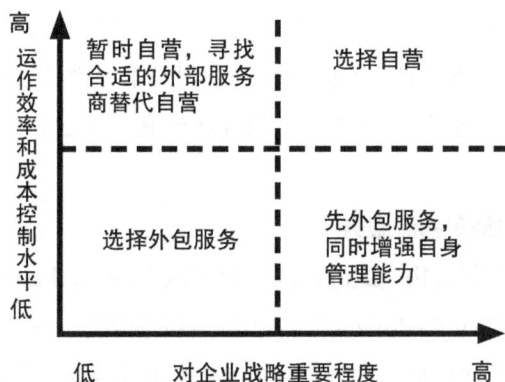

图 4-2　物流自营或外包选择矩阵

4）供应链一体化物流

作为一种物流外包服务的扩展模式，供应链一体化物流拓展了传统的物流服务领域，服务内容涵盖快递、整车及零担运输、最后一公里配送、仓储，以及上门安装和售后服务等增值服务，并为用户提供采购、计划、物流网络规划、SKU 及存货管理、客户订单管理等多方面的策略规划和咨询等服务。供应链一体化物流为面临线上和线下两条业务链条的企业用户，提供了全渠道的综合解决方案，帮助其优化库存管理，并提升包括运输、仓储运作在内的供应链效率。根据相关研报，未来几年，汽车、快速消费品、服装及 3C 电子等行业将成为供应链一体化物流服务的主要市场[3]。从已有的行业实践判断，供应链一体化物流服务的优势在于帮助用户改善端到端的物流运作效率，只有深刻理解用户需求，洞察不同行业的发展趋势，为用户提供契合实际需求的方案，并有能力调动足够的物流基础设施资源，成功实施服务方案，物流服务方才能获得最大化的效益。

2.公共物流的主要模式

相对于同属于 3PL，基于固定的合同提供定制化服务的合同物流，公共物流面对更广泛的用户群体。公共物流根据市场的需求和自身的资源优势，按照统一的服务流程和服务水平，向用户提供标准的服务产品。公共物流包含多种物流服务模式，可以从多个角度细分。根据服务的组织方式和服务特点，常见的公共物流服务模式可划分为快递物流服务、零担物流服务和整车物流服务等。

1）快递物流服务

快递物流服务的用户群覆盖面比较宽，既有个人消费者也有企业用户。前者如购买电商平台商品的 C 端用户，后者如有采购合同和商务信函传递服务需求的企业。快递物流服务的特点是强调递送时效和安全。高时效和安全的送达会产生对用户有特殊意义的时间价值，这也是快递单位运费一般高于其他运输方式的主要原因。快递物流服务一般用于处理比较小型的物品或包裹，不同的物流公司对于运输什么样的货物属于快递物流服务有不同的定义，如以货重 20 千克作为快递物流服务的划分界限，或将 60 千克设为业务分界点。

2）零担物流服务和整车物流服务

通常公路运输按照组织货物方式的不同分为零担（Less-than-Truck-Load，LTL）物流服务和整车（Full-Truck-Load，FTL）物流服务两类业务。零担物流服务是指一批货物的重量、体积、形状和性质不需要单独使用一辆货车装运，并据此办理承托手续、组织运送和计费的运输活动[1]。具体而言，是指承运人把运往同一个目的地的多个客户的货物，通过配载的手段，由一辆车载运，然后运送到目的地，再分发给各个客户。整车物流服务则指由于货主单次托运的货物重量较大，或由于货物的性质、体积、形状等其他原因，需要单独一辆车进行运输的方式。

整车物流服务以门到门服务为主，一般为专车直发，支持全天装车发货，具有高时效保障的特点，相较于零担物流服务单位货物的运费更高。零担物流服务以站到站服务为主，货主将货物送至承运人的收货点，收货人凭有效单证前往承运人的取货点取货。同一家物流服务商利用其车辆和物流设施，可以同时为用户提供零担物流服务或整车物流服务，还能提供多项增值服务，如专业包装、代收货款、收货签单返回、逆向物流等。

近些年，我国公路运输市场的迅猛发展，催生了更关注时效的公路运输业务，这些业务习惯称为公路快运，既可采用零担运输的承揽运输模式，也可提供整车快运。相对于快递，公路快运在服务方式、承运货物的重量范围方面存在明显差异。另外，快递物流服务的主要用户群来自电商平台的买卖双方，公路快运的主要服务对象是制造业、商贸流通行业的企业和个体用户。

快递物流服务、公路快运具有类似的物流网络结构，如图 4-3 所示，总部负责分拨中心之间的货物流转，货物经过多个网点的分拨中转，从发货人抵达收货人。除了开展快递业务需要获得新增审批并取得相应资质外，几种业务模式之间的区分界限已经比较模糊。从事零担物流服务和整车物流服务的企业获得资质后可以提供快递物流服务，反之，快递物流服务企业也可提供零担物流服务和整车物流服务，行业间的渗透和竞争愈发明显激烈[4]。

图 4-3　快递物流服务和公路快运物流网络结构

3. 国际物流

国际物流是跨越不同国家（地区）的物流活动[1]。与国内物流相比，国际物流运距更远，操作流程和环节也更复杂。以水路货运为例，国内运输和出口业务的操作环节对比如图 4-4 所示（分别表现为图中第一行和第二行）。两种业务大部分操作环节是类似的，而图中虚线方框中的操作环节细节中又呈现出不一样的特点，比如出口过程中有清关环节，只有在清关办理完成、货物放行后，商品才可以顺利出口。即使是两种业务流程中看似相同的操作，比如货运代理、运输、保险等，在国际物流业务环境中，其具体的工作内容、单证要求和流程也存在较大的差异。

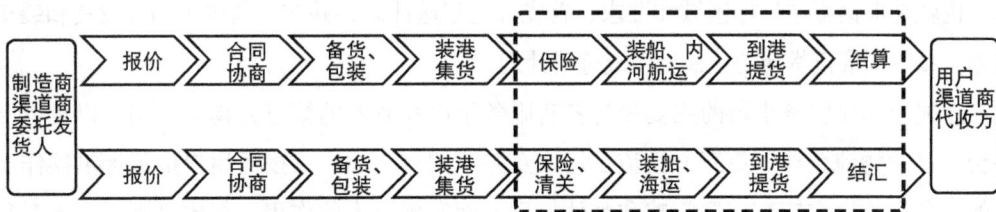

图 4-4　国内运输和出口业务过程对比示例

国际物流主要服务于进出口业务，而开展进出口业务需要遵守国际商业合同、跨国法律法规、国际货运及结算等方面的规则。国际物流管理同样面临着一个比内贸物流更复杂的业务环境，包括需要适应不同国家（地区）的经济政策环境、法律制度环境；面对更复杂的商业习惯和货币汇兑过程；克服由地缘政治事件、自然灾害、大规模流行疾病等意外因素带来的不利影响，并应对随之而来的商业风险等。种种因素使得国际物流管理充满挑战。

国际物流中的保税制度是指经海关批准的境内企业所进口的货物，在境内指定的场所储存、加工、装配、复运出境，并暂缓缴纳各种进口税费的一种海关监管业务制度。上述货物则被称为保税货物。经海关批准设立的专门存放保税货物及其他未办结海关手续的货物的仓库被称为保税仓库，其主要特点是，非经海关批准，货物不得入库和出库。从境外进入保税仓库暂时存储，或经批准后进行简单再加工的货物，实行保税管理，不必缴纳进口关税，可以再出口，转运到别的目的地口岸，如果要通过海关进入国内市场才需缴纳关税。有效利用保税仓库服务，进出口企业可以避免不必要的关税支出，也无须额外进行进出口操作耗费时间，可提高物流效率。

4. 仓配一体化服务

仓配一体化服务是集仓储及物流配送于一体的服务。由一家物流服务企业完成收货、仓储、订单合并、包装、拣货、配送、退换货等功能，实现一站式物流服务。很大程度上，B2C 电商业务的快速发展是仓配一体化服务发展壮大的主要驱动因素[5]。仓配一体化服务可简化货物的物流运作环节，减少分拨和装卸搬运次数，减少多次搬运可能导致的货损，通过集中存放、统一配送，利用规模效应降低物流成本。仓配一体化服务商需要结合用户的业务特征、配送区域和时效及配送成本，计算并确定仓库节点位置、部署节点的数量、仓容大小等关键网络规划要素。

在运作层面，仓配一体化服务通过"由配到仓"的拉动操作，实现仓配作业的高效衔接，也就是根据配送目标区域和要求，首先确定配送计划，并在此基础上制订发货和装车计划，然后倒推备货计划，最后生成拣货计划。

仓配一体化服务市场的主要参与者有服务于电商业务的第三方物流公司，以及电商平台自己的物流企业。第三方物流公司本身并不拥有货物，仅按照用户指示提供操作层面的服务，难以在库存部署策略和整体规划方面发挥更大的作用。相比之下，由于对货物的管理有更多掌控，电商平台配的物流企业通过制订或影响库存及补货策略，可以更有效地支持自身的业务运营。然而，在满足用户基本物流需求的同时，电商平台的自营物流企业也面临挑战，它们需要理解业务运营的细节，以提供更贴近用户需求的仓配一体化服务。市场处于不断变化当中，各仓配一体化服务商的竞争优势也处于发展和变化中，用户需要根据自身情况，识别判断核心需求，根据不同服务商的特点，找到合适的合作伙伴。

第2节 仓储管理

仓储是利用仓库及相关设施设备进行物品的入库、储存、出库的活动[1]，是商品流通的重要环节之一，也是物流活动的重要组成部分。仓储管理则是对仓库和仓库中储存的物资进行管理。

1. 仓储管理周期

仓储管理周期是围绕着仓储运作，从业务需求预测，到资源和预算调整，图 4-5 展示了一个完整的仓储管理周期是如何组织进行的。

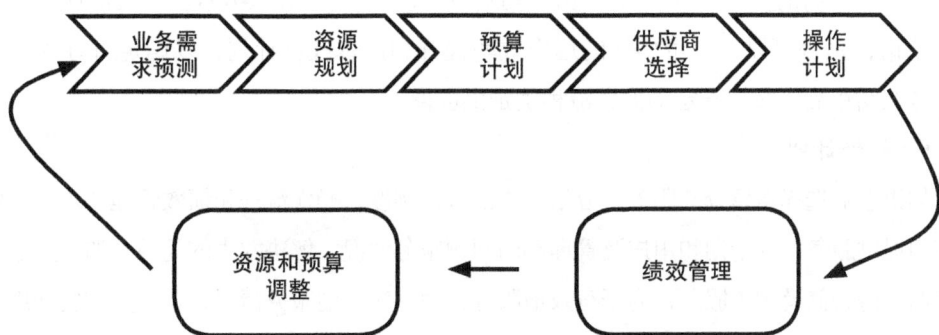

图 4-5　仓储管理周期

1）业务需求预测

在预测需求时，企业往往难以直接获得仓储业务量的数据，因而需要从多个角度了解用户的业务开展情况，评估可能的仓储需求。比如，了解用户主要的业务形态及分布、物料种类、需求特性，用户希望仓储服务达到的运作效率或服务水平，淡旺季的业务水平和业务量、未来一段时间的业务增长或调整计划等。

2）资源规划

根据业务需求预测给出的各项信息，企业可以推算为满足业务量需求，而需要配套的各项资源。计算需要多少仓储面积时，如以前有过类似的仓储业务，可以比对以前使用的仓容，根据仓储规模的变化，类推计算新的仓容需求；还可以利用仓储规模或库存量预测结合 ITO 或库存在库时间，计算平均库存量和所需仓容。根据货物种类、保管条件、作业要求等因素，则可评估需要配备哪些具体仓储设施、作业设备及相应的作业人员等资源。

3）预算计划

确定配套资源后，企业应制订相应的预算计划。预算计划包括几个方面的内容：其一是了解仓储资源需求计划并评估其合理性，如果决定从外部获取仓储服务，则需要评估供应商报价及服务方案；其二是平衡企业资源，研究包括仓储管理预算需求在内的企业所有预算需求，以决定调配多少财务资源支持仓储的预算需求；其三是财务部门监督预算计划的落实。实际业务中，除了人员、设施、设备、系统费用外，预算还应包括日常运营必需的水电、采光照明、维护保养等费用。

4）供应商选择

根据自身的资源状况和业务需求，企业可选择采购部分外部服务或租赁设施设备，也可选择整体服务外包，利用第三方物流公司的专业性和资源优势支持企业经营。如选择将仓储业务外包，需要注意从人员及设备配备、流程管理水平、仓储管理系统的使用情况等方面考查供应商的持续服务能力。还需考查供应商是否愿意在服务响应和灵活性方面做出一些承诺，是否可以提供可操作的运作效率提升和成本改善计划，以确定对方的合作意愿。考查结束后，按照一定的商务流程确定供应商。

5）操作计划

如果企业选择自营仓储服务，应根据内部管理制度、操作流程和绩效管理要求等，由仓储部门提供服务，并定期和用户及管理部门回顾服务情况，解决发生的问题。如果通过外部供应商获得仓储及相关服务，为了有效地跟踪管理供应商的服务情况，企业就需要利用合同订立和供应商日常管理等多个环节形成闭环管理和控制过程。服务合同中应包含服务目标及范围的定义，约定供应商的配套资源和标准操作流程、服务标准、计费方式和标准，以及对异常服务和临时需求的界定及处理预案，并明确服务水平和对供应商的绩效管理和考核要求等。在日常业务运作中，双方还应定期进行沟通和交流，确保合同条款的全面落实。

6）绩效管理

企业无论是自营仓储服务还是外包给第三方物流公司，都会涉及通过日常的绩效监测有效地管理仓储运作过程。因为多数仓库都需要评估收货、上架、存储、拣选、出货等活动，不同企业的仓储 KPI 要求有很多的共同点，不同点在于企业根据自身的需求，设置不同的细分 KPI。具体将绩效设在什么水平，在不同行业和不同企业中，也会采取不一样的标准。在本章关于仓储管理 KPI 的内容中，将给出更详细的指标内容及评价说明。

7）资源和预算调整

无论是自营还是外包，一个完整的仓储管理周期还包括定期的回顾，与最初的计划进行对比，检查当初的计划是否有遗漏或缺失，或查看需求、资源条件等方面是否出现新的变化，并评估发生的变化对现有业务的影响；总结和回顾发生的问题，分析问题发生的深层次原因并寻找解决办法，从而改正错误，避免今后重复发生类似问题。如有必要，可调整资源分配，或增加预算补充需要的资源以匹配变化的业务环境，从而更有效地解决问题。所以，一定程度上，仓储管理也是一个应用 PDCA 循环不断改善和进步的实践，可以不断提高管理和运作水平。

2. 仓储服务的工作内容

仓储服务的工作说明书（Statement of Work, SOW）用于说明服务的目标和功能，提供仓储服务需要具备哪些基础设施、设备、人员和系统配备，包括哪些运作过程，以及相关的成本因素等方面的内容。

仓储服务的客户可能来自企业内部，也可能是外部客户。服务内容可以是为客户提供仓储保管、按需发货服务；或是将来自不同供应源的物资汇集在一起，合并后提供给下游客户的合并服务；或将整件整箱的物资，根据客户需求拆零后发货的分拨服务；或按照客户要求，利用物资储存在仓库的机会，在发货之前，提供包装定制、贴码喷码的再加工服务等。不论提供什么样的服务，仓储服务的管理目标始终是以最合理的成本水平，提供满足客户需要的服务。

仓储资源配备是完成仓储服务的物质准备，服务对象不同、类型不同、功能侧重不同的仓储服务的资源配备也不一样。从大类上看，主要包括仓、人、机、管理系统及附属系统。"仓"是实现仓储功能的主要设施，也是仓储服务的主要作业场。"人"是仓储业务的管理部门及作业团队。"机"是进行仓储业务所需的设备、工器具和用品。管理系统指支持仓储及运作管理的软件系统。附属系统是为日常运作提供工作条件的支持子系统。

3. 仓储运作流程管理

虽然各个企业的仓储服务有一定的差异，但其基本的运作环节类似。仓储运作是从收货到发运的仓储作业全过程，包括大量的作业活动，如图 4-6 所示，这些活动可以归纳或整合为包含若干典型环节的作业过程。

收货　放置　存储　拣货　分类及包装　发运

图 4-6　仓储运作流程

1）收货

收货环节的重点是检查外部来货的数量和质量并进行签收，以作为交易完成的证据。收货数量的检查，不仅要检查实物数量与送货单据上的是否一致，而且要检查来货数量与采购订单上的数量是否一致。收货环节通常还伴随着由质量部门主导的进料检验，未检验、检验合格、检验不合格的物料应分区存放，检验合格的物料正常入库，检验不合格的物料应贴上表明"不合格"的标签，以防被误判为合格品进入下一个正常使用的环节。

2）放置

将收货完毕的货品放到库位的动作被称为放置或"上架"。准确合理地放置货品，有利于仓库拣货效率的提升。最基础的放置策略有两种：定位存储和随机存储。前者指事先对每个储位规定了应该放置的货品，后者对每一储位的应放置货品不做规定。通常，定位存储需要更多的储位，但有利于管理，特别是对未采用 WMS 的仓库。随机存储的储位利用率高，因而需要较少的储位资源，但不易管理，需要特定的系统进行放置储位的记录和后续拣货的索引。SKU 众多的仓库，更多采用分类定位存储或分类随机存储的放置策略。放置作业的一般要求是合理安排储位或库位，节省作业时间和使用设备次数，从而有效降低成本。

3）存储

存储伴随着理货、盘点等作业流程。理货是在每个作业班次或每日工作完毕之前，对同一品种和批次的不同储位进行整理，减少对储位的多余占用。对于采用瓦楞纸箱包装的货品，也要根据库龄报告，对存储时间超过三个月的库位进行整理，把托盘上下部位的货品进行对调，减少底层货品因长期受压而产生的破损。对于有保质期或使用有效期的货品，保管人员还要留意记录和追踪其库存状态和使用情况，及时处置临期或已过期的货品。

存储过程中另一个重要的作业流程是盘点，即对储存货品进行清点和账物核对。盘点方式主要分为平时的循环盘点，以及通常安排在年中或年末的定期大盘点。不论采用哪种盘点方式，盘点的结果往往会产生库存差异。针对盘库存差异，必须查找原因，进行差异分析，根据不同差异，采取纠正差异、财务调账等处理方法解决，不能让差异持续影响库存数据的准确性。

4）拣货

拣货又称为拣选，是作业人员按料单或订单要求的货品名、规格、型号和数量，将货品从存储的储位或库位中取出，并搬运到分拣区进行下一步操作的过程。实际业务中有多种常用的拣货方法，例如按单拣货是一张拣货单的拣货完全由一名拣货人员完成；简单合并拣货是拣货人员在一次行程中同时完成几张拣货单的拣货；而批量拣货要求事先整合多张拣货单中品种或批次相同的货品，批量完成拣货后再按订单分类。在这个环节，工作要求包括减少拣货次数、优化路径、缩短时间、降低成本。根据经验及相关测算，拣货人员花费最多时间的是行走，占整体时间的 55%，而行走却被看成是没有附加值的动作。因此，物流企业应把提高拣货效率的重点，放在减少拣货人员的行走距离和时间上。

5）分类及包装

拣货完毕后的货品还需按照不同的料单、客户或不同的配送路线进行分类。在拣货过程中，如果采用按单拣货，拣货完成即已经按照订单完成分类，但是大多数情况下会采用简单合并拣货或批量拣货，配合后续流水线式的分类作业一起完成工作过程。完成分类后，通常还需要将货品重新包装，进行贴标签 / 价签、装袋、填充等轻度加工。客户可能还会要求在这个环节中完成一些产品的配置，以形成完整的产品。这些再加工活动能为客户提供增值服务，但也需要仓储管理部门投入更多的资源，增加作业环节，要求其设计合适的班组和作业方式，提高加工效率，平衡工具、设备投资、场地和设施要求，以应对人力成本及能源和耗材成本增加等挑战。

6）发运

仓储运作的最后一个环节是发运，而其中最主要的环节就是车辆装载。从管理的角度，一方面，要充分利用运输工具的重量和容量限制，提高装载率；另一方面，又要权衡装载投入的资源成本和时效要求。传统的装载需要根据人工经验，按照订单分拣次序和时间要求，遵循大不压小、重不压轻、便于清点的堆码原则，均衡车辆负载完成作业。也有一些企业尝试使用装载优化软件，由软件根据运输工具的尺寸和载重量，以及货品的尺寸、重量等参数，给出最优方案。

4.其他职能对仓储作业的影响

物流网络规划也会影响仓库的功能、分布及仓容。例如以逆向物流或越库作业为主的仓库，其仓储运作具有不同的作业流程和管理重点；定位为大区总仓的仓库，则需要拥有较大的库存空间。而计划部门制订的库存计划、确定的补货频率和批量，也会显著影响对仓储空间的需求及利用水平。

仓储运作过程中，仓储管理部门会和不同的职能部门发生交互，并相互影响。例如，在生产型企业的收货过程中，质量管理部门完成进料检验流程后，仓储部门才可以进行物料系统入库和实物放置。进料检验流程会直接影响到其后的收货作业效率和时效，因此，随着供应商供货质量的改善，应逐步简化进料检验流程，以减少检验需要的时间。如果质量管理部门仍按照旧的标准和要求进行检验，到货后不能及时入库放置，就拉长了本可以缩短的收货时间。

包装是生产的终点，也是物流的起点。包装通常由产品设计部门负责设计，主要作用是防止物品在储运中损坏，以及传递诸如物品名称、生产厂家、数量、日期和装卸注意事项等信息。物流包装及内包装一体化，有助于提高物品对存储空间的利用率，并改善仓储作业效率。例如，采用标准化的包装尺寸，集中众多单件的小包装物品形成托盘包装，可更有效地利用库位空间，提升叉车操作效率，还有助于减少货损。

5. 仓储运作成本核算和分摊

仓储运作成本是与储存物品的收、存和发货有关的费用。如果是自营仓储，运作成本主要包含仓库设施和设备等固定资产折旧费用、自有人员的人工费用、设施设备的维修保养费用、管理费、财务费用等，以及随作业量变化的耗材费用、水电气费用、加班费等费用。如果企业外购仓储服务，仓储运作成本则主要体现为需要向服务商支付的服务费用。如通过租赁方式获得库房设施和设备的使用权，则企业的运作成本往往是向出租方支付的租金。折旧费用是指拥有固定资产的企业，在使用固定资产过程中按照一定的规则进行计提的折损费用，折旧费用体现为运作成本的一部分，相关固定资产的账面净值相应减少。在企业外购仓储服务、租赁库房或设备的情形中，服务商或出租方相关固定资产的折旧费用则包含于服务费或租金中。

对于用户来说，可能还希望根据更具体的对象分摊成本。通常各家企业根据自身业务情况和仓储物品特性，会采取诸如按照物品在库库存量，或依据物品库存金额大小进行成本分摊的方法。传统成本平均分摊方法虽然简单直观，但是并不客观。相同数量或金额的不同库存品的实际作业耗时、使用的设备、所占存储面积均不同，所以不同物品的成本并不一样，比如密度相差迥异的重货和泡货，即使重量一样，占用的库位面积却不一样。而作业成本法根据不同仓储作业活动耗用资源的情况，测量单位数量的作业对应的综合成本，再依照考察对象 SKU 消耗作业的情况，就可以把作业相关成本分配给特定的 SKU 对象。当然，在复杂的实际业务当中，要得到一个完善准确、可操作的方案，还需要根据实际情况做进一步的分析。除了按物品分配成本，还可以按职能部门或按作业流程核算和分摊成本。

6. 仓储系统和设备的使用

随着现代仓储管理的难度逐渐加大，为了提升效率应对挑战，在诸如配送中心、3PL、电商仓配一体乃至更多的业务场景中，仓库管理系统（Warehouse Management System，WMS）逐渐得到越来越广泛的应用。

WMS 是对物品入库、出库、盘点及其他相关仓库作业，仓储设施与设备，库区库位等实施全面管理的计算机信息系统[1]，可有效管理仓储运作过程。例如，在入库环节，系统自动计算最佳储存库位，充分利用库区空间，按策略分配库位；在存储环节，可按多种条件生成盘点任务；在拣货环节，通过精确定位、规划最短路径，快速指引作业人员。WMS 还可以在作业过程当中为员工提供指导，规范作业过程，详细记录作业明细和完成状态。WMS 既可独立使用，也可连通企业的 ERP 系统、制造执行系统（Manufacturing Execution System, MES）或 TMS，为管理者提供完整全面的数据信息，改善业务流程管控，提高企业总体的运营及管理效率。

仓储多属于劳动力密集型产业，人工操作效率低、易出错，人力成本也呈现出逐年上涨的趋势。近些年来，随着物流科技的发展和应用，仓储作业中机械和自动化设备的使用可以解决多种人工操作带来的弊端。然而，在选择物流技术和解决方案时，企业仍需要综合考虑。因为这些设备大多价值不菲，折旧导致的运营成本及日常维护成本较高，如果作业量没有达到盈亏平衡点，反而会增加总成本。况且，只有在适宜的使用环境中，上下游作业效率相匹配，这些设备才能发挥最大价值。自动化配线是仓储自动化的一种具体应用，在自动化立体仓作业模式的基础上，进一步强化了配料和上料操作的执行效率和准确性，适合物料及包装标准化程度较高、生产节奏快、大规模定制的装配线。然而，自动化配线需要连续供料，对库存数量和料件规格齐套率有很高的要求。而人工作业虽然效率低，但处理非标件比机械和自动化设备更有优势。所以，企业需要思考如何优化流程和人机组合，以使资源利用能力最大化。

7. 仓储管理 KPI

仓储管理 KPI 的重点在时间、成本、资产利用率及服务水平几个方面。根据业务特性，不同的企业再细分 KPI，并定义对应的考核标准。

1）时间

仓储管理 KPI 的时间要求的作用是衡量完成作业的用时，例如追踪和比较完成单位订单或货量的入库、拣货、分拣或出库所用时间。

2）成本

常用的成本类指标有仓储费率，通过比较不同时期的仓储费率，考查仓储费占同期内的销售额比例的波动程度，帮助企业从总体经营的层面判断仓储成本变动的合理性，分析改善的可能方向和空间。

3）资产利用率

由于在实际工作中难以准确计算和追踪资产回报，所以计算资产回报率较为困难，因而通常使用资产利用率作为资产类指标，常见指标有库位或库容利用率、主要设备利用率等。需要注意的是，影响资产利用率高低的因素可能来自仓储管理部门之外，因此需要全面地分析和识别导致指标变化的原因。此外，在计算库位利用率时，可采集期内多个时点的库位使用均值，用于代表当期平均的库位使用水平。数据采集规则应保持一定的稳定性，以便当库位利用率发生变化时，判断是业务原因还是采集规则原因导致。

4）服务水平

对服务水平的要求一般集中于完成作业的时效和准确性，即分别考查在约定的时间内，或按照要求的品种、数量等条件，所完成作业占作业总量的比例。例如收 / 发货及时率和库存准确率等，可分别使用作业票数、订单行或金额数据等不同的维度作为"作业量"的参考值来考查绩效表现。库存准确率用于反映在库的库存实物和账面数据的相符程度，可以分别使用盘点的物料金额、物料数量或 SKU 数计算。为避免正负误差相互抵消，掩盖发生问题的严重性，一般使用盘亏或盘盈的绝对值加总计算。货损率也可作为服务水平类指标，指因库内保管不当导致的货损和遗失物料金额占库存总金额的比例。

自营仓储对服务水平的考查可集中在发货及时率和准确率；对于 3PL，既可考查订单履约率和客户投诉率等总体服务水平指标，也可考查一些关键操作环节的绩效指标。

选定一组对企业比较重要的 KPI，并给不同的指标赋予不同的权重，结合起来形成如表 4-1所示的仓储服务绩效评估体系，便于管理部门更全面地考核仓储服务的总体表现。如果服务提供方一定时期内不能达到要求的绩效标准，应有后续的跟进措施，比如计入仓储团队成员的年度绩效；如系外包服务，双方可在合同中约定以一定金额的当期服务费减免作为补偿。

表 4-1　仓储服务绩效评估体系

日期：× × ×－× ×－× ×

KPI	目标	当月实际值	目标达成度	权重（总和为 100）	目标达成度 × 权重
收料及时率	≥ 98%	98.0%	100.0%	15	15.0
发货及时率	≥ 98%	95.0%	96.9%	15	14.5
收料准确率	100.0%	99.0%	99.0%	15	14.9
发货准确率	100.0%	99.0%	99.0%	15	14.9
库存准确率	99.8%	99.5%	99.7%	20	19.9
货损率	≤ 0.01%	0.0%	100.0%	10	10.0
库位利用率	≥ 96%	95.0%	99.0%	10	9.9
总和					99.1
当期绩效目标					99.5
当期绩效评估					不合格

注：假定将基本目标作为最低达标目标

|第 3 节|运输管理

1. 运输方式

国际上常见的基本运输方式有五种：公路运输、水运、铁路运输、空运和管道运输。而在一些国家，经常使用的运输方式还有人力运输等，例如快递的末端配送。

1）公路运输

公路运输分为整车运输和零担运输。整车运输易实现"门到门"服务。零担运输由于需要在运输始发、沿线和终点进行集散，会产生延迟和二次装卸。零担运输的干线运输通常由专线公司承运，并在集散地辅以短途接驳（取送）。公路运输的网络最完善，可以单独运输，或作为其他四种运输方式的接驳，完成"门到门"服务。但由于运输规模的限制，公路运输的单位运输成本较高，更适合中短途运输。

2）水运

水运可分为内河航运、海运。我国目前能从事内河航运的六大水系有长江、珠江、淮海、黄河、京杭大运河及松花江水系。海运常见的方式为散装运输和集装箱运输。其中，集装箱运输也可分为整箱（Full Container Load, FCL）运输和拼箱（Less than Container Load, LCL）运输。采用拼箱运输通常是因为单个货主的货量不足，承运人或其代理人根据货类性质和目的地，将分属不同货主但流向相同（去往同一目的地）的两票或两票以上的货物分类整理后，集中拼装在一个集装箱内，经海关检验并对集装箱施加铅封后予以运输。国际货运中，拼箱业务需要货代公司拥有发达的全球或专线代理和网络。水运可以承载大批量的货物，单位运输成本最低，并可完成跨洲运输，但速度慢，易受水道水流、海洋气候的影响，运输时间不稳定。

3）铁路运输

在我国，铁路运输除了传统的车皮方式，还逐渐发展出铁路集装箱、行包和行邮铁路运输业务。目前，我国铁路运输的主要承运商就是中国国家铁路集团有限公司，开展多种铁路运输业务。铁路运输可运载大批量货物，在中长距离运输中能体现时间和成本优势；但需要在车站进行装卸，因需要短途公路运输辅助而影响了时效性，且二次装卸容易使货物产生破损。随着铁路集装箱业务的开展，这种问题正逐渐得到改善。出口货运使用铁路集装箱时，根据承运货物情况，可使用整箱运输或拼箱运输。

4）空运

空运在长途运输中具有明显的时间优势，但通常也是单位运输成本最高的方式，还容易受到天气、航班和货物要求的限制。空运常见的形式包括包机运输和航班运输，使用货运飞机、客机的机腹部货舱、客货混用机的后部主舱及机腹货舱运输货物。出于安全性考虑，以及受限于舱门尺寸及承重等因素，空运对货物会有更多的限制。

5）管道运输

管道运输是一种用于长距离输送液体和气体物资的运输方式，仅适合大宗液态和气态的货物运输，如石油、天然气、煤浆等，不易受自然气候的影响，但需要承担较高的管道铺设和维护保养成本。

除了以上几种基本运输方式，用户还可以选择货物由一种运载单元装载，通过两种或两种以上运输方式相互衔接、转运来共同完成运输，这个过程称为复合运输或多式联运。供应链管理者在选择运输方式时，要权衡货物特点、运输成本、运输稳定性、可获得性、运输时效，以及运输方式对货物的限制等因素。通常，快速的运输方式会有更高的成本，但这不意味着就放弃选择快速的运输方式，因为快速的运输方式能缩短交付提前期，可能会带来库存水平的降低，以及更小的货物贬值风险等好处。

2.运输管理周期

运输管理周期贯穿于运输服务的整个过程，围绕着业务的计划、执行和回顾，应用PDCA 循环形成一个往复循环和改善的过程，如图 4-7 所示。

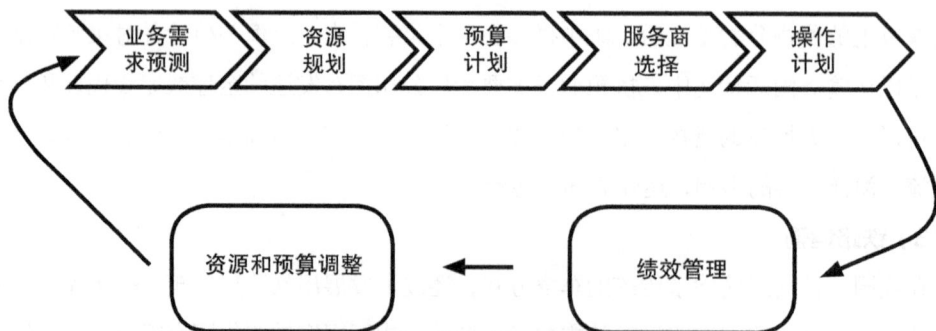

图 4-7　运输管理周期过程示意

1）业务需求预测

运输管理部门应结合企业短期及中长期的发展规划，了解主要业务需求，以及相关联的运输服务场景，清晰定义用户期望的服务水平，并对因业务调整导致的需求变动做出合理预测，然后将这些信息和要求完整地传递给服务商，或体现在本部门的运营策略当中。

2）资源规划

企业无论是自营运输业务还是选用外包服务，均应在内部管理要求或外部服务合同中明确定义服务范围和内容。不同运输服务具有不同的规模经济性要求和成本结构，服务商应规划和用户需求相匹配的资源，包括具有特别用途的运载工具及专业人才等。服务商如果提供一体化服务，还可以利用作业过程的共性需求整合资源。如果需求具有季节性，或者用户希望服务商能够快速响应紧急需求，则需在资源规划中留有一定的弹性。

3）预算计划

企业自营运输业务要评估需要配套的资源，制订预算计划，将包含运载工具、作业场所、作业设备、人员的计划转化为现实的服务能力。类似于仓储管理，运输服务的预算计划同样要管理服务资源需求计划的合理性、预算资源的可获得性、预算计划执行的有效性。而使用外包服务则需要全面评估服务商的报价和服务方案，双方协商后确定预算水平。

4）服务商选择

企业如果决定选用外部运输服务，企业应根据业务的发展、自身的管理水平和成本水平，确定外购的服务范围及类型。偶发的需求可以通过公共物流服务满足。对于长期的需求，企业选择固定的服务商，签订服务合同，更有利于获得稳定的服务。根据业务量、服务区域和要求的复杂程度，企业可选择一家或多家服务商。

与其单纯比较不同服务商的报价水平，评估其能在多大程度上为企业创造期望的价值可能更重要。考查的重点在于全面评估对方的服务能力和与己方需求的匹配程度。在考查过程中，展现出更多灵活性和合作意愿的服务商，将在日后异常事件的处理上为用户节省更多的时间和成本。当然，除了口头承诺，服务商还需提供可操作的服务方案作为支持。

5）操作计划

运输管理服务的操作计划重点在于合同的订立及有效执行。合同应清晰地定义服务内容及范围，约定服务商的配套资源和标准操作流程、服务标准、计费方式和标准，明确双方在操作层面的对接流程，特别是对异常事件和临时需求的界定和处理流程，明确目标服务水平和服务商绩效考核管理办法。开始提供服务后，双方应积极沟通，尽快熟悉彼此的业务流程、运作方式，保证合同得到切实履行。

6）绩效管理

定期考核和管理运作绩效，有助于用户和服务商保持对服务过程的持续关注，并及时纠偏。对运输服务绩效的关注多集中在时效、成本和服务三方面，自营运输业务的企业还会考虑资产方面的指标。然而在实际进行中由于难以准确获取或计算资产回报的数额，企业通常不将资产回报率作为指标，而是将资产的利用情况作为资产类指标。

7）资源和预算调整

运输管理周期还应包括定期回顾实际业务运行状况及最新的业务发展，与最初的需求和计划进行对比，补充和修正需求计划。总结和回顾之前已经发生的问题、分析问题发生的原因并寻求解决办法，避免重复发生类似问题。如果需要，企业应调整资源分配，或增加预算补充需要的资源。

3.运输运作流程管理

运输业务只有通过良好的流程管控，才能保证持续输出合乎用户预期的结果。运输运作流程通常包括以下环节。

1）运输指令下达

货主需要将清晰准确的需求信息传递给运输承运人，这些信息通常包括：货物信息，如商品类型、货物重量、体积、数量；收发货具体地址、预计提货和到货时间、收货方联系人信息；用车信息，包括车型和特殊要求等；装卸要求等服务要求信息。收到需求后，承运人予以回复确认，形成运输指令下达及反馈的闭环。

2）车辆响应时间

车辆响应时间指承运人收到运输指令至车辆到达现场装车的时间。管理严格的企业，会在服务合同中明文规定车辆响应时间，如2小时、6小时等。也有的企业仅要求承运人当天收到指令，须在当天或次日将货物运走。同时，企业每月应考核承运人此项指标的达成率。较高的车辆响应时间要求，使得承运人必须要通过一定的运力储备或高水平的运力管理及调度予以响应，这会导致承运人运作成本上升，并且会反映在运价上。企业应根据业务的实际需求和成本等方面的考虑，并结合当地市场的平均服务水平，确定合理的车辆响应时间。

3）现场交接

承运人车辆抵达装货现场，货主或发货方首先要做的工作是车辆状况检查。对于生鲜食品、药品的运输来说，车辆状况是否符合相关的运输要求至关重要。货主通常也会在沟通需求的时候，明确说明承运车辆应符合的标准和运输条件。货主有权拒绝不合格的车辆进行装载，他们通常还会检查并记录车辆运营证、驾驶员驾驶证和身份证、车型、车号、发动机架号等信息，以备不时之需。货主或承运人的装车责任视运输合同而定，但双方在装载完毕后必须签字确认。包车运输的封闭式货车也可能会采用铅封。

4）在途监控

在很多情况下，在途过程占据了运输作业周期的大部分时间。通过追踪定位技术，管理者能随时掌握运输工具的位置、运行速度，也能进一步预判货物是否能准时送达。根据不断调整的预计到达时间（Estimated Time of Arrival, ETA），承运人或货主可以提前通知收货人做好接收或延误的准备。运输过程中出现延误的原因可能包括交通状况发生变化、天气变化、行车人员不按指令行车、突发交通事故、车辆故障等。运输作业之前，承运方应制订有效的运输计划，平时定期对车辆进行维护保养，制订人员和行车作业管理办法。承运方应分析每月的延误、作业质量问题及其他异常发生的原因，及时制订和采取整改措施，以提高服务水平。

5）送达

送达最重要的管理环节是获得收货方的完好签收。承运人通常有义务与收货方当面进行清点。为节省时间，双方可事先约定，仅清点外包装箱的总件数及确认外包装箱状态完好。同时，为了避免事后双方产生法律纠纷，也应该事先约定收货人和签字或盖章的印签。承运人应该对收货方不按送货单的默认送货地点收货的要求，及时向委托人（通常是货主）进行通报，以避免可能的风险。

6）运输回单管理

运输回单管理，是指发货方要求收货方签收随货一并发运的送货单或托运单，物流公司定期将签收的运输回单整理后发给发货方。在运输合同当中，通常会将物流公司能否及时足量地返回运输回单作为考核物流公司服务水平的指标之一。运输回单有两个作用：既是贸易双方完成交易的凭证，又是物流公司完成运输服务的凭证。运输回单返回的及时性体现了物流公司的管理能力。物流公司返回运输回单的手段包括：由运输驾驶员寄回、由外包运输的驾驶员到目的地附近的站点或代理处结算运费时缴纳回单并由站点或代理处负责返回。在实际的服务中，货主通常会要求物流公司在每月指定的日期，把上月的运输回单一并返回后，才进行运费结算。良好的运输回单管理应注重结果，更应重视过程，如应每周在内部统计应回和未回的运输回单，并向责任人追缴，而不是仅是月末或结算日前才统一追缴。

7）付款

承运人按照要求完成运输后，发货方审核完毕业务单据及发票的真实性及合理性后，即可按照双方约定的方式和价格进行付款和结算。在有的商业合作中，双方也会协商在运输开始前，发货方即预付部分款项。

4.运输成本管理

运输成本通常可以细分为人员费用、燃料费用、运输工具及设施的维护和折旧费用。当外购运输服务时，运输成本主要体现为服务方收取的运费。影响运费的主要因素来自供应市场和用户端两方面。

1）供应市场的影响

供应市场对运费成本的影响主要反映在宏观层面，由于市场格局的作用以及一些扰动因素的发生，在中短期内会改变市场供应水平，进而影响运费。首先，在竞争比较充分的买方市场中，用户更易获得一个较低的运费，相反，在卖方市场中，服务方会利用自身的市场优势要求用户支付更高的运费。其次，国际间的地缘政治事件、疫情流行或较大的自然灾害等，在一定时期和地域内改变了供需关系，也会影响运费的高低。

2）用户端的影响

用户选择不同的运输方式和运输工具将影响运费成本，运距的长短、货量的大小也是影响运费的重要因素，两者都会对运输工具折旧、人工工时、燃料消耗和维修保养等成本产生影响。运费还会因货物种类的不同而有所差异，比如在国内航空货运中，规定对于生物制品、贵重物品、鲜活易腐物品等按基础运费的150%收取运费。在水运中，不同货物对船舶载重量和舱容的利用程度会有所差异，因而运费标准也就不同。在汽运中，不同货物特性带来的对运输工具和运输条件的不同要求，也会在运费中得到反映。

5.其他职能对运输成本的影响

物流网络规划对运输成本的巨大影响是毋庸置疑的，规划的节点间距离、运输方式、库存部署策略及补货计划的模式设定等，都会影响运输费用。

企业通过制订周密的计划，在可行的情况下，将物品由供应商所在地直发至使用地，减少中间运输环节，也可降低运输成本。而运作层面的计划工作中，无论是订货批量的选择，还是计划周期的选择，都会影响运输成本。

仓储成本和运输成本存在一定的效益悖反的关系。比如减少仓库节点、降低库存水平，可以降低仓储成本，但需求一定时也会带来更多运输次数与更长的运输距离，进而增加运输费用。相反，大批量、低频次的运输可以降低运输成本，但因增加了周转库存，以及加大了库存慢动或呆滞的可能性，会导致仓储成本上升。因此企业需要合理规划物流网络，优化仓库布局，选择使得总成本得以降低的物流方案。

采购可从多方面对运输成本产生积极影响。当企业外包运输服务时，采购部门优化采购策略，寻找合适的物流服务商，可以获得更好的服务和价格；整合多家中小供应商的运输需求，和物流服务商谈判，可以为供应商争取更有利的运输价格和服务。采购部门也可以协调供应商的物料交付，利用本企业获得的优惠运价，由企业直接负责进向物流运输，降低运费；实物品类寻源时，尽量在同一个或相邻的地理区域寻找合适的供应商，为合并多家供应商的货品运输创造条件。

6. 运输系统和技术的应用

面对日益激烈的竞争以及愈加复杂的客户需求，无论是对于物流公司还是大型企业的物流部门，TMS 都是改善运营效率，提升服务水平并降低成本的工具。TMS 的主要功能通常包含用户及车辆信息管理、订单管理、运输计划管理、车辆调度、在途车辆及货物跟踪、结算等，能有效地解决常见的运输痛点。例如：系统通过智能识别判断，将装货地址相同或相近的非整车订单合并，生成一个整车运输订单，提高装载率，降低成本；按照一定的规则，将订单自动匹配给符合条件的司机和车辆；行程中存在多个装货点和卸货点时，规划和指引合理的行车路线，避免漏装漏卸和绕远路；帮助货主了解货物的在途运输状况及位置，快速获取途中的异常信息并做出反应，跟踪承运人员和收货人的交接及回单签收状态。

基于卫星信号、手机网络、Wi-Fi 的自动定位技术在运输中已广泛应用。此外，车辆行驶数据抓取装置，可以实时抓取、传送和分析包括行驶里程、路线和操作，甚至是驾驶行为在内的一系列数据，如发现驾驶员出现过度疲劳现象时，系统会自动报警，提高了行车安全保障。电子货舱通过高精度设备帮助各方实时了解卡车货舱内的情况和车辆系统的状态，通过对挂车与货物的系统性管理，提升挂车运输的安全性，大幅降低管理成本[6]。电子围栏基于自动定位和数字地图技术，用一个虚拟的栅栏围出和划分出具有虚拟地理边界的特定作业区域，当携带信号发送装置的运输车辆进入或离开某个特定作业区域，系统自动发送通知或提示驾驶者，如果不及时纠正，将触发报警系统，从而保证车辆资产的安全。无人驾驶卡车等技术也处于开发中，并将逐步实现商业化，从而进一步降低企业运输成本。

7. 运输管理 KPI

从供应链管理角度看，对运输管理的绩效考核，应从时效、成本、服务水平和资产这四个重要的维度来展开，而对于具体的承运商绩效考核来说，多数货主还是更关注前三项。

1）时效

本指标主要考察实际达成时效目标的作业量比例。比如在汽运服务中，典型的时效指标包括车辆响应率、（特定路线）运输时长达成率和回单及时完成率等。根据需求，双方还可拆分更多服务过程，对每个重要的环节设定时效目标，如出口集装箱运输业务中，针对提货、提箱、装箱进港、报关等重点环节可分别确定时效目标。

2）成本

企业可针对固定运输线路、约定时长、单位运量或车次考核成本，也可考核内部服务方或承运商按相关管理制度或合同提供服务后，完成对账和费用结算的准确性。一些企业还关注承运商协助控制成本的努力程度，比如通过改进方法、流程，主动降低运输成本。

3）服务水平

典型的服务水平绩效指标包括货损比率、对异常事件的响应和处理，以及对客户（包括货主和收货人）投诉的处理及解决等。

4）资产

运输管理相关的资产类指标中，主要考查相关资产的利用率，例如运输车辆的月度出车率或行驶里程。类似于仓储管理KPI，运输资产利用率受多种因素影响，其中也包括运输管理部门以外的因素。因此，在资产利用率发生变化时，企业需要从多个角度客观分析背后的原因，以确定合适的解决方案。

运输管理绩效可以从不同维度进行评价，把各方面的绩效指标组合起来，再根据重要程度赋予权重，即可以组成运输管理绩效考核体系。通过考核体系，管理部门可以更全面地了解和评价运输管理水平。不同的运输服务内容和方式具有不同的运作特征和管理重点，因而绩效考核体系的构成也有差异，表4-2给出了一个对公路运输承运商进行月度考核的考核体系的示例。

表4-2　公路承运商月度运输管理绩效考核表

日期：×××-××-××

KPI	目标	总笔数	异常或发生笔数	当月实际值	目标达成度 注1	权重	目标达成度 × 权重
发货提货准时率	≥98%	1000	20	98.0%	100%	15	15.0
运输车辆整洁率	≥98%	1000	20	98.0%	100.0%	5	5.0
到货准时率	99.0%	1000	10	99.0%	100.0%	15	15.0
运输正确率	100.0%	1000	10	99.0%	99.0%	5	5.0

KPI	目标	总笔数	异常或发生笔数	当月实际值	目标达成度 [注1]	权重	目标达成度 × 权重
回单准时率	100.0%	1000	5	99.5%	99.5%	15	14.9
送货信息反馈率	100.0%	1000	10	99.0%	99.0%	5	5.0
对账及时率	100.0%	1000	5	99.5%	99.5%	10	10.0
客户投诉率[注2]	≤ 0.1%	1000	1	0.1%	100.0%	15	15.0
紧急响应率	≥ 95%	30	2	93.3%	98.2%	15	14.7
绩效指标得分总和							99.6
当期绩效目标							99.0
当期绩效评估							达到考核要求

注 1：目标达成度 = 当月实际值 / 目标

注 2：客户投诉率是负指标，绩效达成度的计算并非线性，视企业管理要求而定

　　企业应对绩效考核的结果设置绩效目标，对未达标甚至连续未达标的情况，要有后续管理动作，如要求提供原因分析和整改计划，设置一定的奖惩机制。对于外部服务商，后续管理动作甚至包括启动寻源和退出机制。但是绩效考核并非目的，低于预期的结果可能因为服务方在资源分配、流程设计及执行上的不到位，也可能源于需求方的要求不合理，回顾、分析服务过程和结果，也为双方发现在运作和管理上的改进空间提供了机会。

第 4 节 | 进向物流和生产物流管理

　　在企业价值实现的链条中，进向物流连同生产物流位于链条的输入端，企业采购的物料，经过进向物流和生产物流，实现物料到产成品的转换。进向物流和生产物流的运作模式和效率会直接影响企业的运营成本，两者都是非常重要且管理复杂度较高的环节。图 4-8 展示了包括进向物流和生产物流在内的基本组成和结构。部分进向物流模式可以实现料件直供上线，比如越库、JIT 和同步供货等，已将生产物流包含在其中。

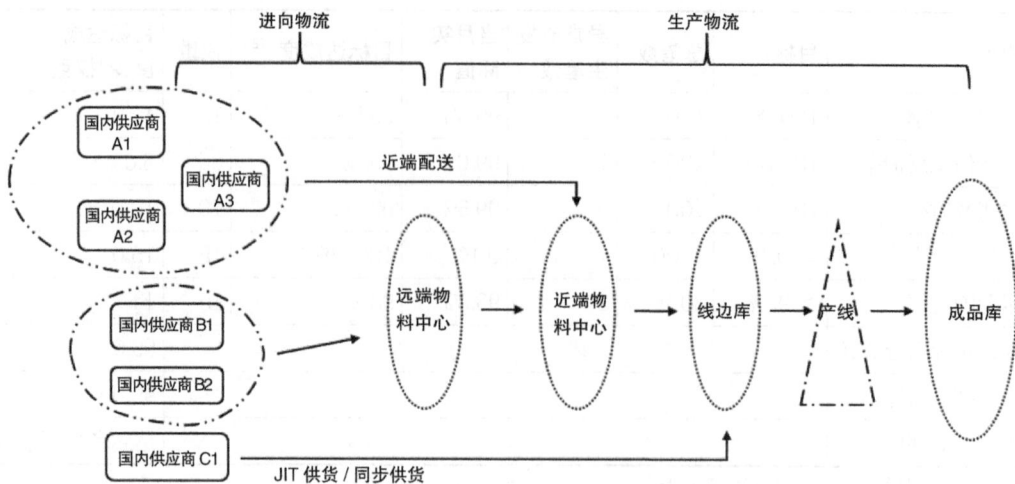

图 4-8　进向物流和生产物流示意图

1. 进向物流的几种模式

进向物流中参与的角色多，管理模式多样。企业可以要求供应商根据供应计划直运发货或配送，这样管理简单，但物流成本较高；企业也可以在保证物料供应的前提下，通过共享物流资源，提高运输和配送的集约程度进行改善；企业还可以实施精益管理，进一步提升时效和服务水平，以实现持久降本。企业应根据自身的业务形态、生产组织方式、时效和服务水平要求、供应商分布、物料特性等情况，确定合适的物流模式和管理办法。以下是进向物流的几种模式。

1）直运

企业采购的货品从供应商处通过点对点的运输方式送至指定交货地，可能是买卖双方的任何一方具体负责组织运输。有两种运作方式，一是买卖双方其中一方使用自己的车队负责运输，这样可以确保比较好的送货准时率，但如果装载率不高，成本会比较高；二是供应商（或企业）委托物流服务商送货（取货），配送成本一般较低，但送货的时效性不如自有车队。单个供应商供货量大，或者针对体积大、易损坏的专用物料可采用这种模式，从国外进口物料通常也是使用直运模式。

2）远端集运

这种模式的典型应用场景是供应商距离较远但分布相对集中，在各家供应商的采购量小但需求稳定。相比于各家供应商单独组织零散发货，物流服务商从各家供应商处取货，或由供应商将货物送至物流服务商的中转库，汇集一定批量或整车量后运输。在当地设立中转库，有助于改善仓储条件和服务水平，但企业需要权衡因此而降低的干线运输成本和增加的短驳运输及仓储费用。

3）近端配送

如果企业的供应商围绕其分布且距离较近，供货数量零散、种类多且需求平稳，企业可以采用近端配送的模式，委托一家量大和发货频率高的供应商收集或接收多家供应商的供货，通过拼载的方式将货物运往企业，从而提高配送经济规模。另一种近端配送手段是循环取货（Milk-run）是指货运车辆按照预定的顺序、取货时间窗口与线路，以循环的方式，依次到多家供应商上门取货，同时卸下需返还给供应商的货物，包括上一次收走货物的容器或退回的不合格产品，并最终将所有货物送到生产商仓库或生产线的一种配送模式。两种近端配送手段都能明显减少送货车辆的车次和总运距，也减少了卸货环节的时间和频次。

4）JIT 供货

企业应用 JIT 的看板跟踪物料的实际消耗，拉动循环补料，将物料直接供应到产线，可以有效满足到料时刻要求，减少产线线边的物料积压。

5）同步供货

同步供货是在 JIT 供货的基础上进一步发展而来的。对于体积大、重量重，同一功能下有多种种类（比如不同颜色的汽车座椅）、按照生产计划顺序装配的零部件，供应商按要求将其排好，放置在专用的工装器具内，当装配产品沿生产线到达某装配点时，零部件被同步配送到该位置。同步供货完全按生产拉动供应，将中间库存降到最低，而且产线员工无须挑选物料，可直接使用，能有效减少错漏装的发生。

6）越库供货

近距离供货物料还可以使用越库供货，物料到达配送中心后，简单更换包装后或者直接配送上线。

为了寻找效率和成本的结合点，企业要合理选择进向物流模式。比如 JIT 供货具有很强的时效性，但需要高频次，小批量地供货，因而会产生较高的运输成本。企业可根据物料的价值和运输距离进行分类，仅对部分高价值物料采用 JIT 供货模式供货，其他类别的物料则设置为企业主动备库存，供应商按计划送货。几种模式都需要制订精密的计划，并有效地调度实施，在实际业务中，企业多委托具备相应能力的 3PL 组织操作。

2. 生产物流运作

生产物流是指企业已收货的物料在生产环节之间流转、转换形态，直至产成品入库的物流过程。在这个过程中，出于精准匹配生产计划和节拍，以及减少长距移动和搬运损失的目的，企业在靠近产线的区域设立线边库，将一段时间内生产所需的物料暂存在其中，便于生产人员就近获得料件。由于线边库通常空间有限，仅能存放少量物料，如何低成本且及时准确地为线边库供料，以保障产线的不间断作业，就成为企业需要解决的重点问题。在线边库的上游，企业设置物料中心（工厂仓库）不仅可以缓冲供需的不均衡，提高对下游供料的稳定性，减少供应商面对的需求波动，方便供应商按计划进行生产和供货，减少供应商的库存；还可以增加进向物流的运输批量，降低运输频次，节约买卖双方的成本。此外，物料中心也是到货开捆、更换上线包装、拣货和分类、配料的作业区，以及部分 JIT 供货和同步供货物料的准备区。企业也可以利用在车间设立的物料超市，进一步缩短备料地点到线边库的运距，并通过对线边库的小批量、高频次补货，提高向线边库供料的时效和应变能力。

1）基本作业

生产物流一般以线边库的物料需求为出发点，倒推从线边库到物料中心的配送、分类、拣货计划。拣货和分类是指操作人员按照与生产进度匹配的配料单，将物料拣选、分类并存放在不同的容器或包装中。有些零部件可能还需要拆成小包装，以方便在生产过程中直接取用。复杂产品的装配生产，还会要求依照单件产品的物料清单，将所需零部件按要求数量配齐成套，打包上料（Kitting），以减少装配作业中常见的漏装和多装错误。如供应商采用模组供货、总成式供货，部分零部件在供应商处已按要求组装完毕，减少了生产物流中的工作量，改善了作业准确性和时效性。

按触发配送的机制，生产物流可分为推式配送和拉式配送。生产计划多变的业务环境中多使用推式配送，如物料筐（Warenkorb）发料等方式。典型的拉式配送方式如看板、空箱和按灯（Andon）系统，根据线边库中物料使用情况拉动上料。拉式配送有助于加快线边库的物料周转，但不适合需求变化频繁导致生产计划波动性较强的场景。

为取得成本、时效和服务水平的平衡，企业可参考生产计划和产品 BOM 确定一定时期内的物料需求，结合线边库容量、物料特性和配送成本，确定物料品种，选择适当的配送方式、批量及频次。比如小件物料采用看板方式，成批量配送到产线；而大件物料响应按灯呼叫，有需求时才送至线边库。大件物料一般需要裸件上线，减少拆包装对产线生产时间和线边空间的占用。配送作业还需要考虑路径规划，结合服务对象和产线布局，设计适合运输工具行走，能完成所有工作且距离最短的运行路线。配送作业中，企业一般指定专门的物流人员，例如水蜘蛛往返于物料超市和产线，负责传递信息，将物料配送至线边，回程时将空的物料容器带回，通过固定时间、固定线路、固定上料点的集约化配送降低成本。常用的配送设备有电瓶拖车、叉车、手动液压车，企业还会使用自动导引车（Automated Guided Vehicle, AGV）提升配送效率。

2）配送和周转工具

配送物料时为保护物料、方便配送和短时储存，同时便于产线作业人员快速准确地取件使用，企业需配备相应的物料容器或运载器具。常见物料容器和运载器具有周转料盒或料箱、托盘、料架和笼车等。在不同行业中，具体的器具形式及使用方法存在差异，但大都采用类似的管理原则，包括：

- 尽量使用通用型、可回收器具；
- 外观标准化，根据线边操作空间优化器具尺寸；
- 尺寸系列化，方便器具码放和存储，避免占用大量仓储场地和运输空间，影响运输装载率；
- 使用可直接上线的包装；
- 充分考虑人工搬运的需求，重量、尺寸和把手的设计应符合人机工程学原理；
- 每种料箱都应粘贴与其物料对应的物料标签，方便快速辨识；
- 采用可滑动或牵引移动的货架，便于拖挂上线，也方便人工操作，减少叉车的使用。

周转箱可以反复使用，虽然降低了成本，但增加了空箱收集、整理和返回供应商的流程，提高了物流的复杂性。在日常运营中，周转箱容易丢失灭损，或被不当挪用，因而会影响正常的补货和上料作业，增加经营成本。比较有效的周转箱管理手段包括：

- 在车间设立空箱返回区域；
- 订立标准化的操作流程，确保一旦箱内物料用完，有专门的操作人员尽快将空箱转移至返回区域；
- 指定由第三方物流或供应商负责从堆放区域收集空箱，并放置在合适的返回装置中；
- 将空箱的返回列入运输计划当中进行管理；
- 应用条形码扫描、RFID等手段跟踪和管理空箱的流动等。

在线边库，兼顾作业效率和空间的关键手段之一是设计及使用适当的工装工具，比如，将配送上料车同时作为线边物料的周转车，可加速周转和上料。为减少作业人员的大范围移动，设计可移动的物料台车，伴随作业人员的运动同步移动并供料。

3.线边库管理

1）基本作业

线边库可以分散布置，按照单个工位，或几个相邻工位的合并需求摆放物料。这样的好处是物料距离生产人员较近，取料用时少。当线边库空间不够时，为产线或工段设置享线边库区也是一种选择，但需要考虑取料时间对生产节拍的影响。按工位上料时，应尽量从前方供给物料，即使有多种物料，也要摆放有序、一目了然，便于生产人员迅速识别和操作。在工位边摆放大件物料时，应避免让生产人员大幅度转身才能拿取，以减少无效动作。线边库中的物料存放数量需要兼顾生产连续性、库存的最小化、装配作业时间、物料的单元化数量等要求。线边库物料的状态通常是在制品而非原材料，多由生产部门管理。同时，线边库也是企业仓储体系的一部分，如果置于仓储部门的管理之下，则有利于协调仓储物流过程中出现的各种问题。企业应本着效率最高的原则，决定职能管理归属。

2）作业过程

线边库的作业过程主要包括物料入库、存储、发料（出库）及不良品的退换。入库操作的主要内容是交接实物和相应的系统入账。入库时，为提高计量清点效率，可使用定量、标准化的容器或包装，以及应用可视化的物料装载、条码扫描、自动读取 RFID 标签等方法快速完成配送物料核验和交接，并同步在系统中操作，确保账物一致。直供线边库的物料配送，人工入库时容易发生不及时、遗漏和错误，导致买卖双方需要花费大量时间对账，而采用自动化处理手段有助于减少类似问题的发生，比如物料送至线边库时自动触发入库和出库核账，货权和账务自动转移到买方。

物料在线边库的存储应由专人管理，物料应分类放置，做好清晰的标识。根据物料消耗的平稳程度，企业应定期或不定期进行库内物料的盘点，保证库存数据的准确性；还整合线边料架，参考物料容器外形和尺寸等因素，确定料架层高、层数和长宽以及可视化标识。

当产线工位产生需求时，生产人员操作线边库物料出库用于生产，或当产品完工入库时，系统自动扣料，扣料数量依据装配产品 BOM 的标准用量而定。装配工单完成，或班次工作结束时，如有剩余物料，需要退回线边库，之后的库存处理一般有以下两种方式：

●物料退回上一级物料中心，成为可用库存，可供新的订单使用，适用于装配产品品种和生产计划变动较大，未来余料利用率较低的情况；

●余料留在线边库，用于下一班装配生产。

线边库的补货类似于通常仓库，包括拉式或推式补货、定时或不定时补货以及定量或不定量补货，甚至几种方式的组合。

3）抢料管理

线边库物料供周边多个工位使用时，有可能发生工位之间的抢料现象，即工位 A 的作业人员抢用了工位 B 作业人员准备使用的物料。抢料会增加物料误取误用的风险，影响产品质量。偶然发生的抢料可通过班组和工位间协调解决。经常出现抢料现象，会干扰正常的物料流动和消耗，导致更多的需求波动，影响配送批量和线边库库容的确定。管理部门需要从源头上分析问题发生原因。如果是配送计划和生产计划不匹配导致的上料时效、批量不符合产线需求，则需要调整相关计划。如果是错拿错取引发的问题，可采取"防呆"措施加以改善，比如提高不同工位使用料箱的辨识度，使用更醒目的包装标签或使用不同颜色标记加以区分，适当增加不同工位线边库的间距等；还可以加强对员工的教育，将抢料作为不当行为列入绩效考核当中。

参考文献

［1］国家市场监督管理总局，国家标准化管理委员会．物流术语：GB/T 18354—2021［S］．北京：中国标准出版社，2021.

［2］Brito and Dekker. A Framework for Reverse Logistics［A］. ERIM report Series research in Management, 2003.

［3］中国物流与采购联合会．仓配一体化价值重新被发现，"兵强马壮"的快递企业怎么分杯羹［J］．物流技术与应用，2018-02-26.

［4］德邦物流股份有限公司．德邦物流报股书．[EB/OL].2018.

第 5 章

生产运作

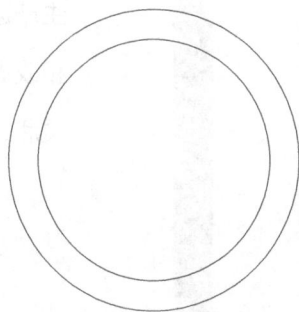

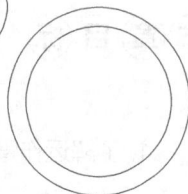

运作管理对企业至关重要，对企业战略的实现发挥着不可或缺的作用。作为企业经营和管理的核心，它涉及所有产品和服务的创造过程，包括对生产流程的设计和控制及商业运作流程的再设计。运作管理的主要职责是尽可能少地使用资源，以最低成本和最高效率确保业务正常运作，并且确保能满足客户的要求。从另一角度看，运作管理是管理输入（如原材料、人工、能源等）到输出（如产品或服务）的转换过程。

典型的运作管理主要包括生产运作管理、服务运作管理，或者二者的结合。两者的主要区别在于，生产活动以产品为导向，而服务以行动为导向。运作管理的一项重要工作就是管理运作资源，包括五项要素（5P）：人力（People）、场所（Place）、部件（Part）、工艺（Process）和计划控制系统（Planning and Control System）。生产运作管理，是对提供企业主要产品的系统进行设计、运行、评价和改进的活动的总称[1]。生产运作管理所追求的目标是高效、低耗、灵活、准时地生产合格的产品。

本章目标

1. 了解运作管理理论的发展。

2. 掌握生产过程的选择，以及流程规划与分析。

3. 了解设施布局的方式。

4. 掌握产能管理和生产计划。

5. 了解精益生产和现场管理的相关内容。

| 第 1 节 | 生产运作管理理论简述

生产运作管理的发展源于生产运作的发展。在公元前 5000 年，作为两河流域最早的定居居民，苏美尔人就使用古老的系统记录库存、借款、税和生意往来。在公元前 4000 年，古埃及人就开始对像金字塔这样的大型工程的建设采用项目管理中计划、组织和控制的方法。公元前 1100 年，中国人就开始将劳动力进行专门分类[2]。在以后漫长的岁月里，直到工业革命之前，早期的生产运作都是手工业生产活动——由熟练的工匠使用简单的工具，小批量地生产客户定制的产品。

1. 生产运作管理发展简述

1）工业革命时代

在这个时期，生产运作管理的理论和实践并未得到显著的发展，但有一些关键事件，如 1776 年亚当·斯密提出"劳动分工"，18 世纪 80 年代英国的马修·博尔顿和瓦特改良蒸汽机，1792 年美国的伊莱·惠特尼发明轧棉机，提出可互换零件概念。这些事件都为日后的工业化生产带来了契机。

2）科学管理理论

弗雷德里克·泰勒于 1911 年提出的科学管理理论是公认的管理学起源。通过对大量生产活动的观察、测量、分析和改进，泰勒认为，管理的职责是计划，细致地挑选和训练工人，探索开展各项任务的最佳办法，促进管理人员和工人之间的协调合作，同时他把管理活动从生产活动中剥离出来。泰勒的理论强调了科学的管理、最大化的产出，通过对工人进行专业分工并反复训练他们，能提高工人单位时间的产出。这种方法的使用，有利于实现诸如计件工资等考核方法，从而在一定程度上激发了工人的干劲。当然，过分强化工人能力，一味地追求单位时间的产出也会产生负面作用，从而为日后涌现的其他管理理论奠定了基础。

3）决策模型与管理科学

1913 年，福特·哈里斯提出了经济订货量模型[3]，这是库存管理最基础的数学模型。在质量体系方面，美国贝尔实验室的哈罗德·道奇于 20 世纪 20 年代提出了抽样和质量控制的统计流程，在其同事沃尔特·休哈特和哈里·罗明等人的协助下，抽样验收的各种概念和方法被推广，如抽样检查表、消费者风险、生产者风险、二次抽样、拒收水准（Lot Tolerance Percent Defective，LTPD）和平均检出质量界（Average outgoing Quality Limit，AOQL）等。

在第二次世界大战期间，由于要组织大量的后勤物资、设计和生产众多复杂的武器系统（如军舰、飞机和坦克），运筹学和运作管理发展迅速，萌生了许多定量分析的工具。到了战后，伴随着蓬勃发展的生产和商业活动，这方面的研究此起彼伏，先后涌现出众多有体系的管理理论和著作，如爱德华·鲍曼和罗伯特·费特的《生产与运作管理分析》（1957）、埃尔伍德·斯潘塞·伯法的《生产管理基础》（1975），分别引入了排队理论、仿真、线性规划等方法。蔡斯等人的《生产与运作管理——制造与服务》则引入了生命周期的概念。

4）MRP 与计算机系统

第二次世界大战之后的二十多年，大规模的生产活动越来越复杂，产品和物料种类也迅速增多，这引起了管理者对产品和物料库存的极大关注，以及对物料计划计算的迫切需求。而在此之前，管理者往往采用古老的方法，根据各种物料各自的历史消耗数据，对物料未来的需求进行预测。逐渐地，管理者提出了相关需求和独立需求的概念，并发现利用物料需求的相关性可以精确计算生产中的物料需求计划。20 世纪 60 年代后期，随着集成电路在计算机中的应用，人类的计算能力实现了指数级的飞跃，使得物料需求计划的大规模计算成为可能。而在此之前，只有大型公司才有可能使用现在看来极为笨重的计算设备来制订生产和物料计划。

1972 年开始，IBM 公司的约瑟夫·奥里奇以及他曾经的同事奥利弗·怀特，与同样来自企业界的职业经理人乔治·卜劳斯奥，在 APICS 和 IBM 公司的大力支持下，掀起了业内著名的"MRP 的征服"运动，最终使得 MRP 在工业界和学术界得到普及。

MRP 理论和实践的普及，以及计算机程序化应用，使得之前仅仅依赖再订货点（ROP）和经济订货批量（EOQ）的生产运作管理，发展到了一个新阶段。之后，奥利弗·怀特于 1983 年在 MRP 理论的基础上，又将主生产计划（MPS）、粗产能计划（Rough-Cut Capacity Planning，RCCP）、产能需求计划（Capacity Requirement Planning，CRP）、S&OP 及其他的一些概念整合到一起，从而形成了 MRPII。再往后，就是大家如今耳熟能详的 ERP。

5）约束理论

约束理论（Theory of Constraints，TOC）最初是针对生产计划排程的一种理论和方法，最早由以色列的物理学家和企业管理专家艾利·高德拉特系统地阐述。比该理论更早的理论是由高德拉特与其他专家联合提出的最优生产技术（Optimized Production

Technology，OPT）理论。1979 年，高德拉特把 OPT 带到美国，并于 1984 年出版了《目标》（*The Goal*）这本管理题材小说，全面介绍了约束理论的原理和方法。

约束理论最开始被视为进行生产管理、解决瓶颈的方法，后来几经改进，发展成为以"增加产销率、降低库存、降低运营成本"为核心思想的管理理论和工具，并最终被应用到企业管理的所有职能领域。约束理论最具经典的观点认为，在任何一个分阶段的系统中，涉及关键约束资源的环节（即瓶颈环节）将决定整个系统的产出。

6）供应链管理

1982 年，博思艾伦咨询公司的咨询师凯思·奥利弗在接受《金融时报》的访谈中，第一次提出了供应链管理的概念。但直到 20 世纪 90 年代，这个概念才被大家普遍接受和采用。从那时起，企业逐渐放弃垂直整合，将非核心业务售出，并把一些职能外包给其他企业，而自身专注于核心竞争力和专业化的发展。这种变化带来了生产运作管理的新要求，企业通过延伸供应链，超出了自身的"围墙"，在上下游的供应链伙伴中实施管理。

7）工业 4.0

工业 4.0 是被德国政府列入《德国 2020 高技术战略》中的十大未来项目之一。德国所谓的第四代工业（Industry 4.0）是指利用物联网信息系统将生产中的供应、制造和销售信息数据化、智慧化，最后建立快速、有效、个性化的产品和服务的生产模式。这个模式在美国叫"工业互联网"，而在我国就是"中国制造 2025"。这三者的本质内容是一致的，都指向一个核心，就是智能制造。目前，第四代工业 4.0 的九大技术支柱，包括工业物联网、云计算、工业大数据、工业机器人、3D 打印、知识工作自动化、工业网络安全、虚拟现实和人工智能。随着新一轮产业结构的变革，企业的生产运作管理者也在不断创新生产运作管理模式。

2. 人际关系与管理科学

科学管理理论的发展及其在当时广泛的应用，极大地提高了当时社会的生产力，并使得生产运作管理有了理论依据和管理标准。但是，如同我们普遍接受的哲理——任何事物的发展都有它积极的一面和消极的一面，随着工厂管理者对产量不断攀升的追逐，一线的工人们越来越不堪重负，特别是在 20 世纪二三十年代。卓别林的电影《摩登时代》就是当时社会的真实写照：工人间过度竞争，甚至还出现了相互拆台、损毁对方劳动工具的现象。

1924—1927 年，在芝加哥附近的西屋电气公司所属的霍桑工厂，美国国家科学院的全国科学委员会就如何进一步提高生产率进行了一项实验研究。研究内容包括与工人们的分组讨论、改变生产环境、提高员工关心度、提高生产奖励、改善生产工具等。实验的初期并未取得实质性进展，无论是调整照明光线的亮度，还是调整奖励机制，生产率都不能获得显著提高。而在专家们离开后，神奇的事情发生了，工厂的生产率提升了。哈佛大学的心理学教授梅奥和同事再次被邀参加霍桑实验和研究。研究结果发现，当工人们在意识到自己正在被关注或者被观察的时候，会刻意去改变一些行为或者是言语表达，这种人为产生的效应就是著名的"霍桑效应"。因此新型的管理者如果能够给予下属更多关注、提高工人们的满意度，那么也会逐步提高生产产量。比如，让员工将自己心中的不满发泄出来，给予员工额外的关注。1933 年，梅奥在《工业文明的人类问题》中系统地提出，人是"社会人"，是复杂的社会关系的成员。因此，想要调动工人的生产积极性，还必须从社会和心理方面去努力。

在梅奥之后，有关人际关系在生产运作管理中的作用的各类理论相继涌现，包括马斯洛的激励理论（1940）及需要层次理论（1954）、弗雷德里克·赫茨伯格的双因素理论（1959）、道格拉斯·麦格雷戈的 X 理论和 Y 理论（1960），以及威廉·大内 的 Z 理论（1981）。

3. 精益思想和延伸

精益思想（Lean Thinking）源于 20 世纪 80 年代日本丰田汽车公司提出的 TPS。丰田汽车公司多年总结的运作管理实践 TPS， 一直到 1992 年才第一次正式对外公布，并于 1998 进行了再版修订。而最早公布这套管理理念的，却是 1990 在美国年出版的《改变世界的机器》[4]一书。1985 年，美国麻省理工学院筹资 500 万美元，立项研究丰田汽车公司的管理模式，最终由麻省理工学院的詹姆斯·沃麦克等人负责撰写该书，该书也是全球第一本由西方人深入探讨丰田汽车管理模式的书籍。该书的出版使得 TPS 开始作为模范的生产系统，在世界范围内得到迅速、广泛的认可，美国人把丰田汽车公司的生产方式定名为精益生产（Lean Production）。"精益生产"一词的最早应用要追溯到约翰·克拉夫茨克 1988 年发表的一篇论文——《精益生产系统的胜利》[5]。

精益思想的核心就是消除浪费，以越来越少的投入——较少的人力、较少的设备、较短的时间和较小的场地创造出尽可能多的价值，同时也越来越接近用户，满足用户的需求。精益思想包括精益生产、精益管理、精益设计和精益供应链等一系列思想，其核心是通过"及时适量""零库存""传票卡"等现场管理手段实现"订货生产"，从而确保产品质量并降低成本。

什么是精益管理？詹姆斯·沃麦克和丹尼尔·琼斯在他们的著作《精益思想》[6]中提炼出了精益管理五原则：顾客确定价值（Customer Value）、识别价值流（Value Stream

Mapping）、价值流动（Value Flow）、拉动（Pulling）、尽善尽美（Perfection）。精益管理是精益生产理论的扩展，是精益思想在企业各层面的深入应用，精益管理是以精益思想为指导，以持续追求浪费最小、价值最大的生产方式和工作方式为目标的管理模式。

精益供应链是精益管理随着供应链管理的发展而延伸出来的。其目的是将产品、服务、信息和资金的上下游合作伙伴整合起来，通过客户需求高效拉动资源；核心思想是实现供应链的协同，有效杜绝浪费，降低成本，实现持续改善。

第 2 节 | 生产过程

由于经营目标的不同，以及市场环境、客户期望、产品特点的差异，企业需要选择生产模式、生产过程组织方式以及生产布局。

1. 生产系统的不同过程

企业可以根据产品特性和所属市场的客户特性，来选择采用不同的产品生产过程。

1）按运作时间和客户等待时间分类

从客户产生需求开始，到企业生产或提供服务，直到完成交付，不同的客户群体对交货周期可能会有不同的容忍程度，企业建立库存可以使交货具有缓冲点（延迟点）。同时，企业会根据其产品特征和自身的运作环境，选择采取不同的生产模式，不同的生产模式订货提前期不同，如图 5-1 所示。

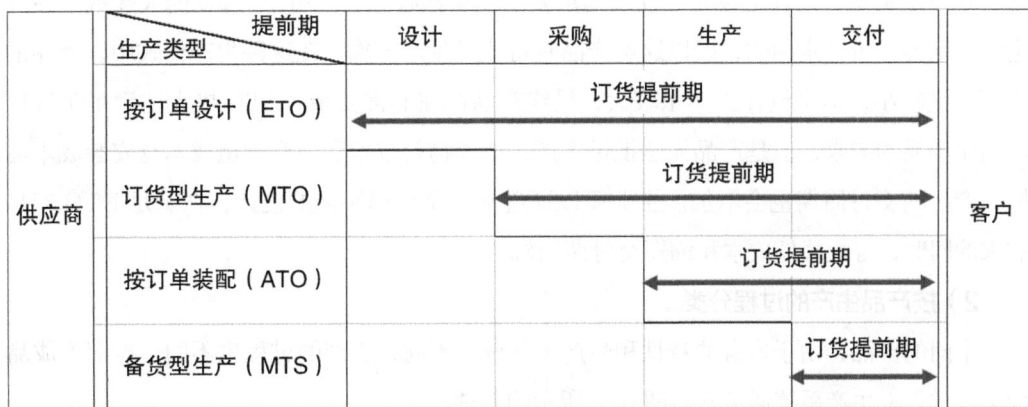

供应商	生产类型 / 提前期	设计	采购	生产	交付	客户
	按订单设计（ETO）	订货提前期				
	订货型生产（MTO）		订货提前期			
	按订单装配（ATO）			订货提前期		
	备货型生产（MTS）				订货提前期	

图 5-1　生产模式

（1）按库存生产（Make to Stock，MTS）

对标准化程度高且同质化的产品，例如日用快消品、家用电器和手机等产品，企业为了缩短消费者从需求产生到拿到产品的时间，必须储备产品，以快速满足消费者的需求。企业可以根据销售预测组织规模化、批量化的生产，提前生产出市场需要的产品。对于这类生产模式，运作管理的重要挑战包括需求预测、渠道及库存管理，特别是对那些保质期短的产品，库存管理就更为重要。

（2）按订单装配（Assemble to Order，ATO）

在有些行业，如精密仪器和设备制造行业，客户会对零部件或产品的某些配置给出特定要求，企业需要根据客户的要求提供定制的产品。在这种情况下，企业必须保持一定数量的零部件或半成品库存，以便当客户订单到来时，可以迅速按订单装配产品并送达给客户。因此，企业需要建立生产数据配置系统，根据产品的需求预测，在没有客户订单的时候可以组织生产半成品，这样既可以平衡生产，也可以在收到客户订单后迅速获取并处理订单中的需求配置信息，然后按需组织产品的生产装配。企业必须备有不同零部件并准备好多个柔性组装车间，以便在最短时间内组装出种类众多的产品。

（3）按订单生产（Make to Order，MTO）

有些连续生产产品的企业，如精细化工企业，根据订单生产客户所需的产品，而生产计划和采购计划则是依据所收到的客户订单中所指定的产品物料清单排定的。对企业来说，这样可以控制库存，把库存降到最低。但是由于收到客户订单后才安排生产和原材料采购，所以产品交付时间会增加，进而会降低客户满意度。因此，企业需要考虑库存控制和客户满意度的平衡。

（4）按订单设计（Engineer to Order，ETO）

在这种生产类型下，产品在很大程度上是按照某一特定客户的要求来设计和制造的，支持客户定制化的设计是该生产模式的重要功能和核心思想。由于ETO的大多数产品都是为特定客户量身定制的，所以这类产品有可能只生产一次。在这种生产模式中，产品的生产批量较小，但是设计工作量较大，最终产品往往非常复杂。ETO极大地满足了客户定制化产品的需求，但是产品无法批量生产，造成物料成本、生产制造成本及安装成本增加，产品的交付周期也会增加。企业可以通过标准化和模块化的设计，在满足ETO产品需求的同时，寻找降低成本和缩短交付期的机会。

2）按产品生产的过程分类

不同的产品，由于本身的特性和生产工艺设计不同，生产的过程也不同。按照产成品种类和数量，生产系统通常分为图5-2所示的五种。

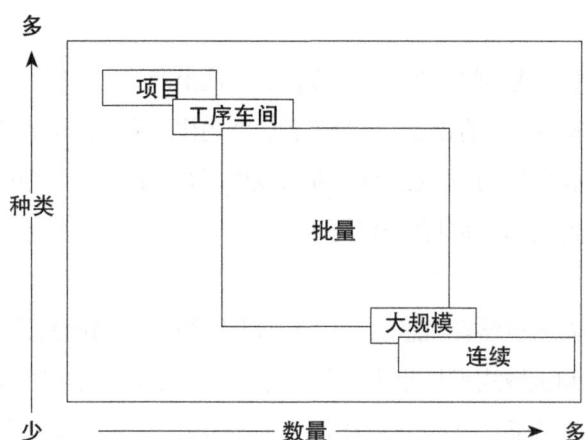

图 5-2 生产系统分类

（1）项目生产

项目生产的特点是产品有固定的生产位置，人员、物料、设备等都移动到该位置进行生产。其具有高水平的资本投入，以及复杂的设计、生产、组装及安装任务，如建筑、轮船或航天飞机等产品的制造。项目生产的执行时间往往比较长，而且不同项目之间的产品差异也比较大，甚至完全不同。企业在进行生产运作管理时，需要关注项目工期进度、资源成本和合同绩效的平衡。

（2）工序车间生产

工序车间生产的特点是批量极小甚至生产单件产品，典型的例子如机械加工、维修等。产品要求不同，生产工序可能不同，如图 5-3 所示。根据技术工艺特性和技能要求，不同类型的生产设备会被部署在不同车间。产品在生产过程中的流动会出现转移和停顿，经常有在制品库存产生。

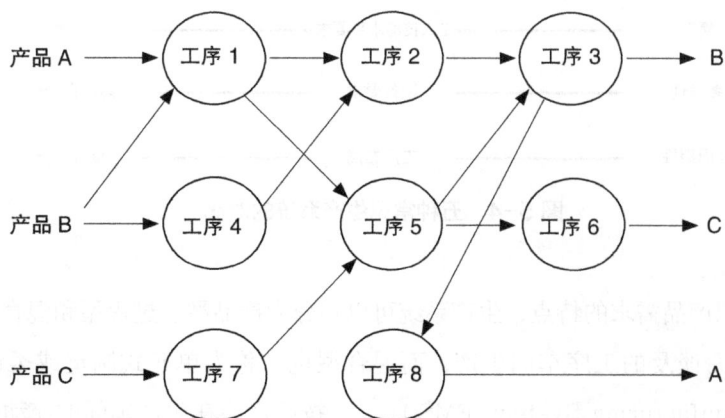

图 5-3 生产工序图示例

（3）批量生产

生产批量是指企业（或车间）在一定时期内，一次出产的、在质量、结构和制造方法上完全相同的产品（或零部件）的数量。医疗设备、特制化工品和汽车等产成品具有这样的批量特征，故可使用批量生产。批量生产使企业可以根据客户订单或库存补足需求安排周期性的生产活动。由于同批量的产品具备一定的标准性，它们的生产过程可以沿用相同的流程。

（4）大规模生产

大规模生产以泰勒的科学管理思想为基础，以生产过程的分解、流水线组装、标准化零部件、大批量生产和机械式重复劳动等为主要特征。大规模生产适用于家电、消费电子产品等极大数量的标准产品，这些产品的生产多是离散的。产品在生产线的流动更直接，生产效率高，成本也更低。由于可采用高速的设备（装配线）替代人工，产品的质量水平较高。但由于生产设备是为标准产品而设计的，因此生产方式不灵活，设备和生产流程变更难度较大。

（5）连续生产

连续生产适用于石油、钢铁、化学品、快速消费品等标准化程度高和产品数量极大的产品。生产按照预先设定的流程顺序进行，连续而非离散，高度自动化。企业往往在工厂和设备上投资巨大。

以上五种常见的生产系统，在生产数量、生产速度、工人技能水平要求、设备要求和工厂布局方面的对比如图 5-4 所示。

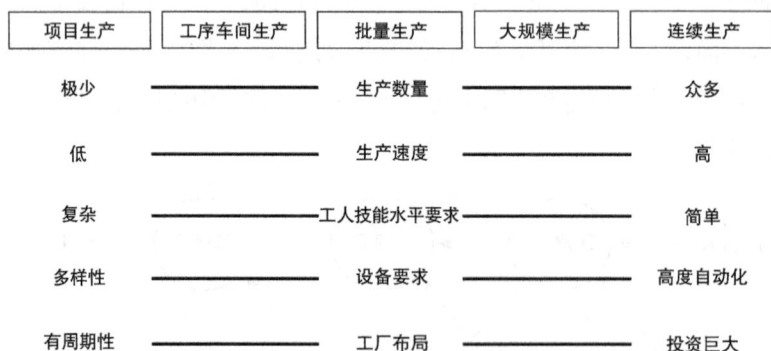

项目生产	工序车间生产	批量生产	大规模生产	连续生产
极少	—	生产数量	—	众多
低	—	生产速度	—	高
复杂	—	工人技能水平要求	—	简单
多样性	—	设备要求	—	高度自动化
有周期性	—	工厂布局	—	投资巨大

图 5-4 五种常见生产系统的对比

此外，按照产品需求的特点，生产系统可以划分为产品型、过程型和混合型。其中，过程型类似前面谈及的工序车间生产，而混合型也被称为单元式制造或柔性制造系统（Flexible Manufacturing System, FMS）[7]。按照产品在生产车间的流动形式，生产系统可以分为连续型、非连续型和项目型。

2. 生产过程的选择

运作管理者需要事先规划，选择恰当的生产过程。典型的生产过程有转换过程、制造过程、装配过程、测试过程和包装过程。选择设备或过程的常用方法是盈亏平衡法。

举例来看，某生产经理要组织生产一种零件，该零件预计的销售价格为 150 元 / 件，可以有两种生产过程方式。

方式 1：需要投入固定资产设备 100,000 元，产能为 7,000 件，生产的可变成本为 100 元 / 件。

方式 2：可以把生产的可变成本降低到 50 元 / 件，但需要投入 400,000 元的固定资产设备。

问：该生产经理应该如何选择呢？

答：借助盈亏平衡法，我们可以分别计算方式 1 和方式 2 的盈亏平衡点。

方式 1：总成本 = 固定成本 + 可变成本 = 100,000 + 100 × 需求量

方式 2：总成本 = 400,000 + 50 × 需求量

令方式 1 与方式 2 计算式相等，即 100,000 + 100 × 需求量 = 400,000 + 50 × 需求量

则，需求量 =（400,000 - 100,000）/（100 - 50）= 6,000。

这意味着，如果预计的需求量大于 6,000 件，则该经理可选择方式 2；如果预计的需求量小于 6,000 件，则应选择方式 1。

我们可以把这类问题的处理归纳为以下步骤：首先，定义每个流程的总成本方程；然后，通过盈亏平衡点的计算，确定流程之间的需求量临界点，如以上示例的需求量 6,000 件；最后，选择生产方式，超过（低于）需求临界点时，则挑选具有最低可变成本（固定成本）的生产方式。

运作管理者有时会面对更复杂的情况：成本伴随着产量的增加呈现阶梯性而非线性的增加。例如，每增加一台设备，同时也会增加相应的固定成本，如基建、安装或调试成本等。这时的分析可能涉及多个盈亏平衡点。

3. 流程规划与分析

在选择和确定了大致的生产过程之后，运作管理者需要考虑产品在生产环节是如何被具体地生产出来的，即生产流程的规划和设计。该阶段要重点考虑原材料、零部件、半成品（或自制品）、加工件、模块件等如何具体地操作、流动，以及考虑人员的操作便利性和在生产过程中可能的移动。

流程规划主要有以下过程和内容。

●自制或外购决策：主要考虑核心竞争力、成本、产能、质量、交付速度、可靠性、专业性、组织和人员等因素。

●流程选择：需要确定流程总成本及流程之间的需求量临界点等问题。

●具体设备选择：需要考虑采购成本、运作成本、对销售收入的提升，并进行替代设备分析、风险分析、不确定和阶段性（生产周期）分析。

●流程方案确定：包括产品蓝图、物料清单、装配图（如图5-5所示）、装配步骤图（也称高津托图，如图5-6所示）、加工路线单（如表5-1所示）和装配流程程序图（如图5-7所示）等。

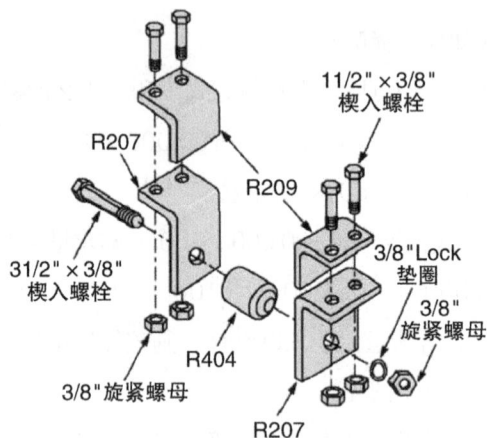

图 5-5　装配图

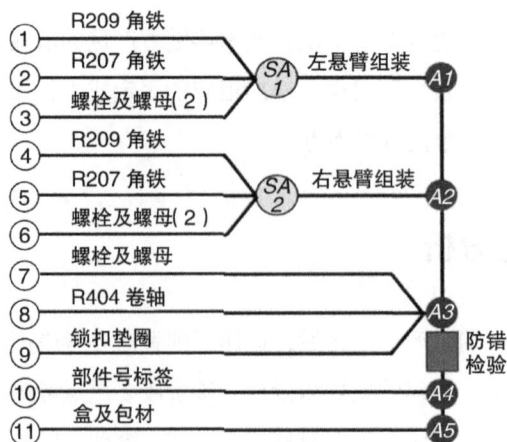

图 5-6　装配步骤图

日期：2015 年 9 月 20 日					地点：沙河		
分析师：王明					流程：生产苹果汁		

序号	运作	运输	检验	延误	存储	流程描述	时间/分钟	距离/米
1	●	⇨	□	D	▽	从卡车上卸苹果	20	
2	○	▶	□	D	▽	移动到检查站		100
3	○	⇨	■	D	▽	称重、检查、分类	30	
4	○	▶	□	D	▽	移动到存储区		50
5	○	⇨	□	D	▼	等待需求	360	
6	○	▶	□	D	▽	移动到削皮机		20
7	●	⇨	□	D	▽	削苹果并去核	15	
8	○	⇨	□	D	▼	浸水以备后用	20	
9	●	⇨	□	D	▽	放在传送带上	5	
10	○	▶	□	D	▽	移动到混合区		20
11	○	⇨	■	D	▽	称重、检查、分类	30	
						合计	480	190

图 5-7　装配流程程序图

表 5-1　加工路线单

工序	设备	作业	准备时间/小时	单位作业时间/小时
1	自动装填机 2	填入零件组 56	1.5	0.4
2	手动装填机 1	填入零件组 12C	0.5	2.3
3	波焊机	把全部零件焊在线路板上	1.5	4.1
4	测试仪 4	集成电路测试	0.25	0.5

流程常被描述为将输入转换为有用输出的一系列动作。典型的生产动作包括运作、运输、检验、延误和存储。运作管理者经常需要考虑是否可消除流程中的非增值动作，是否有独特的流程设计，如何使企业具有竞争优势。流程分析的常用工具包括流程图、时间 – 功能图、价值流图、六西格玛等。由于生产制造型企业多年来更重视产品的制成，因而产品生产流程的设计一旦定型，就会成为运作管理甚至供应链管理的静态约束。例如，产品的生产时间、重量、包装形式和质量等要素可能会成为仓储、运输、采购、分销等环节的约束，生产时间可能会制约客户交付时间和供应链的响应时间，产品的重量或体积可能会影响物流成本，产品的包装可能会影响产品的装载和分销效率。

企业从供应链管理的整体角度并结合自身的各种业务策略，特别是运作策略，经常会在遇到矛盾时，回过头进行业务流程再造（Business Process Reengineering, BPR）。当然，产品生产流程设计更为理想的做法是，在生产流程的设计阶段，就考虑供应链中各因素的相互影响。

4. 生产过程控制

生产计划下达以后，管理的责任就转移到生产部门。生产过程的控制主要包括物料控制、关键工艺控制、质量控制、设备状况控制以及产量进度控制。

生产进度和产出的监控对生产计划能否被顺畅执行极为关键。生产部门收到生产计划后，会根据物料库存情况、物料到货计划、可用产能及客户要求的交货时间等因素进行排产，制订生产的开工时间并计划生产的数量。但是由于受到物料质量问题、库存不准确或被占用、供应商送货不及时、客户需求改变等因素的影响，实际开工时间和计划开工时间往往会有差异，同时实际生产的数量和计划生产的数量也会有差异。这时生产部门可以通过实际开工时间和计划开工时间的比值衡量排产计划的准确性。若低于目标，生产部门就需要协调相关部门进一步分析不能按时开工的原因，主要原因一般有物料质量不合格、物料"齐套率"低、客户需求延迟、产能不足等；若高于目标，同样需要分析提前生产的原因，因为提前生产会增加在制品和成品库存，还可能会消耗其他紧急订单需要的物料，导致其他生产订单不能及时交付。

工厂服务水平（Plant Service Levels，PSL）是一种常见的生产过程考核方法，其计算公式如下：

$$PSL=1-\frac{|实际生产数量-计划生产数量|}{计划生产数量}\times100\%$$

举例来看，某食品企业秉承"实际产量低于计划产量均为不佳"的理念，采用了如表5-2 所示的 PSL 计算和管理方法。例如，第 1 周产品 A 的实际产量为 10,500 件，计划产量为 10,000 件，则 PSL 计算为 95%,与实际产量为 9,500 件相当。该企业要求生产经理每周对低于 PSL（95%）的情况进行分析和解释。如果某产品的 PSL 长期低于 95%，则可能要调整生产计划。

表 5-2　某企业 PSL 计算和管理表

| SKU | 第 1 周 | | | 第 2 周 | | | 第 3 周 | | | 第 4 周 | | | 平均 / % |
	计划 / 件	实际 / 件	PSL / %	计划 / 件	实际 / 件	PSL / %	计划 / 件	实际 / 件	PSL / %	计划 / 件	实际 / 件	PSL / %	
A	10,000	10,500	95.0	9,000	9,025	99.7	12,000	11,190	93.3	10,000	10,000	100.0	97.0

续表

SKU	第1周 计划/件	实际/件	PSL/%	第2周 计划/件	实际/件	PSL/%	第3周 计划/件	实际/件	PSL/%	第4周 计划/件	实际/件	PSL/%	平均/%
B	6,500	5,500	84.6	8,000	8,100	98.8				7,500	7,500	100.0	94.5
C				5,000	5,000	100.0	4,000	3,982	99.6				99.8
D	2,000	2,000	100.0	25,000	24,900	99.6				6,000	6,000	100.0	99.9
……													
Z							1,000	1,000	100.0	1,500	1,500	100.0	100.0
平均			93.2			99.5			97.6			100.0	98.2

第3节 | 设施布局

运作管理的工作中，无论是生产运作管理，还是服务运作管理，设施布局都会极大地影响场所中人员、物料、文件、信息的流动效率，进而影响作业成本。同时，设施都是为生产或服务活动服务的，设施选择、区域布局都离不开作业流程。作业流程在各工序间的频繁程度，决定了布局时设施和区域间的紧密程度和距离。

设施规划包含设施选址和设施设计两项基本内容，而后者通常又包括设施系统设计、布局设计和搬运系统设计，本节重点讨论布局设计。布局设计最开始需要回答以下四个问题。

- ●需要包含哪些设施（设备、工作组、车间等）？
- ●每个设施需要多大空间和作业能力？
- ●每个设施如何配置？
- ●每个设施位于什么位置？

不论是车间内部的工具、设备的摆放位置，还是工厂车间之间的布局，抑或是生产线的合理放置，都需借助布局设计的方法，减少人员、物料、单据和信息的流动，以提高运作效率。即使是服务场所，如餐厅、医院、机场、火车站、银行等，也需要考虑布局设计的问题。基于工作流方式和运作管理理念，企业可采用不同的布局方式或者几种方式的组合。

最基本的布局方式包括工艺原则布局、产品原则布局、定位布局和成组技术，它们的适用场景可参考图 5-8。随着精益生产在企业广泛推广，直线型、U 型生产布局和下述的四种布局方式紧密结合在一起应用。

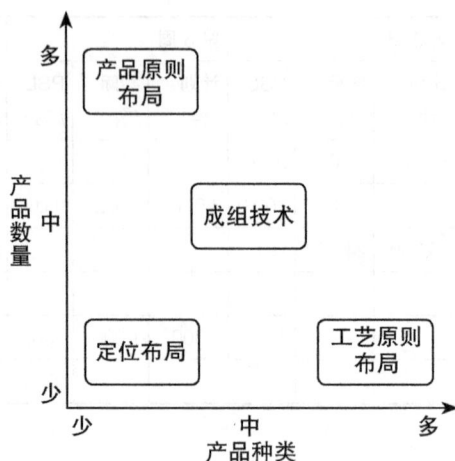

图 5-8　四种布局方式适用场景对比

1. 工艺原则布局

工艺原则布局（Process Layout），就是把功能相同或相近的设备或职能，放置在同一生产工作单位，并实现相关位置的最优化。例如，开展机械加工的工厂，把相同作业的车、铣、刨、磨四种车床，各自集中放置在一个区域，如图 5-9 所示。这样做的最基本想法，便是相同作业集中起来效率高，并通过专业分工进行反复训练来提升效率，这在很大程度上借鉴了我们前面讲述的泰勒的科学管理理论。

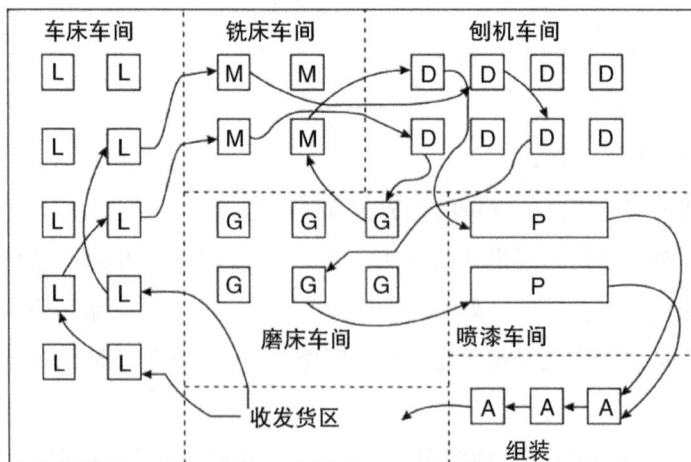

图 5-9　工艺原则布局图

采用工艺原则布局的方式安排设备或车间的位置时，一个重要的问题就是如何安排这些设备或车间的相邻关系。合理的安排能减少人员和物料的流动。用来描述设备、车间之间关系强度的一个基本方法，绘制出如图 5-10 所示的关系图。关系图是理查德·缪瑟于1962 年在其经典的"系统布置设计（System Layout planning，SLP）"方法中提出的[8]。其按照图中所示的字母 A/E/I/O/U/X 由近到远地把关系分为六种类型，并可依据下列因素进行判断：

● 是否使用相同的设备工具；

● 是否由相同的人使用或记录；

● 作业流动的连续性；

● 交互的容易程度；

● 不安全或不愉快的条件；

● 完成工作的相似程度。

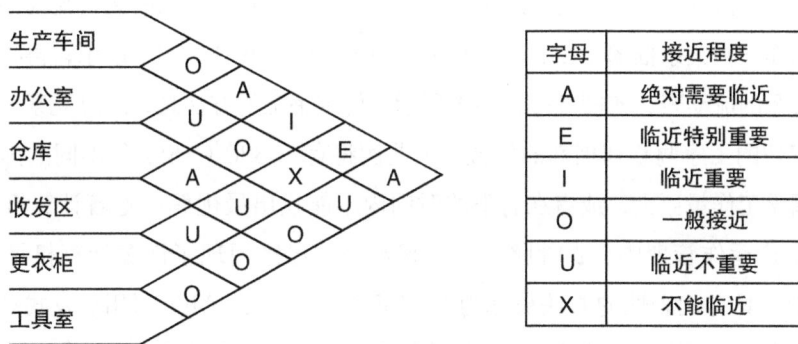

图 5-10　关系图

当然，管理者也可根据不同的业务环境，调整上述评估的因素。虽然关系图依赖于评估人的主观判断，但对于需要考虑多个目标和条件的业务环境，特别是在设施之间的流动数据难以搜集时，依然不失为一个简单易用的方法。

举例来看，假设某玩具厂有八道工序，如图 5-11（b）所示，各道工序间的物料移动次数如图 5-11（a）所示，车间的位置如图 5-11（c）所示。假设车间空间相同，相邻车间（包括水平、垂直和对角线方向）之间的移动距离均为 1 个距离单位。我们需要设计有效的布局，把工序 1~8 安排到车间 A~H。[9]

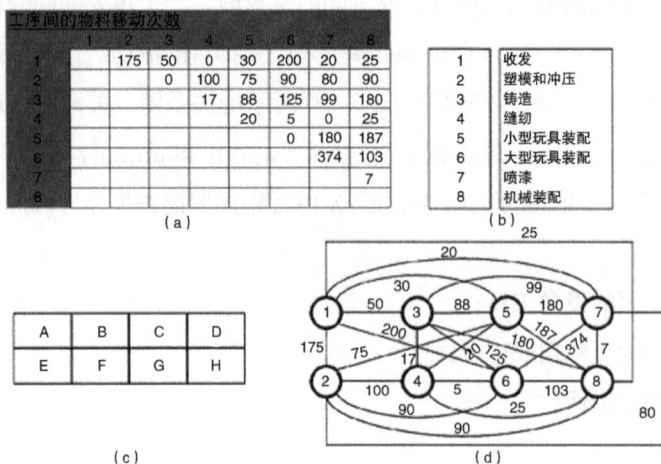

图 5-11(a) 工序间的物料移动次数

	1	2	3	4	5	6	7	8
1		175	50	0	30	200	20	25
2			0	100	75	90	80	90
3				17	88	125	99	180
4					20	5	0	25
5						0	180	187
6							374	103
7								7
8								

图 5-11(b)

编号	名称
1	收发
2	塑模和冲压
3	铸造
4	缝纫
5	小型玩具装配
6	大型玩具装配
7	喷漆
8	机械装配

图 5-11(c)

A	B	C	D
E	F	G	H

(a) (b) (c) (d)

图 5-11　示意图

通常我们应根据各个车间及各道工序之间的关系，如它们之间的物料流动频率、往来关系等，制作一幅关系框图（Relation Diagram），如图 5-11（d）所示；再将之转换为描述量化关系的流动表，如图 5-11（a）所示。传统手工的方法是，通过观察，尽可能把流动关系密切的工序调整到相邻的位置。但此例将有 40320（=8!）种不同的排列组合方法，手工调整工作量巨大，或者在有限的时间内不能找出最优解。随着计算机技术不断地应用到生产运作管理中，20 世纪 70 年代至今，已经涌现了许多计算机辅助的布局软件。其中，具有代表性的方法被称为 CRAFT[10]。CRAFT 采用启发式算法不断迭代计算，每次互换两道工序的位置，意图找到布局总成本更低的方案。我们也可以借助电子表格来构建布局的非线性整数规划模型，如图 5-12 所示，并借助更专业的优化软件求得最优解。

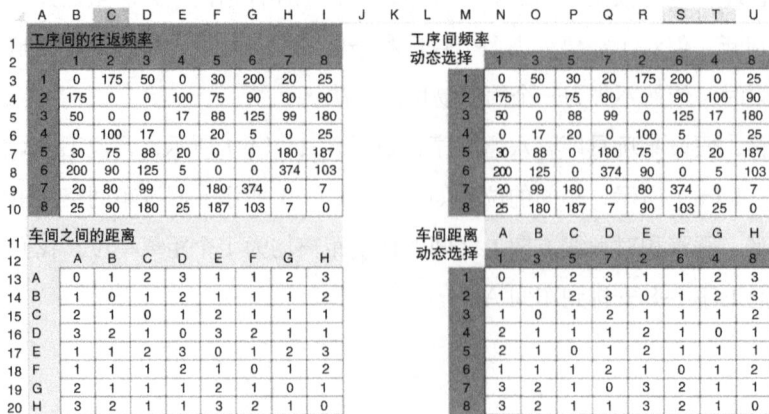

图 5-12　非线性整数规划模型

工序间的往返频率

	1	2	3	4	5	6	7	8
1	0	175	50	0	30	200	20	25
2	175	0	0	100	75	90	80	90
3	50	0	0	17	88	125	99	180
4	0	100	17	0	20	5	0	25
5	30	75	88	20	0	0	180	187
6	200	90	125	5	0	0	374	103
7	20	80	99	0	180	374	0	7
8	25	90	180	25	187	103	7	0

工序间频率 动态选择

	1	3	5	7	2	6	4	8
1	0	50	30	20	175	200	0	25
3	50	0	88	99	0	125	17	180
5	30	88	0	180	75	0	20	187
7	20	99	180	0	80	374	0	7
2	175	0	75	80	0	90	100	90
6	200	125	0	374	90	0	5	103
4	0	17	20	0	100	5	0	25
8	25	180	187	7	90	103	25	0

车间之间的距离

	A	B	C	D	E	F	G	H
A	0	1	2	3	1	1	2	3
B	1	0	1	2	2	1	1	2
C	2	1	0	1	2	1	1	1
D	3	2	1	0	3	2	1	1
E	1	2	2	3	0	1	2	2
F	1	1	1	2	1	0	1	2
G	2	1	1	1	2	1	0	1
H	3	2	1	1	3	2	1	0

车间距离 动态选择

	A	B	C	D	E	F	G	H
1	0	1	2	3	1	1	2	3
2	1	0	1	2	2	3	1	2
3	1	1	0	1	1	1	1	1
4	2	1	1	2	2	1	0	1
5	1	2	1	2	0	1	2	2
6	1	1	2	2	1	0	1	2
7	3	2	1	0	3	2	1	1
8	3	2	1	1	2	2	1	0

二进制变量（工序车间分配）

	A	B	C	D	E	F	G	H		约束	
	1	2	3	4	5	6	7	8			
1	1	0	0	0	0	0	0	0	1	=	1
2	0	0	0	0	1	0	0	0	1	=	1
3	0	0	1	0	0	0	0	0	1	=	1
4	0	0	0	0	0	0	1	0	1	=	1
5	0	0	0	1	0	0	0	0	1	=	1
6	0	0	0	0	0	1	0	0	1	=	1
7	0	0	0	0	0	0	0	1	1	=	1
8	0	0	0	0	0	0	1	0	1	=	1
约束	1	1	1	1	1	1	1	1			

1	3	5	7	2	6	4	8
A	B	C	D	E	F	G	H

工序间行程计算

	1	3	5	7	2	6	4	8
1	0	50	60	60	175	200	0	75
2	175	0	150	240	0	90	200	270
3	50	0	88	198	0	125	17	360
4	0	17	20	0	200	5	0	25
5	60	88	0	180	150	0	20	187
6	200	125	0	748	90	0	5	206
7	60	198	180	0	240	748	0	7
8	75	360	187	7	270	206	25	0

目标单元：工序间总行程	3,736

图 5-12 非线性整数规划模型（续）

2. 产品原则布局

与工艺原则布局不同，产品原则布局（Product Layout）是指让产品在生产过程中，按照相对固定的生产线行进。这种布局方式更适合那些种类少、产量大的生产环境，如前面谈及的大批量生产或连续生产的过程类型。典型的产品原则布局，如生产线或装配线，都需要通过生产工作的关系图，计算生产节拍时间来保持生产线的平衡。

1）生产线

生产线[11]是一种特殊的产品规划形式，指产品生产过程中由一些物料运输设备连接起来的连续路线。通常假定生产线的周期节拍固定，并且所有工作站的加工时间基本相等。在这样广泛定义下，不同种类的生产线差异较大，主要体现在物料运输设备（输送带或传送器）、生产线平面布置的类型（U 型、直线型、分支型）、生产线节拍控制形式（机动、手动）、生产线可制造的品种（单个产品、多个产品）、工作站的特征（工人可能站、坐、跟着生产线走动或生产线一起移动）、生产线长度等方面。事实上，大批量生产由多个零部件组成的产品，例如家用电器、汽车、服装和各种电子器件等，必须在一定程度上依赖生产线进行装配生产。因此保证生产线的工序之间节拍平衡、生产线的连续性以及生产线满足客户需求弹性，成为生产管理者迫切需要关注和解决的问题。

2）生产线的平衡

下面通过一个组装玩具车的示例，分步骤展示生产线的平衡设计方法。

按照表 5-3 所示的步骤装配玩具车。假设每天的生产时间为 420 分钟，每天的产量要求为 360 辆，请计算生产节拍。

表 5-3 玩具车装配步骤

作业动作	描述	动作时间 / 秒	后续动作
a	插入前轴 / 轮子	20	b
b	插入风叶轮杆	6	c
c	插入风叶轮盖	5	h
d	插入后轴 / 轮子	21	g
e	在车轮框架上插入盖子	8	i
f	把车窗粘在顶部	35	k
g	插入齿轮箱	15	h
h	装入齿轮垫片	10	i
i	紧固前轮框架	15	j
j	装入马达	5	k
k	装上顶部	46	l
l	加上贴面	16	
时间总计 / 秒		202	

绘制生产动作关系流程图，如图 5-13 所示。

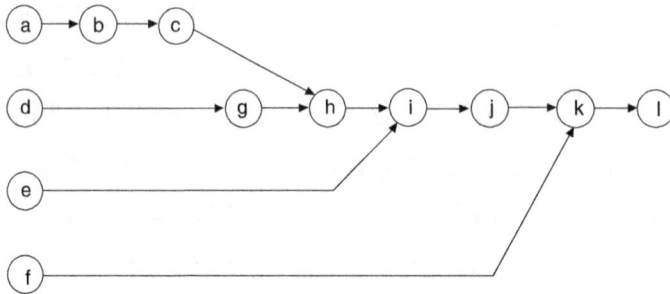

图 5-13 生产动作关系流程图

接下来计算生产节拍。在本例中，节拍时间（Cycle Time）大于每个作业动作的时间。但有时，生产线上的某项作业动作的时间是所有作业动作中最长的，则有可能直接成为瓶颈工序并限制生产线的节拍时间，类似于木桶理论中的短板。遇到这种情况，管理者可以考虑把作业分解，或设计平行的工作，或在相邻的工作站进行共享，或对瓶颈工序加班，或重新设计生产线。

$$生产节拍 = \frac{每天生产可用时间}{每天产量} = \frac{420 分 \times 60 秒}{360 辆} = 70 秒 / 辆$$

然后，计算所需的最少工作站数目。

$$最少工作站数目 = \frac{所有动作总耗时}{节拍时间} = \frac{202\ 秒}{70\ 秒} \approx 3$$

其次，将具体的生产任务分配给每个工作站，如表 5-4 和图 5-14 所示。

表 5-4　三个工作站的生产任务分配

	作业	作业时间/秒	剩余时间/秒	可安排的随后作业	随后作业最多的作业	时间最长的作业
工作站 1	a	20	50	b		
	b	6	44	c, d	c, d	d
	d	21	23	c, g	c	
	c	5	18	g		
	g	15	3			
工作站 2	e	8	62	i, h	h	
	h	10	52	j		
	i	15	37	j, f	j, f	f
	f	35	2	k		
工作站 3	j	5	65	k		
	k	46	19	l		
	l	16	3			

为了使得每个工作站的闲置等待时间最少，通常可参照如下原则进行工作站的任务分配。

● 去掉那些已被分配的任务。

● 去掉那些不能满足前序关系要求的任务。

● 去掉那些不能满足工作站剩余可用时间的任务。

● 在给工作站分配任务时，优先级的标准可依据：最多的后续动作、最长的任务时间、最大的位置权重（该作业及后续动作的时间总和）、最短的动作时间、最少的后续动作来做判断。

但是，由于这些原则均属于启发式算法，未必能得到最优解。

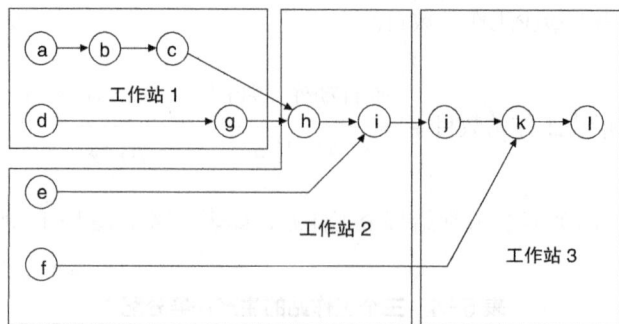

图 5-14　三个工作站的生产任务分配

最后，计算效率，以评估生产线的平衡分配。

$$效率 = \frac{生产总时间}{节拍时间 \times 工作站数目} = \frac{202\ 秒}{70\ 秒 \times 3} \times 100\% \approx 96.2\%$$

有时采用不同的原则，可能会得出生产线平衡分配的不同结果。很明显，给工作站分配任务，会受到节拍时间的影响，如节拍时间长，分配了几个任务给第一个工作站时，由于还有富裕的时间，则可以继续给该工作站分配任务。可见，节拍时间要求不同，平衡生产线的结果也会不同。

3. 定位布局

与前面两种布局方法不同，定位布局（Fixed Position Layout）需要把产品（项目）置于一个区域，使工人、设备或原料位于产品（项目）周围。精准项目或小批量的生产过程，适用于这种布局方法。最典型的例子如病人手术、造船或飞机等。

定位布局面临的挑战主要有：空间有限，人员、物料和设备必须按照工序的先后安排进场或靠近；物料的库存安排受到它们的前置期和波动、所需工序次序和库存策略等因素的影响，难以平衡。

虽然定位布局一直为人们所用，但并没有一个普适的量化方法，有时可借助计算机技术（如 CRAFT）协助设计。

4. 成组技术

在生产形状相似的或工艺相似的产品时，把不同的设备设置成单元，这种布局方法称为成组技术，或单元制造。成组技术有利于改善人员关系，提高工人技能的熟练程度，减少物料移动，缩短生产准备时间。成组技术又进一步演变和发展为柔性制造等方式，与其他生产模式（如 JIT）融合在一起。

成组技术的重点是选择分组，涉及按照设计特性进行分类和编码，开展生产流动分析（包括操作次序和生产路径），应用集群技术（Clustering Techniques）、启发式方法和数学模型。其中，集群技术中著名的 DCA 算法如图 5-15 至图 5-17 所示。图 5-15 表示不同的生产部件所需的不同设备，图中罗列了 13 种部件，共需要 26 台不同的设备进行生产，图中标"1"代表该种（行）部件需要该台（列）设备。

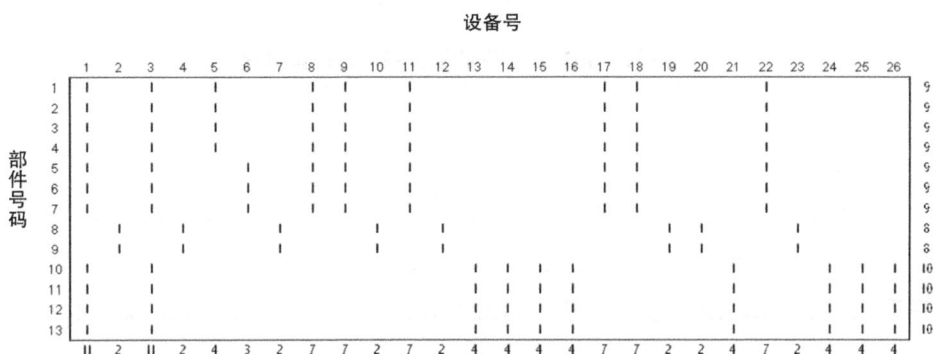

图 5-15　生产不同部件所需的设备

对图 5-15 中的部件，按照所需设备数量，由多到少重新进行排序，得到图 5-16。

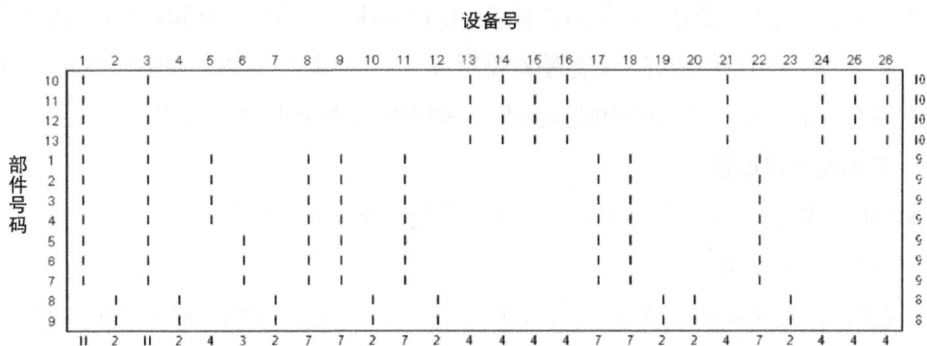

图 5-16　按所需设备数量调整部件排序

再把设备按照加工部件的种类数由多到少排序，并尽可能地围绕着图左上角开始排列，最终得到图 5-17。把相邻区域中的部件和设备设定为三个制造单元（集群）。图中之所以未把设备 1 和 3 与部件 1 到 13 进行集群，是考虑到那样做可能会造成设备 1 和

3 的生产瓶颈。

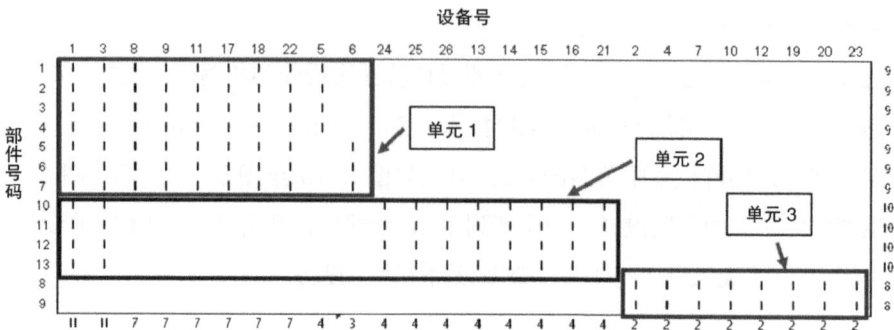

图 5-17　按加工部件的种类数调整设备排序

以上讲述的几种方法，在实际的生产运作环境中有时也结合起来使用。当然，这些方法中，多采用了主观定性的判断或启发式算法，不一定能给出最优解。随着计算机技术在生产运作管理中的不断引入，先后涌现了基于框图的 CRAFT 算法、多层框图的 PREP 算法、关系图的 CORELAP 算法、多层关系图的 ALDEP 算法，以及仿真模拟技术。

5. 生产组织模式

生产组织模式是对所投入的资源要素、生产过程以及产出物的有机、有效结合和运营方式的一种通盘概括，是对生产与运作管理中的战略决策、系统设计和系统运行管理问题的全面综合。生产组织中的五个资源基本要素为"人""机""料""法""环"。生产管理者根据产品生成的过程分类和设施布局，进行生产线规划并组织生产。

1）基本生产线规划

基本生产线规划有直线型生产线、U 型生产线和蜂窝型生产线。

（1）直线型生产线

直线型生产线又称流水型生产线，如图 5-18 所示，是指被加工对象按照一定的工艺线路，有规律地从前道工序流动到后道工序进行加工，并且可以按照一定的生产速度、节拍时间连续完成工序作业的生产线布局。直线型生产线的加工对象是固定的一种或者几种产品，标准化和专业化程度高，工人只需熟悉该工序岗位的技能，对工人的技能要求低。直线型生产线一般适合产品原则布局中，大规模或连续生产的产品。

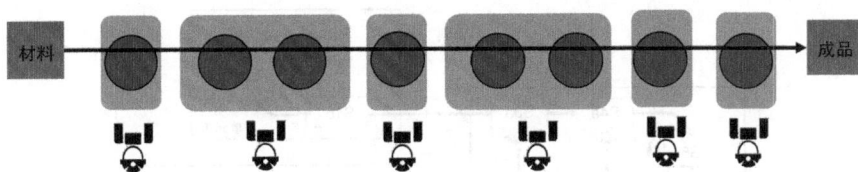

图 5-18　直线型生产线

（2）U 型生产线

U 型生产线是指按照 U 形逆时针顺序来排列的生产线规划，如图 5-19 所示。物料的进口和出口相近，首尾可以由一个人操作，实现单件流；一旦某一生产环节出现停顿，尾部无成品产出，首部就及时停止新半成品的输入，减少在线库存，加快资金周转率。另外，当某些生产工序的生产节拍慢于整条线的生产节拍时（如使用新人等原因），其他工位可以及时给予支援，因此 U 型生产线要求员工具有多项岗位操作技能。U 型生产线通常适合大规模或批量生产的产品，在工艺原则布局、产品原则布局、成组技术中使用广泛。

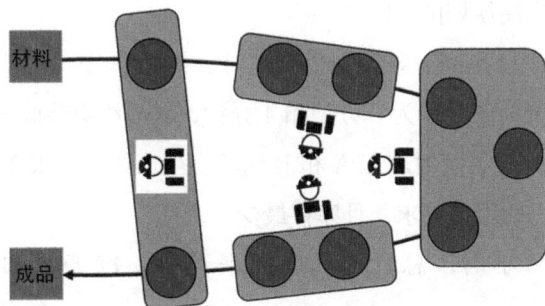

图 5-19　U 型生产线

（3）蜂窝型生产线

蜂窝型生产线遵循泰勒的"群技术原理"，对产品的生产工序进行分解后，将具有相似特性或加工工艺的产品组合在一起，形成不同的生产工作单元，如图 5-20 所示。通过这种方式，工序按照流动顺序排列，工位和设备彼此靠近，可以减少移动和等待造成的浪费。蜂窝型生产线主要以实现小批量、多品种产品的连续型生产为目标，是精益生产的重要组成部分，其核心技术主要有自动化生产、快速换模、精而小且便于移动的生产设备。因此，蜂窝型生产线在上述的四种设施布局中，根据产品生产及批量特性都能应用。

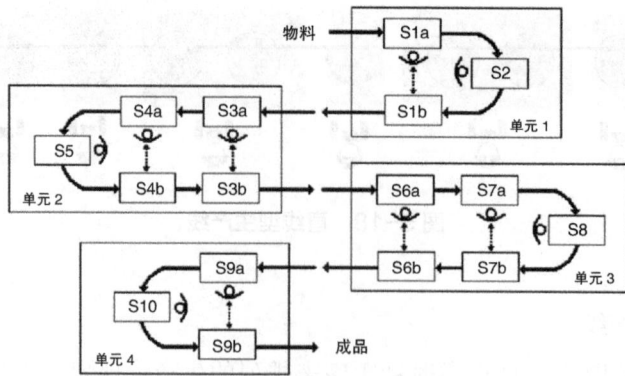

图 5-20　蜂窝型生产线

2）混合型生产线布局

混合型生产线（Mix Line）布局在流水型生产线基础上进行大规模连续生产的同时，也可以满足用户的个性化需要，实现不同用户订购的不同型号产品的连续生产，避免大量库存，实现规模经济。混合型生产线平衡是指在规定的时间内，在同一条生产线上使用循环的方式生产出不同产品规划的时间。

若某机械加工公司使用同一条抛光生产线对 A 和 B 两个零部件进行平面抛光加工，而这两个零部件的抛光时长分别为 6 分钟和 4 分钟，其最终组装成一个成品销售。如果你是生产经理，需要设计一条同时加工 A 和 B 的混合生产线，要求在固定时间内生产 A 和 B 的数量可以满足成品的组装要求，且库存最少。

按照每天工作 8 小时，总计 480 分钟来计算，每天 A 和 B 加工的总时长：$6A+4B=480$（分）。

因为 A 和 B 要组装成一个成品，所以每天需要加工等量的 A 和 B，即 $A=B$，根据上式可以计算出：$A=B=48$（个）。

以每天工作 8 小时计算，每小时 A 和 B 加工的数量为：$A=B=6$（个）。

因此，每小时 A 和 B 抛光加工各 6 个，表 5-5 为 A 和 B 平衡的混合生产线加工次序方案示例，当然还可以规划出其他的加工次序方案。

表 5-5　平衡的混合生产线加工次序方案示例

产品次序	AA	BBB	AA	AA	BBB
产品次序用时 / 小时	6+6	4+4+4	6+6	6+6	4+4+4
产品次序用时合计 / 小时	12	12	12	12	12
总周期 / 小时	60				

3）柔性生产

柔性生产是以"制造系统响应内外环境变化的能力"[12]为核心的生产方式与方法论。柔性生产适用于多产品、多流程、多形态、多单元的快速转换与协同生产。柔性生产强调对资源的广泛协调与有效利用，对市场需求的快速响应和品质保障，对主体生产流程间的高效衔接与价值适配；通过精益生产、并行生产、敏捷制造和智能制造等形式，获得制造系统响应内外环境变化的能力提升带来的成果，创造最佳社会价值和经济效益。柔性生产已经成为世界制造企业及专家研究的方向之一，其核心目标是提高企业应对市场和客户需求变化的能力和响应速度，它包括了产品柔性、工艺柔性、机器设备柔性、生产系统柔性、员工技能柔性等。

4）计算机集成制造

1973 年，约瑟夫·哈林顿首次提出"计算机集成制造（Computer Integrated Manufacturing，CIM）"理念。它的内涵是在信息自动化技术与制造的基础上，通过计算机技术把分散在产品设计制造过程中各种孤立的自动化子系统有机地集成起来，形成能够适用于多品种、小批量生产，并能实现整体效益的集成化和智能化制造系统。经过近 20 年的发展，不同的开发者和企业在开发和应用中有不同的侧重点，提出的计算机集成制造系统（Computer Integrated Manufacturing Systems，CIMS）模式有不同的内涵和外延。CIMS 是基于系统工程整体优化的思想，利用计算机技术、制造技术、通信技术、管理技术、自动控制技术和网络技术等多种技术，将制造企业从市场预测、接受订货、产品设计制造、生产管理、销售直到售后服务的全过程信息进行集成，并对各个子系统的功能进行集成，实现企业制造系统的整体优化。CIMS 的核心在于将人、管理技术、信息技术和生产技术等集成，协调企业的各种职能部门，最大限度地加快信息流、技术流、物流等的信息传递速度，从而使企业生产快速满足市场的需要，提高经济效益，增强企业竞争能力。

第 4 节　产能管理和生产计划

在一个时间段内，设备的理论最大产能是固定的，而在理论最大产能里，又存在着各种形式的消耗和浪费。运作管理者需要清楚地知道产能结构，并通过各种管理手段，更经济有效地利用产能。当然，以往的最大化产能利用率的做法未必可取，产能的使用要与整个供应链管理的策略相契合，最大化产量利用率的做法有时会带来更多的、不必要的库存。

1. 产能管理

产能，在制造型企业通常被认为是企业在某一特定时间内所能制造出产品的数量，在服务型企业中可能是服务部门在某段时间内接待客户的数量。因此无论是对于制造型企业还是服务型企业，产能管理都是一项重要的运作管理内容，不仅影响着企业满足客户需求的能力，也影响着企业的固定成本投资，包括设备和人员的投资。

产能管理主要包括产能计划与产能建立两方面的工作。产能计划是通过合理的计划和协调，有目的地利用现有产能；产能建立是针对产能的长期计划，根据既定策略构建产能，产能建立会受到企业运作策略，甚至供应链策略的影响。

例如，可口可乐在中国的几十家装瓶厂几乎都能生产多种 SKU，并在各自授权的省区内进行分销活动。品种多，势必会造成生产运作中换型准备时间的增多，但其配送由于距离短而有相对较少的花费。与之相对比，国内一些著名的奶制品公司就采用了不同的策略。其分布在全国的几十座工厂中的大部分仅生产少数 SKU，相应地就会带来长途运输配送。但是，生产环节较少的 SKU 会减少换型准备时间。对决策者来说，需要权衡这两方面。可见，产能建立会由于企业的供应链策略不同而产生差异。

2. 供应策略与产能构建策略

针对客户需求，企业最基本的两种供应策略就是追求策略（又称追随策略）和平稳策略，如图 5-21 所示。

追求策略，如图 5-21（a）所示，就是生产跟随着需求的变化而变化。这种供应策略需要企业具备很大的产能或很强的运作能力（对于服务来说），而库存水平却可以保持得很低。企业在财务测算时，由于高昂的固定成本，每个产品分摊到的单位制造成本也会较高。

平稳策略，如图 5-21（b）所示，不需要企业构建很大的产能，而是在淡季提前生产，以库存储备弥补旺季产能的不足。对于保质期相对短、市场变动大、生命周期短的产品，平稳策略会由于持有库存而带来风险。

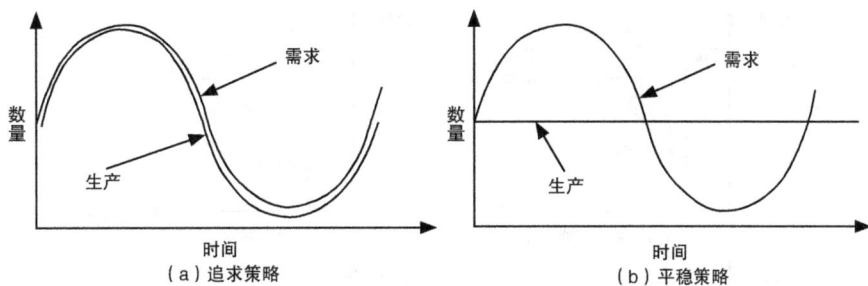

图 5-21 追求策略和平稳策略

运作管理者既不能仅从生产成本角度考虑，也不能仅从库存持有成本方面看问题，而应该从供应链整体来进行平衡和策略选择。通常，设备或其他固定成本昂贵、产品价值低的企业，会倾向于选择平稳策略；反之，产品价值高而设备成本低的企业，会倾向于选择追求策略。

追求策略与平稳策略仅是理论上存在的，实际情况中，极少见到企业会采取完全的追求策略或平稳策略，而会选择介乎两者之间的"中庸策略"。除此之外，能辅助企业满足需求的其他供应策略还包括以下四种。

●加班和减班：通常适用于需求波动不是很剧烈的情况。

●外包：通常适用于产能不足、自有产能生产的总成本高，并且外包商能满足质量和时间要求的情况。

●临时工人：对于非熟练工作不失为一个灵活的策略，但必须有稳定的人力资源池。

●延迟候补：只适用于客户愿意等待产品或服务的情况。

为满足需求，产能构建策略有四种类型，如图 5-22 所示。

●主动产能策略：又称产能领先策略，每次构建产能时，都会大于当期需求，直到一定时间后，需求增加到接近产能上限，再进行扩容，如图 5-22（a）所示。可以采用阶梯形的扩容，每次仅增加小部分产能，或者采用一步到位的方式。

●被动产能策略：又称产能滞后策略，只有等待产能不够，出现一定程度的短缺时才扩容，如图 5-22（b）所示。

●中性产能策略：介乎前面两种策略之间，有时产能超前构建，有时滞后，如图 5-22（c）所示。

●外包策略：预计到产能不足时，寻找合适的供应商进行外包，如图 5-22（d）所示。

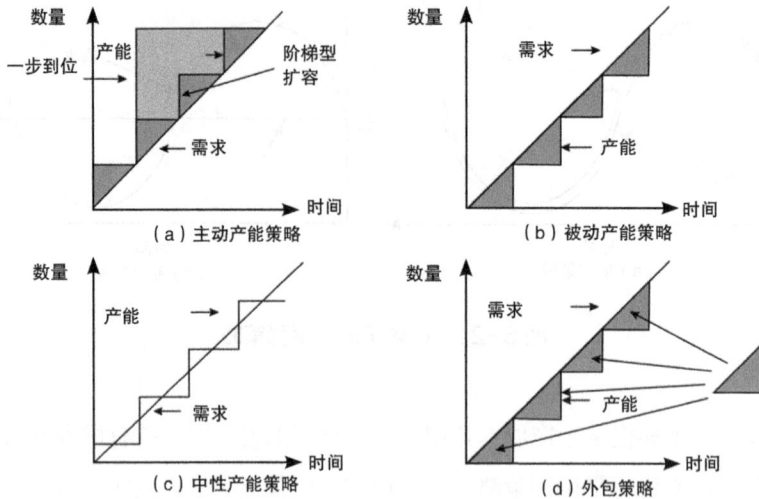

（a）主动产能策略　（b）被动产能策略　（c）中性产能策略　（d）外包策略

图 5-22　产能构建策略

如前所述，产能构建会增加企业的固定成本，并且不论是添加固定资产，还是增加固定的人员班组，都需要相对较长的提前期。因此，产能构建需要提前考虑策略，并进行成本分析，不仅要进行生命周期中的制造成本分析，还要开展供应链其他领域的评估，如成本、质量水平、灵活性、交付时间的评估。由于产能构建具有超前性，分析中必须依赖企业对未来业务的预测和市场环境的判断，因而计划结果难以精确，而是相对粗放的。不到最后的生产计划和排程，很难精确地构建产能。

3. 产线利用率

一台设备、一条生产线，如果生产速度不变，其在一年内的产能是相对恒定的。管理者需要将其在一年内的使用时间分解，如图 5-23 所示。理论上，生产的最大可用时间就是全年无休的 8,760 小时（未考虑闰年）。考虑到周末和法定假期的休息，生产的实际可用时间为 6,190 小时。有些行业可能会存在明显的淡旺季，企业往往会在需求量极低的淡季，关闭生产线或整个工厂，因而生产可用时间有可能被进一步扣减为所需的生产需要时间。即使安排工厂或设备开工，又有可能存在大量因无需求而不用设备的闲置时间。再考虑机器运作中可能存在的效率损失，最终，设备被充分利用的时间，即目标产线工时，可能就是 2,820 小时了。

年度总工作小时 =365 天 × 24 小时 =8,760 小时				
最大可用时间（GPH）（8,760 小时）				
实际可用时间（GPH）（6,190 小时）				
生产需要时间（GPH）（4,350 小时）				
所需净生产时间 NPH（3,220 小时）		停机（1,130DH）	短期可用的闲置时间（如 6 个月内和可容忍的前置期内）	额外的可用闲置时间（周末和法定假期）
目标产线工时（2,820TH）	效率损失（400）			

图 5-23　时间分解

另一种产能分解的方法，是如图 5-24 所示的产能瀑布图（Waterfall Chart）。设备或生产线的理论最大使用时间，减去法定休息时间和无需求时间的剩余时间，称为生产总需求时间。再扣除一系列的计划停机时间，剩余的时间称为生产负载时间。这个时间再扣除一系列的非计划停机时间，则为无损失设备运转时间。其中，计划停机时间包括大型维修、预防性维修、换型、清洁、休息、测试等生产辅助的计划性作业动作所消耗的时间。它们应该体现在企业的生产计划中，遵循一定的策略和流程管理。而非计划停机时间，主要包括设备延迟、停工待料、设备速度损失和产品缺陷等消耗的时间。产品出现缺陷，不仅浪费了原先所耗用的生产和生产准备时间，还可能因返工而耗费额外的机时。非计划停机，虽然不体现在生产计划中，但在运作管理中，应该随时记录、定期考核和改进。

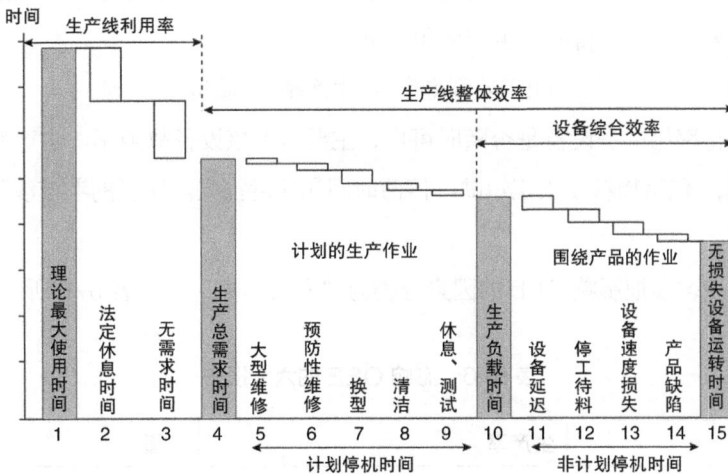

图 5-24　产能瀑布图

下面根据图 5-24 所示，定义了生产线和设备的效率指标。

$$生产线利用率 = \frac{生产总需求时间}{理论最大使用时间}$$

$$生产线整体效率 = \frac{无损失设备运转时间}{生产总需求时间}$$

$$设备综合效率 = \frac{无损失设备运转时间}{生产负载时间}$$

4. 设备综合效率

在当今的经济环境下，企业都希望能持续地提升资产回报率。随着用来构建全新、更高效工厂的资产变得更难以获取，企业经常不得不一方面使用现有设备设施满足不断增长的生产需求，另一方面不断削减成本。理论上来说，管理者可以用几种不同的方法来优化流程，提高利润率。但实际上，管理者要理解复杂运作的综合效果非常困难，无从下手。

可以非常确切地说，当流程涉及设备的多个因素时，它们之间也相互影响着各自的效果。1982 年，日本前设备维护协会（Japan Institute of Plant Maintenance，JIPM）的中岛清一最早提出了设备综合效率（Overall Equipment Effectiveness，OEE）的概念。OEE 考核了与期望作业水平相关的流程的健康程度和可靠性。它能揭示包括设备和人工的资源是否被很好地利用，并通过产品质量的达成和满足供应要求使得客户满意。OEE 的计算包括三个主要因素：可得率、生产率和质量。

OEE= 可得率 × 生产率 × 质量

其中，可得率指的是设备是否随时可用，主要是考核设备故障率。生产率考核的是生产作业的绩效，包括物料及人工短缺、停滞时间和速度损失。质量的考核涉及出品率、返工率和报废。

也有管理者习惯把影响 OEE 的因素分类为"六大损失"，如表 5-6 所示。

表 5-6 影响 OEE 的六大损失

可得率	生产率	质量
计划停机（如换型和调试）	小范围停顿（如空转或瞬间停机）	生产质量不合格（报废、返工和管理次品导致的时间损失）
非计划停机（如故障和停工）	速度损失（降低速度）	启动稳定的损失

例如，某天设备的负荷时间为 22 小时，生产计划为 2,500 件。设备实际开动时间为

20 小时，实际生产 2,350 件，实际加工时间为 19.5 小时。该天的合格率为 90%，返工率为 3%，报废率为 2%，求 OEE。

$$可得率 = \frac{20\ 小时}{22\ 小时} \times 100\% = 90.9\%$$

$$生产率 = \frac{实际单位耗时 \times 实际产量}{可得率 \times 计划单位耗时 \times 计划产量} = \frac{实际加工时间}{设备实际开动时间} = \frac{19.5\ 小时}{20\ 小时} \times 100\% = 97.5\%$$

$$质量 = 90\%$$

$$OEE = 可得率 \times 生产率 \times 质量 = 90.9\% \times 97.5\% \times 90\% = 79.8\%$$

OEE 能帮助管理者识别可改进的领域，评估增加销售收入的机会，并将自身运作与类似的或竞争对手的流程进行对标。世界级的 OEE 表现，应该在可得率、生产率和质量这三项指标的表现分别为 >90%、>95% 和 >99%，综合的 OEE 应不低于 85%。

管理者还可以根据平时设备的 OEE 表现辅助制订生产计划所应该采用的速度。表 5-7 是一家休闲食品厂家的示例。生产管理人员定期追踪各产品、各班次设备损失的平均表现，如超重、返工、故障停机、速度损失、浪费和物料短缺。扣除这些损失之后，可计算出每种产品的 OEE。用理论的最大生产速度乘以 OEE 即可得出计划速度。那么，在下一阶段，生产计划部门即可按照这样的速度排产。以上评估和制订工作需要定期调整。

表 5-7　休闲食品厂家的 OEE

| 产品 | 单位时间最大生产速度 / 箱 | 单位时间计划速度 / 箱 | 设备损失 / % | | | | | | OEE / % |
			超重	返工	故障停机	速度损失	浪费	物料短缺	
A	522.1	464	3.5	1.5	4.0	2.0	0.1	0.1	88.8
B	277.8	248	3.5	1.2	4.0	2.0	0.1	0.1	89.1
C	210.8	178	6.5	3.0	4.0	2.0	0.1	0.1	84.3
D	411.1	359	4.5	2.0	4.0	2.0	0.1	0.1	87.3
E	478.1	377	3.0	7.0	4.0	7.0	0.1	0.1	78.8

除了 OEE 之外，另一个衡量设备或生产线效率的指标是设备总效生产率（Total Effective Equipment Performance，TEEP）。

$$TEEP = OEE \times \frac{计划时间}{日历时间}$$

｜第5节｜精益生产和现场管理

1. 精益生产的两大支柱

精益管理是从精益生产开始的，之后被推广到供应链和其他管理领域。为了更好地理解精益供应链管理，需要对精益生产有很好的理解。精益生产的两大支柱——准时制和自主自动化，是理解精益生产最重要的部分。

1）准时制

准时制（Just in Time, JIT）是 TPS 的重要组成部分，它是针对减少生产过程中的流程时间和从供应商到客户的响应时间的一种精益方法。关于准时制的核心有四个不同论点：减少浪费中心论，利用看板中心论，降低库存中心论，建立快速响应中心论。

这四个论点的侧重点不同，彼此相互补充支持，只有结合起来才能体现准时制的精髓。早在 20 世纪 60 和 70 年代，准时制已经开始在日本企业，尤其是丰田公司实施。20世纪 80 年代到 90 年代，准时制开始在西方企业生根发芽，并在更广泛的工业管理领域中应用。到了 2000 年，准时制的应用逐步发展到了生产体系之外，涉及物流、采购、对供应商的管理和交易，以及对分销商的供应、零售，直到最终用户，甚至包括对设备和产品的翻新、返修和处理保修问题，最终形成了准时制供应链。

（1）准时制消除一切浪费，追求七个"零"目标

准时制最早的核心是消除一切浪费，日语称为"Muda"，并总结为"七大浪费"，有人将其总结为"TIMWOODS"，即运输（Transportation）、库存（Inventory）、搬运和移动（Motion）、等待（Waiting）、过量生产（Overproduction）、过度操作（Over Processing）和次品（Defects）七个单词的首字母。后来也有人加入技能（Skill）。[13] 而准时制追求的七个"零"目标可以总结如下。[14]

●零缺陷：以生产无缺陷产品为目标，在生产过程中就控制质量，做到"不接受""不制造""不传递"。

●零（多余）库存：市场需求预测和生产节拍高度一致，没有多余库存，生产由"准时"到达的材料提供。

●零换型：多品种混线生产时，减少产品线之间换型时间浪费，将换型时间降为零或接近零。

●零故障：加强设备的日常维护和保养，提高机器设备的运转率。

●零（多余）操作：消除生产过程不增值的工作，例如多余的制造、搬运、等待等。

●零前置期：加强柔性生产，加速物料的补给，消除过程中等待时间，缩短交货周期。

●零波动：减少系统中因速度差而带来的在制品库存。

（2）准时制的优点

根据拉塞尔的总结[15]，准时制的优点如下：

●减少所需要的储存空间；

●提高产品的质量；

●降低企业总体成本；

●减少对生产场地的需求；

●缩短交货时间；

●提高生产效率；

●增加企业的弹性和灵活性；

●提供更好的供应商关系管理；

●简化计划流程，增加对生产活动的控制；

●增加企业的产能；

●更好地利用人力资源；

●生产更多的产品种类。

（3）准时制的潜在风险和挑战

对供应商的过度依赖是实施准时制比较大的风险。企业实施准时制就意味着"零"库存，因此要求供应商在交期、质量和服务上的高度配合，否则就会影响企业的连续稳定生产，进而造成对客户的价值服务的影响。实施准时制会给供应商带来成本增加的压力，也会增加采购人员在供应商寻源和采购成本谈判中的挑战。

从供应链管理的角度来看，含有准时制的供应链管理更为复杂。为了有效实施准时制，管理者必须在"端到端"的整条供应链上重新审视工作流程并进行相应变革。准时制的实施是从管理层到一线员工的，而具体的执行是从一线员工到管理层的。实施准时制是一种行为习惯的变革，企业全体员工都要接受和执行变革。最高管理层对这种变革需要给出资金和时间上的承诺，以及观念上的转变，并展现出坚定不移的实施决心。即便如此，由于企业固有文化的羁绊，准时制的实施仍然有可能失败，或根本达不到预期效果。

2）自主自动化

TPS 的另一个支柱就是自主自动化（Jidoka）。这个词汇由日文中的三个字"自""动""化"组成。在 TPS 中"动"字又被"働"字替代，以进一步强调人的重要性。从这个词的来源可以看到，自主自动化是"智能自动化"，非常注重人的因素。其实施的目的是让设备和系统协助人更好地发挥能动性。

在 TPS 中，自主自动化意味着如果一个异常现象出现，设备应该立即自动停机，工人立即停止生产。在实际应用中，自主自动化把工人从持续地监控和判断设备正常运行的工作中解脱出来，让他们可以把精力集中，在问题被探测出来的后续改进上。这样做一方面可以避免工人的工作枯燥无味，另一方面也可以让工人操作更多的设备而提高生产效率，如图 5-25 所示。具体而言，自主自动化在生产线开始的阶段自动探测问题和次品，可以帮助工人尽早发现问题（而不是在生产线的尽头），避免一些额外工作和可能的更大损失。操作生产线的工人一旦发现问题或次品，就可立即叫停生产线，这是自主自动化的第一步。生产线停机后，车间领班或其他有关负责人员会前来协助生产线上的工人及时解决问题。作为自主自动化的重要一环，这条生产线出现的问题会被进一步分析，评估同样或类似的问题是否可能会出现在其他生产线和设备中，避免问题扩大。解决问题的方法可能是在生产线合适的地方安装一个"防呆"装置，以防止问题的重复发生。

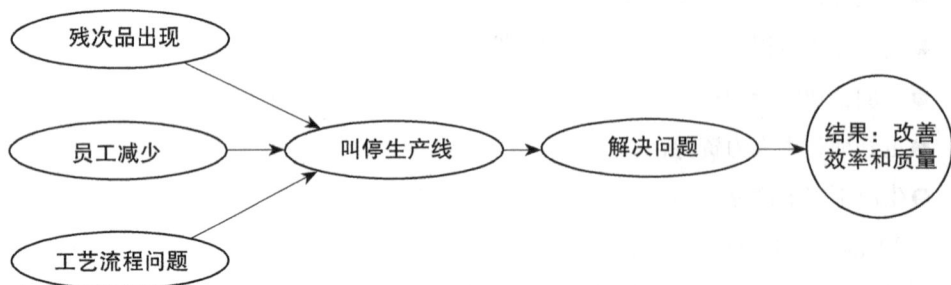

图 5-25 典型自主自动化工作流程

专家认为，在问题发生时是第一时间解决问题，还是将问题留到以后解决，是区分丰田公司和其他企业在精益方面的根本不同。丰田公司的精益管理之所以有效，就是因为在这个系统内出现的问题会被第一时间解决掉。其他许多企业的精益管理之所以在巨大投入后仍然无效，也正是因为在他们体系中的大多数问题总是被留到（或拖到）以后解决。因此，自主自动化在精益管理中发挥了举足轻重的作用。"停机"虽使生产暂时变慢，但可以帮助企业更早地探测和解决问题，避免问题的负面影响扩大，从而从整体上提高企业和整条供应链的效率。

2. 精益生产工具

精益生产系统的核心是准时制生产方式，生产过程需要满足合理性、高效性、灵活性，实现"在客户需要的时候，生产质量合格和数量恰当的产品，送到客户期望的地点"，从而彻底消除产品从制造到交付过程中的一切浪费，以及由之衍生出来的种种间接浪费。

精益生产系统是一个完善的生产管理技术综合体，是包括生产管理、物流管理、质量管理、成本控制、库存管理、现场管理等在内的较为完整的管理技术和方法体系，如图 5-26 所示。

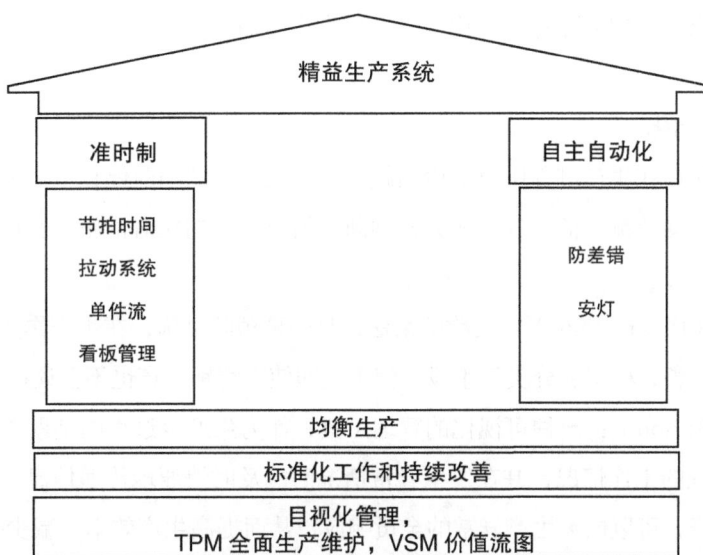

图 5-26　精益生产系统

1）准时制

准时制是指在需要的时刻按所需要的数量生产所需要的产品（或零部件）的生产模式，其目的是加速库存的流转，减少库存积压，从而提高企业的生产效益，是建立在力求消除一切浪费和不断提高生产率基础上的一种生产理念。

●节拍时间（Takt Time）：即生产一个产品所需的平均时间，它反映了生产线或生产设备响应客户需求所耗费的时间。

●快速换模法（Single Minute Exchange of Die Procedure，SMEDP）：是一种快速切换产品和生产线的方法，可以显著缩短设备和工装夹具的安装、调试等换型时间，尽可能缩短内外部作业的转换时间，提高生产效率，减少浪费。

●拉动系统（Pull System）：是指材料只有在用户特别"拉动"时才会移动的替代 - 消耗过程，拉动过程可以在整个供应链中创建，供应链下游的需求决定了上游工序何时生产、生产多少。

●看板管理（Kanban）：看板是一种类似通知单的卡片，主要传递零部件名称、生产量、生产时间、生产方法、运送量、运送时间、运送目的地、存放地点、运送工具等方面的信息和指令。看板一般分为：在制品看板，用于固定的相邻车间或生产线；信号看板，主要用于固定的车间或生产线内部；订货看板（亦称"外协看板"），主要用于固定的协作厂之间。

●单件流（One Piece Flow）：在操作单元内一次操作值只对一个工件执行一次，使得工作空间需求和在制品库存最小化，以缩短生产周期、提高产品质量、减少转运消耗的一种高效管理模式。

2）自主自动化

自主自动化指在生产过程中自动检测缺陷，并在发现缺陷时停止生产线，可以按照人的要求，经过自动监测、信息处理和分析判断，给出相应的应对措施，避免生产不良品，以减少损失和浪费。

●防差错（Poka-Yoke）：又称防呆法，是一种预防措施，在生产作业过程中采用接口自动防错、报警、标识、分类等手段，使工人即使不特别注意也不会误操作。

●安灯（Andon）：一种可视化的管理工具，作为生产全过程的辅助工具，可以实时监控设备和系统的工作情况，并在发生异常情况时能及时快速地传递信息、申请呼叫、生成统计分析报表，可以做到生产异常的全员响应，从而提高生产效率，减少等待浪费。

3）均衡生产（Level Production）

均衡生产是指在完成计划的前提下，产品产量、工作量或工作项目，在相等的时间内数量基本相等或稳定递增。均衡生产是拉动式生产的前提。均衡不仅是数量的均衡，而且包括品种、工时、设备负荷的全部均衡。

4）5S

5S 即下列五项管理要素

●整理（Seiri）：区分要与不要的东西，将"空间"整理出来，留作他用。

●整顿（Seiton）：实现"三定原则"——定名、定量、定位，需要的东西依规定摆放整齐，明确数量，明确标示，不浪费"时间"找东西。

●清扫（Seiso）：及时清扫，保持干净，消除"脏污"，保持环境干净、明亮。

●清洁（Seiketsu）：将上面三项制度化、规范化，维持其成果。

●素养（Shitsuke）：提升"人的品质"，使人按规定行事，养成良好的工作习惯。

实际上，直到如今，丰田内部使用的一直是"4S+ 素养"，而不是简单合并为 5S。丰田的解释是，素养是需要长期打造的，需要强调并与前四个短期可以做的"S"区分开。

5）目视化管理（Visual Management）

目视化管理是指将需要管理的对象，通过不同规格、颜色、字体、图例符号的方式一目了然地管理起来。

6）全面生产维护（Total Productive Maintenance，TPM）

TPM 是一种精益思想和精益操作的概念，它要求组织所有成员都参与生产设备和系统的预防和预测，及时清洁、检查和保养设备，以减少设备停机率。它确保了持续改进带来的设备运行的高度稳定性。人们接受培训，以识别和消除浪费，并从根本上解决问题。

7）价值流图（Value Stream Mapping，VSM）

是丰田精益制造生产系统框架下的一种用来描述物流系统和信息流的形象化工具，也可以称之为一种企业流程中的沟通工具。价值流图分析能优化和增加有增值的活动，减少或者避免非增值的活动，以消除浪费、缩短交货期、提高生产质量、降低生产成本。

8）标准化工作（Standardized Work）

标准化工作指操作人员必须严格执行规定的作业指导书或作业文件。标准化工作还延伸到设计标准化、物料选型标准化、制造标准化、售后服务标准化。

9）持续改善（Kaizen）

持续改善的字面意义是通过改（Kai），而变好（Zen），指过程及产品质量随着时间的推移而不断改善。持续改善要求所有企业员工努力并主动介入，自愿改变和积极创造。

3. 生产运作的团队管理

首先，团队管理要确定生产运作人员所需要的技能特征。其中包括产品知识、供应链管理、数据统计和分析能力、所在专业的技能、谈判技能、沟通和影响力、应对变化的协调能力等。

其次，建立和管理生产运作团队。生产运作管理者需要对生产运作团队负责，人事部门需要协同建立和管理生产运作团队，其中的工作包括招聘、面试、录取、培训、留任 /升职、解聘 / 遣散等。

再次，加强对团队的绩效管理，充分考虑人的因素对效率的影响。团队的绩效是团队中各个成员绩效的叠加，因此管理者需要加强对团队成员中人的因素的重视，在结合传统管理理论，如马斯洛需要层次论、成就动机理论、激励理论、双因素理论等的同时，更需要了解"Y世代"、"Z世代"或"千禧一代"的性格特征。

"Y世代"的性格特征：注重工作和生活平衡；愿意接受多元化和全球化，并能很好地融入团队，注重团队合作；精通职场，善于竞争；对探索新事物充满兴趣。

"Z世代"或"千禧一代"的性格特征：对没有兴趣的工作不能集中注意力；可以在工作和娱乐间自由切换，缺少对未来发展的规划；愿意尽早工作，喜欢独立学习，创造力强；注重价格，期望值高，期望被认可和关注；视野更加全球化，寻求各行各业的独特性和唯一性。

最后，随着供应链的全球化，生产运作团队人员也越来越多元化。生产运作管理者需要考虑与不同国家、年龄、性别等的团队成员一起工作，需要建立有效的管理体制，发挥团队成员的特长，提高团队的工作效率，降低生产运作的成本。

4. 人员效率和产能规划

大多数企业是按照周、日和小时来制订生产或服务计划的，通过制订生产排班或服务计划来释放最大的产能，提高人员效率。

1）人员效率

在讨论人员效率之前，我们需要先了解什么是标准工时。标准工时是指在正常情况下，完成一件产品或一项服务所有有效增值时间的总和，包括直接工时和间接工时。以制造型企业为例，测量标准工时时，需要计算所有工序的有效增值时间，同时也要考虑工人的熟练程度、年龄、环境及疲劳程度等因素对标准工时的影响。

人员生产效率和生产率在生产运作管理中是两个不同概念。人员生产效率主要考核员工的生产能力，通常把因为材料质量、设备故障、技术问题引起的损耗时间除外；而生产率考核企业整个生产过程的效率，考虑生产过程中的损耗时间，是衡量企业制造能力的重要考核指标之一。下面通过示例来介绍两个效率的计算方法。

例如，某制造型企业下周需要生产A、B、C三个产品，三个产品的标准工时和计划产量信息如表5-8所示。该企业每周工作6天，每天工作10个小时，实际员工数为13名，已知平均损失工时率为10%。从表5-8我们可以得出，生产A、B、C的下周需要工时总计为613小时。

表 5-8 标准工时、计划产量表

	A	B	C	总 计
标准工时 / 分钟	6	11	15	32
计划产量 / 个	2,000	1,300	700	4,000
下周需要工时 / 小时	200	238	175	613

企业每周实际投入的总工作时间为 780（小时）。生产效率和生产率的计算如下：

$$生产效率 = \frac{产出数量 \times 标准工时}{（工作时间 \times 直接人工数）- 损耗时间} \times 100\% = \frac{613}{780-(780 \times 10\%)} \times 100\% \approx 87\%$$

$$生产率 = \frac{产出数量 \times 标准工时}{工作时间 \times 直接人工数} \times 100\% = \frac{613}{780} \times 100\% \approx 79\%$$

2）产能规划

在例 5-7 中，企业每周投入 13 名员工，投入的总工时为 780 小时，若企业的目标生产率是 90%，可以计算出企业每周的最大产能为 780×90%=702 小时，根据表 5-8，企业需求的下周需要工时总计为 613 小时，因此可以得出，当前企业下周的产能盈余为 89 小时，企业的生产管理者在安排下周的排班时，可以考虑适当增加产量或者以休假的方式来避免人工成本的多余支出。反之，当下周需要总工时大于企业的最大产能 702 小时时，生产管理者需要通过增加工时来满足生产的需求，通常的做法是工序外包、招聘临时工或者安排现有人员加班等。安排现有人员加班需要根据《劳动法》额外支付加班费，而加班费高于企业日常工资标准。

生产管理者需要做好成本控制，来衡量是通过加班还是加人的方式增加企业产能。增加新员工是一种长期的产能增加方式，同时也增加了固定的人工成本支出。生产管理者需要了解企业未来的市场策略和销售预算，尽早规划产能，满足企业的战略发展目标。如果产能需求是临时性或季节性的增加，企业可以选择工序外包或招聘临时工，此时生产管理者需要考虑不可控因素对质量和交期的影响，例如工人的熟练度、临时工的敬业度、外包供应商的重视程度等。

参考文献

[1] 理查德 B. 蔡斯，尼古拉斯 J. 阿奎拉诺，F. 罗伯特·雅各布斯.宋国防，等，译.生产与运作管理：制造与服务：第 8 版［M］.北京：机械工业出版社，1970.

[2] Behnam Malakooti. Operations and Production Systems with Multiple Objectives［M］. John Wiley & Sons, Inc, 2014, p5.

[3] Ford W. Harris. How Many Parts to Make at Once, Factory［J］. The Magazine of Management 10（2）, February 1913, p135–136, p152.

[4] James P. Womack, Daniel T. Jones, Daniel Roos. Machine that Changed the World［M］. New York: Rawson Associates, 1990.

[5] John Krafcik. Triumph of the Lean Production System［J］. Sloan Management Review, V30, fall 1988, p41–52.

[6] H.P. Wang, T.C. Chang, and R. A. Wysk, Computer Aided Manufacturing［M］. 3ed, Chapter 18, Prentice–Hall Inc, 2006.

[7] Richard Muther, John Wheeler. Simplified Systematic Layout Planning［J］. Factory, 1962, 120（8, 9, 10）, p68–70, p111–119, p101–113.

[8] Richard Francis, John A. White. Facility layout and location: an analytical approach［M］. London: Prentice –Hall, 1974.

[9] 管理科学技术名词审定委员会.管理科学技术名词［M］.北京：科学出版社，2016.

[10] 保罗·迈尔森.徐钰，译.供应链精益管理：技术赋能，打造低成本、高效率供应链体系［M］.北京：人民邮电出版社，2020.

[11] Wallace Hopp, Mark Spearman. Factory Physics［M］.3ed, Waveland Press Inc, 2008.

[12] Roberta Russell, Bernard W. Taylor Ⅲ. Operation Management［J］.2003.

[13] 保罗·迈尔森.徐钰，译.供应链精益管理：技术赋能，打造低成本、高效率供应链体系［M］.北京：人民邮电出版社，2020.

[14] Wallace Hopp, Mark Spearman. Factory Physics［M］.3ed, Waveland Press Inc, 2008.

[15] Taylor. Operation Management.［M］.3ed, Prentice–Hall Inc Russell,2000.

第 6 章

服务运作

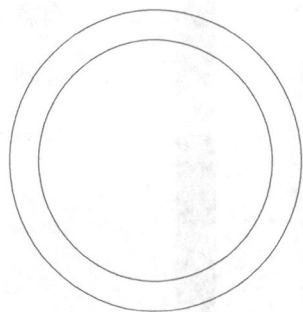

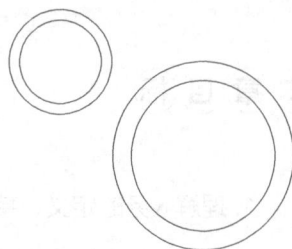

从国民经济重点行业角度分类看，第三产业属于服务行业，但服务行业不仅是第三产业，因为还存在着出口服务业，并未计入第三产业的口径。根据国家统计局《关天拟订〈三次产业划分规定（2012）〉的通知》，第三产业即服务业涉及 20 个行业，包括农 / 林 / 牧 / 渔专业及辅助性活动、开采专业及辅助性活动、金属制品 / 机械和设备修理业、批发和零售业、交通运输 / 仓储和邮政业、住宿和餐饮业、信息传输 / 软件和信息技术服务业、金融业、房地产业、租赁和商务服务业、科学研究和技术服务业、水利 / 环境和公共设施管理业、居民服务 / 修理和其他服务业、教育、卫生和社会工作、文化 / 体育和娱乐业、公共管理 / 社会保障和社会组织、国际组织。2018 年，国家统计局对三次产业的行业类别进行了对应调整[1]。

因此，探索服务的本质，提炼服务行业的供应链管理实践是非常有意义的工作。与生产型企业和流通型企业类似，服务型企业也涉及计划、采购、物流、运作等环节。本章则聚焦于服务运作管理的理论和实践，其他内容可以参见本丛书的其他部分。

本章目标

1. 理解服务的定义、特征和服务运作类型。

2. 理解服务设计的主要环节，掌握服务流程设计的要点。

3. 了解和掌握排队论的原理和应用。

4. 理解和掌握服务供应链从策略制订到客户满意度及绩效评估的管理步骤。

| 第 1 节 | 服务的定义、特征和服务运作类型

服务行业已发展为我国国民经济的重要行业，如图 6-1 所示。《2020 中国统计年鉴》显示，我国第三产业的就业人口达到 3.58 亿，占全部就业人口的 47.7%，已经远超第一产业和第二产业的 23.6% 和 28.7%。

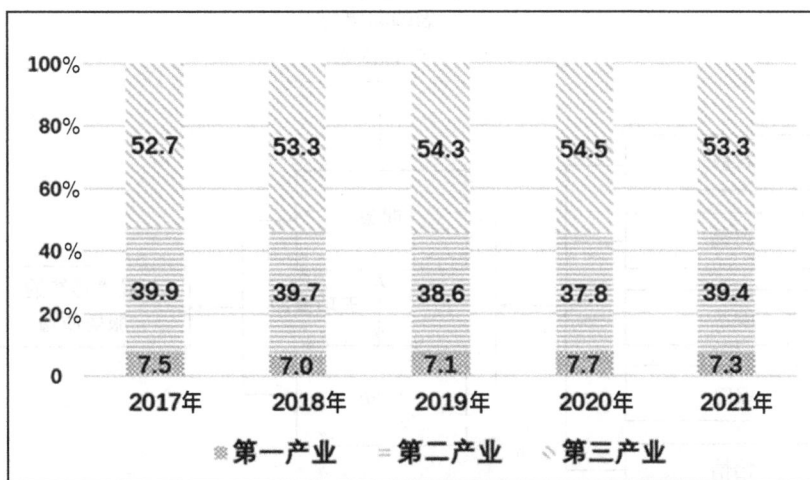

图 6-1　2017—2021 年三次产业增加值占国内生产总值比重

数据来源：国家统计局，2021 年国民经济和社会发展统计公报

虽然服务业与制造业在诸多方面有着明显差异，但二者至少有一个共同点，就是都要致力于改进运作（如交付速度）和降低成本，以达到内外部客户的满意。即使看似销售实物产品的公司，如提出"第三空间"理念的星巴克，人们有时也难以分清是以销售产品为主还是服务为主。一些领先的传统制造型企业甚至提出"制造服务"的策略，从单纯地销售产品，转型为销售解决客户问题的方案。因此，在现代背景下，不论是制造业还是服务业，服务运作都已成为管理者重点关注的领域。

1. 服务的定义

《现代汉语词典》对服务的定义是："为集体（或别人）的利益或为某种事业而工作"[2]。罗素（Russell）和泰勒定义服务为"无形的产品；与感知有关，包括构成服务的辅助实物、描述和内涵"[3]，也有人认为"服务是一种客户体验"[4]。很明显，服务对象的期望，无论是内部客户还是外部客户，以及他们对服务的感知，特别是期望与感知的差异，决定着服务质量的评判。有专家把服务质量界定归纳为五个维度——有形、可靠、响应、保障和怡情，由此产生了"服务质量量表"（Service Quality，SERVQUAL）[5]，如图6-2所示。这为服务设计者和运作者提供了非常清晰的航标灯。

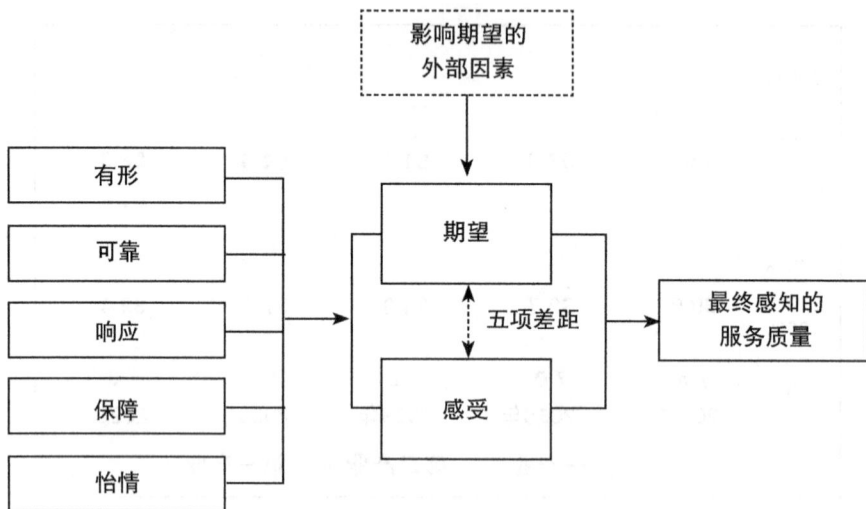

图 6-2　服务质量模型

然而，对于服务质量的感知和判定，到底是受服务提供者影响，还是受客户期望影响，学术界和管理界一直争论不休。有些人认为，不论客户能否体验得到，服务者的努力和服务内容及过程依然存在，"你见，或者不见我，我就在那里"。而不同意见者会举例说，如果客户期望很低，那么即使提供很低水平的服务，客户也会"乐颠颠"的。他们满意，即可。

近年来，服务业的概念和范畴逐渐延伸，出现了"现代服务业""供应链服务"等概念。现代服务业的发展本质上来自于社会进步、经济发展、社会分工的专业化等需求，具有智力要素密集度高、产出附加值高、资源消耗少、环境污染少等特点，其本质是实现服务业的现代化。CFLP把供应链服务定义为"面向客户上下游业务，应用现代管理和技术手段，对物流、信息流和资金流进行整合和优化，形成以共享、开放、协同为特征，为客户创造价值的经济活动。"[6]

罗伍劳克（Lovelock）按照服务行为的对象和性质对服务进行了分类[7]，如表 6-1 所示。针对服务行为的对象，供方为顾客提供核心价值；针对不同服务的性质，服务设施的外观、服务人员与客户的交互、服务地点和时间等因素，对有形行为非常重要。而对无形行为来说，结果质量更被看中。

表 6-1　服务的分类

分类	人	物
有形行为	针对人体的服务： 医疗、客运、美容、餐饮、手术、理发……	针对物体或有形资产的服务： 货运、设备维修、保管、干洗服务、园艺/草坪修整、兽医店……
无形行为	针对思想的服务： 教育、广播、信息服务、剧院演出、博物馆展览……	针对无形资产的服务： 银行、法律服务、会计、安保、保险……

2. 服务的特征

20 世纪末，很多学者和企业管理者就已经提出服务不能被简单地描述为"非生产"活动，与传统的产品制造相比，服务有其固有的特征。菲茨西蒙斯将服务的固有特征归纳为四个方面，即服务生产和消费的同步性、易逝性、所有权转移和无形性[8]。

1）服务生产和消费的同步性

对于多数高频的服务，服务生产与消费通常同时发生在同一地点。例如，企业运营中的清洁、维修和快递，生活中的美容、加油站加油和银行取现。也就是说，服务即产即消费，无法通过运输进行转移。这就要求服务现场必须贴近客户，可能相当分散。当然，如果能力允许，服务提供者可以把服务设计为客户自助的形式。例如，我们可以把按摩改为按摩椅，把柜台取现变为自动取款机，用快递柜替换上门送货。但我们不能让客户跋涉上千公里自取，不能让客户自行摆弄设备维修，也不能让企业员工各自清洁办公室和楼宇，这就有违社会发展的社会分工趋势了。随着技术、理念和客户使用习惯的变化和引导，有些服务，特别是工序复杂的或低频消费的服务，可以通过分离式的设计，使其中一些生产活动远离客户现场。如，医院某些检验的采样，不是已从现场取样，改为患者在家摆弄后送样吗？

供应链服务也具有某些特征。物流服务、供应链信息化和数字化、供应链金融服务的服务动作不像在餐厅吃饭、柜台取现或美容那样，在较短时间内可以同时完成服务的生产和消费，它们的整个过程往往要持续一段时间。这种特征也给服务提供者创造了分离服务生产和消费的运作模式。而且供应链服务的很多动作，客户看不到过程，通常也不是瞬时消费的，且消费的是整个过程。以第三方物流服务为例，服务商接到客户发货指令后的一系列动作，包括拣货、分类包装和配送等，客户根本触及和感受不到。恐怕只有在送达签收时，他们才能体验服务结果，而且很可能收货人还不是客户，而是客户的客户，而且后者极可能是前者的财神。

2）易逝性

很多类型的服务在提供和消费后是不能立即重复的。人们可以重新拍照，但很难马上重新剃一遍头。就每一个个体的服务动作来说，做完即完成，没有重播。这点对服务运作管理者来说至关重要，因为客户满意度就源于每次的服务动作。

不论是仓储和运输这类物流服务，还是供应链管理咨询、信息化和数字化服务，甚至供应商金融服务，都存在着易逝性。每一次的服务动作完毕，服务就完成了，虽然日后可能有千万次类似动作的重复。这就要求供应链服务的提供者，必须在设计和运作管理中尽可能做到第一次就把动作做正确，虽然不可能永远保持，但至少应为此努力。这大概也是供应链服务的管理者们非常看中"差错率"这项关键指标的原因。

3）所有权转移

诸如软件、培训和咨询等服务类型，服务产品的所有权一直归属于服务提供者，并不随着服务过程或结果而转移给客户。这些服务类型经常会因为事先签署的知识产权和保密协议，限制服务对象的转售或重复消费服务。

像供应链咨询、供应链信息化和数字化服务，设计方案、程序和源代码的所有权多属于服务提供者而不是客户。因此，双方对服务过程中产生的数据、信息，甚至方法、方案等事先约定所有权是十分必要的。

4）无形性

服务的无形性使得它很难被客户事先评判，不像商品那样能被触摸、看见、品尝和评估。服务质量的保障通常要通过许可证、政府规定和企业的品牌推广来实现。例如，人们很难界定一盘麻婆豆腐的质量，也难严格地定义剪头发的服务质量。这就是服务设计和服务运作的难点。图 6-3 列举了一些有形与无形的商品和服务。

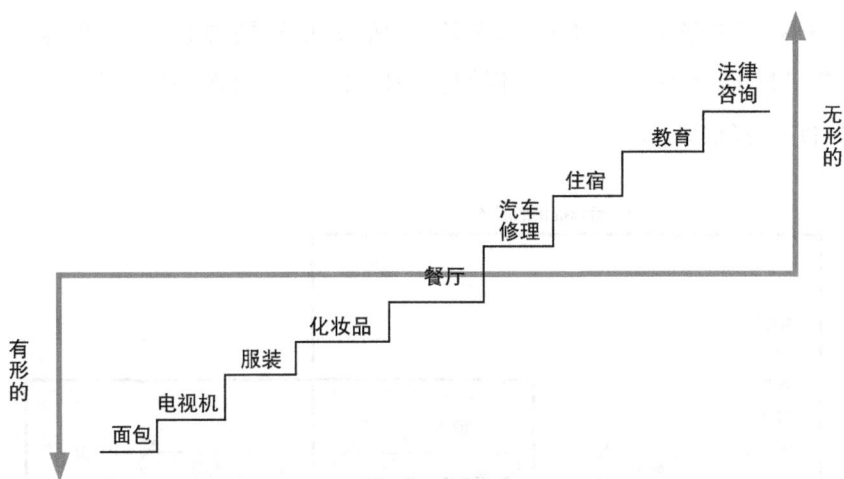

图 6-3　有形与无形的商品和服务

对于供应链服务来说，服务提供者通过作业和管理标准化、品牌化的努力，能提升客户对服务质量的感知。例如，许多快递公司通过不断开发服务产品，如次日达、准时达等，使得原本无形的服务内容变得更加具象和易被感知。

与上述观点近似，还有专家认为服务具有六种特征[9]，即客户影响、无形性、生产和消费的不可分割性、多样性、易逝性和劳动力密集性。其中，多样性是因为服务内容和交付成果，会因客户参与和服务提供者的不同而差异化，其中，客户在服务中的介入是主要原因。例如，企业物流、企业管理咨询和广告策划等服务，行业和客户不同，客户业务要求就不同，服务内容和质量评价标准也会大相径庭。无论被归纳为四种特征还是六种，这些特征之间未必相互独立，某一项具体的服务业务也未必兼具上述特征，并且伴随着社会发展，有些特征可能会减弱甚至消失。例如，随着自动化设备的应用，如无人驾驶卡车、AGV、自动分拣和自助售货机等，物流运作中的运输、搬运和仓库分拣等的劳动力密集性、生产和消费的同步性也就减弱了。

3. 服务运作类型

传统的运作管理理念通常把"运作"视为一个由输入、转换和输出三大环节组成的模型，并且多年来被广泛接受。理论上，该模型既适合生产运作，也适合服务运作。然而，就像前述的服务有其固有的特征一样，服务运作的模型也与生产运作的模型存在差异，如图 6-4 所示。通过运作提供的服务，与客户收到的服务存在着交集，即客户能体验到的服务，如图中相交的深色区域。该图也揭示了服务运作的一个普遍现象，即有些服务运作的过程是客户不易直接感知的。供应链服务领域的很多业务便是如此，如仓储运作、运输配送和供应链信息化/数字化的服务，不论是库内作业、在途运输还是系统开发，作业动作并不易被客户直接感知。

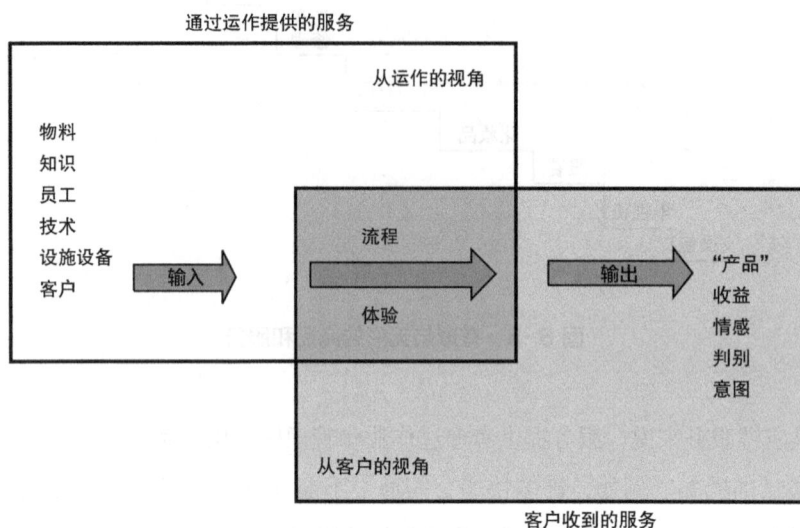

图 6-4 服务运作模型

从不同角度看，服务运作可以被分成不同类型，每种类型的服务运作特点又有所不同。因而服务运作的管理重点也各不相同。

1）按照服务发生的位置分

按照服务发生的位置，通常服务运作可分为客场服务和本场服务两种。

●客场服务：或称上门服务，其过程的主体在客户现场完成，如家政服务、企业设施管理服务（保洁、保安、维修等）。3PL 服务的一个细分市场，厂内物流外包就是一个很典型的例子，即 3PL 企业派人进驻客户工厂，完成物料存储、分拣、打包和车间/工位的配送活动。

客场服务可能存在着客户地点分散的特点，为实现对客户需求的响应速度和供应链运作成本之间的平衡，服务商不能忽视服务所需的物料、员工、设备等资源的配送、仓储和采购管理。同时，客场服务也可以充分利用客户现场的场地、设备，以及服务商组织实物资源抵达现场的经济性，与客户共同设计和选择更优质、便捷的服务。

●本场服务：服务过程的主体在服务提供者的场所完成，如超市、餐厅、银行网点等提供的服务。供应链服务中的物流外包业务、委外包装或加工业务，都具有这种性质。如企业为支持大型促销活动或其他业务需求，安排 3PL 企业把仓库的产品运到物流公司的场所，进行改包装、再包装等加工型业务。

对于本场服务来说，管理者通过现场设施布局、环境装修、人员服务能力和训练等方面的投入，有机会提高客户在现场的服务体验。这对以实物为主的连锁超市可能早已不是新挑战了，因为连锁超市的供应链管理已有多年的良好实践。然而，对于新型实体零售业务，特别是更依赖现场服务人员的专业技能而物资比重相对低的行业，则普遍缺乏对供应链管理的重视和缺少经验。

在客场服务和本场服务之间，有时未必存在清晰的界限，特别是随着互联网、移动终端、自动装备、数字化技术的逐渐应用，二者的界限日益模糊。传统的实体店零售有些转向部分或全部的网络零售，有些则通过部置自动售货机、服务机器人，向无人超市、无人餐厅等新型零售业态发展，传统的服务概念和服务运作模式正在被深刻改变着。

2）按照服务对象分

按照服务的对象进行分类，服务运作有大众个体服务和企业服务两种。

●大众个体服务：个人服务或为企业的小型需求服务，如快递、快运等公共物流业务。每一次服务收入占服务提供者总收入的比重非常小。由于存在着千万次近似的服务动作和巨大的业务规模，服务运作的内容容易实现标准化，服务营销容易品牌化。然而，水能载舟，亦能覆舟，某次服务运作的失误，就很容易破坏品牌形象和声誉，从而影响客户选择，特别在媒体极度发达的今天，这种现象就更为突出了。

●企业服务：多为典型企业外包的业务环节服务，如 3PL 企业中的合同物流业务。由于客户企业的服务需求多有差异，因而服务企业的标准化难度较服务大众个体陡增。例如同样是物流服务，因服务客户不同，会在库存周转、分拣程度、包装要求、送达签收的手续和回单格式和传递方式等环节出现巨大差异。同样，企业对供应链咨询和信息化的服务需求也是如此。

3）按服务工具被使用的程度分

托马斯按照工具被使用的程度，即以设备或人为主，对服务业务进行了分类，如图 6-5 所示[10]。进入 21 世纪，技术和知识管理的发展使得以人为主的很多传统服务，出现了被设备替代的趋势。设备在是否易劳累、批量处理、动作稳定等方面有着人无法比拟的优势。但人在情感和语言交流的优势目前还无法被替代，因而人在这些与形式相关的服务过程中占主导地位。其实，想到人类与设备的竞赛从蒸汽机时代就鸣响了发令枪，我们也就不必畏惧了。服务运作中，资本密集型与劳动力密集型是两种截然不同的策略选项，而今也出现了知识密集型策略。然而，新冠病毒在全球造成的疫情，也改变了人们生活和工作的习惯，即使是仍然以人为主的服务，也会由线下服务转向线上。

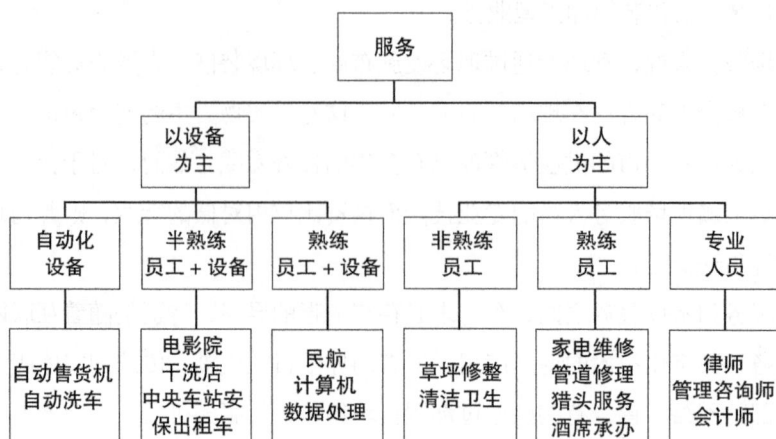

图 6-5　服务的业务类型图谱

4）按与客户的接触程度分

蔡斯依据客户与服务体系的接触程度，划分出了如图 6-6 所示的服务体系[11]，虽然我们可能未必同意他对"监狱"和"殡仪馆"接触程度的判定。高频接触客户的服务系统更加难以驾驭和合理化。客户能影响需求的时间、服务的确切特性和服务质量，因为客户更倾向于自动参与到流程中。而在低频接触客户的服务系统中，客户由于接触少或时间短而很少在服务运作的流程中影响到系统。类似的，3PL 服务中，无论是运输还是仓储，其实客户很少在服务过程中影响服务本身，仅是在晃悠悠地视察现场或兴奋地视察现场或签收货物时才与服务本身发生接触。然而，物流公司不能因此而暗自窃喜或高枕无忧，客户正琢磨或已经部署了追踪定位和各式传感器来捕捉服务过程了，这是一种很严肃的举措。

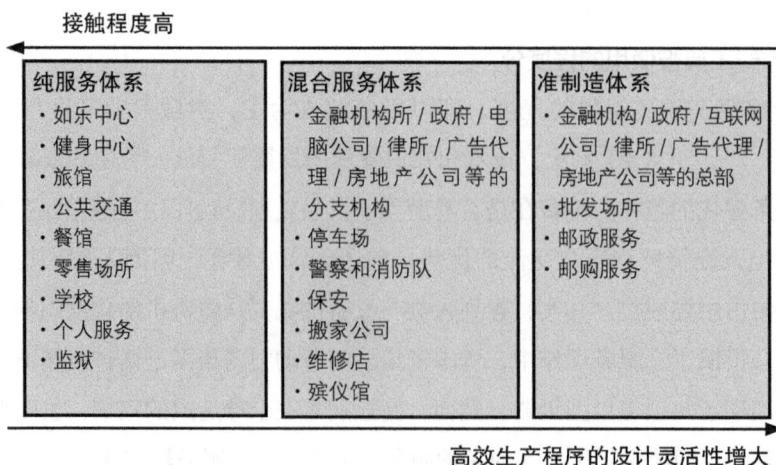

图 6-6　按客户与服务体系的接触程度划分出的服务体系

服务设计者和管理者，通常可以通过接触程度指标来分析服务运作的现状或未来，如以下公式所示。

$$接触程度 = \frac{客户必须处于服务现场的时间}{服务体系为客户提供服务的时间}$$

5）按客户互动和定制化程度分

如果说前几种分类都是围绕一个维度进行的，那么美国印第安那大学商学院教授罗杰·施曼纳（Roger W. Schmenner）则尝试从两个维度进行服务的分类，并称之为"服务过程矩阵"，如图 6-7 所示。这在矩阵式分析工具如雨后春笋般涌现的 20 世纪七八十年代不足为奇。施曼纳采用的维度之一"相互交往程度"，与蔡斯的客户接触程度相同，而他在另一个维度中则应用了互动和客户化程度、劳动力密集化程度这两个概念。互动和客户化程度指根据客户的情况和要求提供服务，劳动力密集程度如下公式所示。

互动和客户化程度

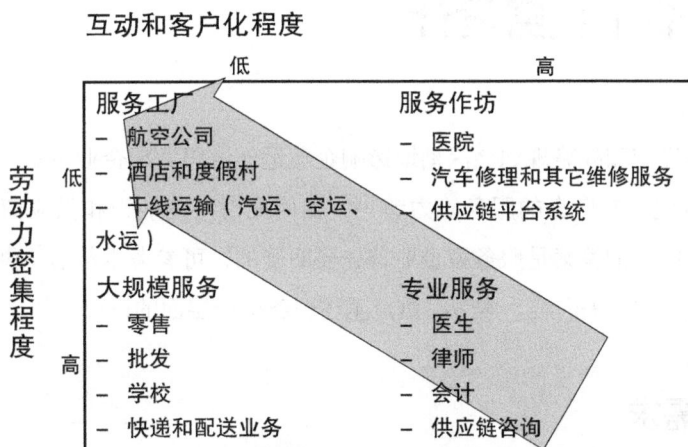

图 6-7　服务过程矩阵

$$劳动力密集程度 = \frac{人工成本}{固定资产价值}$$

从服务过程矩阵的两个坐标看，企业在服务运作中具备如下特征。

●互动和客户化程度低（服务工厂和大规模服务）：市场营销、使服务更有"温度"、物理环境的关注，以及使用标准操作程序（SOP）管理相对僵化的层级。

●互动和客户化程度高（服务作坊和专业服务）：抵抗成本上升、维持质量、响应客户对流程的干预、管理服务交付人员的晋升、在松散的上下级关系中管理扁平的层级以及获得员工忠诚。

●劳动力密集程度低（服务工厂和服务作坊）：资本决策、技术领先、管理峰值需求和非旺季促销，以及服务交付的排程。

●劳动力密集程度高（大规模服务和专业服务）：人员雇佣和培训、发展方式和控制、员工福利、人员排班、对地域广布的工作管控，以及对新服务单位的成长管理。

根据服务过程矩阵，服务企业制定发展策略时，应该从自身所处位置，沿着图6-7中对角线箭头方向发展。例如，处于专业服务象限的供应链咨询，可以通过专业分工和标准化技能，减少综合性服务而专注到细分领域，提升运作的规模化和标准化；也可以努力降低劳动力密集程度，增加设备投入而从事数据处理、代客户运营等业务。快递业务从原有的高劳动力密集的最后一公里环节，增加仓储、分拣中心等投入，降低人力依赖，增加设备的比重。

| 第2节 | 服务设计

企业的目标设定和战略规划会深刻地影响企业运作，服务型企业也不例外。目标客户是谁？如何服务他们？自身的服务能力够吗？如何把自身的能力和供应商的能力组织起来？这些战略性问题的答案是服务型企业首先要明确的，可参考本丛书《供应链规划》和《供应链领导力》的相关内容。本节将重点阐述服务运作层面的设计工作。

1. 服务需求

在开始服务运作之前，企业清晰理解客户服务需求至关重要。例如，仓库作业中，如果不清楚客户要求在分拣后张贴标签，可能会给后续发货、收货或者客户的再分拨带来识别的困难并降低效率；运输作业中，如不清楚客户要求收货人签收的回单需限时返回，就会造成当期该业务的发票开具和收款延迟。

很多服务型企业会分别设置客户（销售）经理和运作（项目）经理，虽然在称谓上各企业有所差异，但在职能上大致相同。前者负责销售活动，对接客户，实现销售和收款，并维持客户关系；后者负责服务的运作和交付，可能是仓储或运输，也可能是一个供应链咨询项目或一套供应链软件。如果客户经理不能准确地理解和描述客户的需求，运作经理就无法准确地运作和交付，客户也就不满意。

因此，服务型企业首先要明确，清晰描述客户需求的责任是属于客户经理，还是一个联合团队。其次，如果管理者认同多数企业"销售人员的主要任务是拿下客户订单，而运作人员的责任是交付"这一典型现状的话，那么两个职能的人员之间经常性的矛盾也就不足为奇了。不顾及服务运作能力的夸张承诺，或是对运作能力过于保护而向客户要价很高，都对企业的经营无益。客户需求的了解、理解和澄清是一个反复循环的过程，而了解市场或业内标准和习惯将起到良好的辅助作用。

如果说那些服务企业的公司或企业应该按照客户需求确认过程的话，那么服务大众个体的企业应更加关注市场对标，了解友商们能提供的服务、承诺和价格，除非企业自身就是行业领导者，自己就能制订标准。这样的企业往往依赖于市场部门，凭借市场调查或焦点小组访谈等手段了解大众需求。

无论是 3PL 企业，还是信息系统提供商，或是供应链咨询公司，对客户需求的明确最终体现在如下两个方面。没有比把二者文档化更好的手段，规范的文件相比含糊的口口相传无疑能极大地减少误解。

1）界定需求范围

典型的客户需求范围归纳如下（但不限于）。

● 主要业务功能：物流环节，如仓储、拆零分拣、再包装、流通加工等；运输方式，如汽运、空运、铁运、水运等；运输服务，如长途干线运输、区域配送、市内同城配送等；供应链系统，如 SRM、客户关系管理系统（Customer Relationship Management，CRM）、TMS、WMS、订单管理系统（Order Management System，OMS）、ERP；供应链咨询服务也需要明确供应链管理的范围。

● 所需运作的地域：服务运作涉及的地理区域。

● 客户的业务单位：企业客户的事业部、部门、工厂等。

● 服务的时间段：年度、季度、月、周、日；全无，还是每天存在截止时间。

2）形成任务描述书（SOW）

SOW 列明了服务运作的动作要求、交付成果等内容。与其说 SOW 是企业客户的采购部门管理服务采购的典型文件，倒不如说它是双方对服务运作内容、要求和交付结果的澄清和认可。更详细的有关 SOW 的讲解，可参见本书"采购管理"一章和本丛书第六册《采购管理》中相应的内容。SOW 的内容因企业及其业务的差异而大相径庭，也与服务运作的客户的管理细度息息相关。以某国际通信设备的物流中心标准服务为例，其 SOW 的部分内容如图 6-8 所示。

- 总则
  - 物流中心作业人员将保存和控制在 VMI 中心的客户商品，并按要求发货
  - 所有商品可以使用某某公司的物料号进行追踪
  - 规格品种混装的托盘在收货时必须分类整理到单品托盘
  - ……
- 服务
  - 进项货物收货
  - 仓库存储和库存管理
  - 发货包装及交付给运输服务商
  - 意外流程管理与汇报
- 作业的作息安排
- 客户服务中心信息

图 6-8　物流中心标准服务 SOW（部分）

在客户的采购管理中，SOW 通常分为效果 SOW 和设计 SOW 两种类型。前者指客户仅注重文件中规定的服务运作结果，而不关心服务商如何实现和实现所用的资源，如叉车和人工。后者则意味着客户介入服务流程的细节，甚至有时还规定了服务商必须投入的资源。通常，效果 SOW（有时称"黑盒子"）的风险在服务商，因为未实现规定的效果或结果，服务商要负责。而设计 SOW（有时称"白盒子"）的风险在客户，因为服务商已经严格遵照客户要求投入资源并严格执行了动作，还是未实现效果和绩效结果，客户就无法追责了。例如，客户在 SOW 中仅要求服务商仓库接到发货指令后须 6 小时出库，且月度达成率为 98%。这就是典型的"黑盒子"，服务商仓库投入的叉车和人的数量、如何实现的，客户均不管，仅看指标是否达成。而如果客户在 SOW 中要求服务商仓库必须使用20 台前移式叉车、2 台高架叉车和 50 名作业工人，这类 SOW 就明显属于"白盒子"。复杂的 SOW 可能还附带服务运作的标准操作程序（SOP）或动作细节。

SOW 多在服务企业的业务中使用，而在服务大众的业务中较为罕见。但即使在服务大众的业务中，服务商内部还是需要制订服务作业标准。

2. 服务流程

服务过程与客户体验存在着交集，而交集的多少则与客户的接触程度、服务发生的位置紧密相关。服务流程的设计既要关注在服务商内部、利用中后台资源开展的作业动作，又要兼顾在客户现场或客户虽不在场却能体验到的业务流程，如图 6-9 所示。

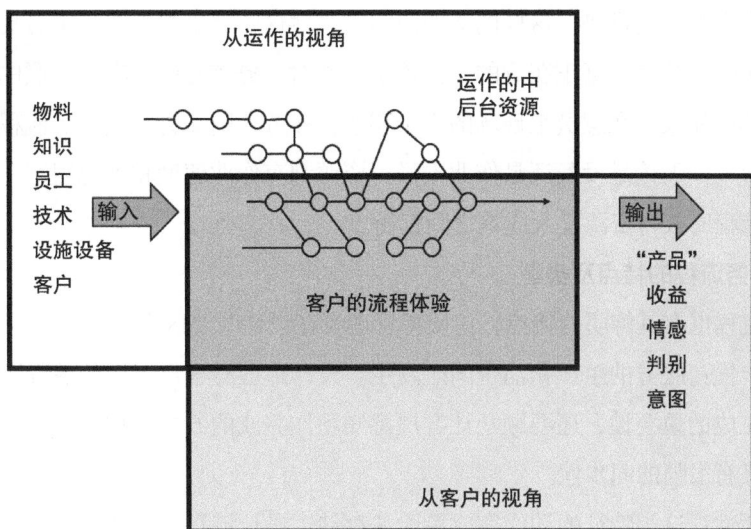

图 6-9　服务流程设计的兼顾

客户服务、客户参与（或介入）与客户体验其实不是完全等同的概念。客户服务有时仅涉及服务提供者完成了既定动作而未必有客户参与其中，如收货人在物流配送签收环节参与度就极低。而在很多嵌入式或整合在一起的服务运作流程中，客户会主动或被动地进入，有时甚至还一起完成运作动作。例如，对于 3PL 企业从事的厂内物流工作，以及拥有更高附加值的计划和库存管理服务，即使客户参与度高，客户体验也未必好。客户体验与他们的期望和感受有关，虽然理解和管理客户期望属于市场营销的范畴，但是服务运作部门也需要与市场或销售部门密切沟通，共同完成服务流程设计和优化。物流公司替客户送货到客户的客户处，传统的流程可能是签收后将回单返回给客户即可。与之相比，签收后迅速推送签收信息给客户的小举措，会让客户有更好的感受和服务体验，除非服务商担心增加额外成本以及送货员经常延迟送货或不规范作业。然而，强行让客户参与运作过程，有时未必会让客户产生良好的感受，如很多人很反感一些零售店中一直尾随并絮叨的导购。

流程设计，无论是针对客户服务、运输送达交接、仓库拣货，还是针对用户使用供应链软件，咨询师进行咨询项目中的客户访谈、组织客户研讨会，均需要对业务执行的程序进行描述，并指明服务人员采用或与其他资源互动的方式，以最终实现服务。以物流中心的客服接听客户电话为例：清晰的作业指导文件会指导客服代表与客户交流和向客户提问的方式，以及期望的绩效标准；客服代表还会搜索计算机的相关内容，查询特定问题的标准回复；系统还会指引客服代表，在应答过程中或之后迅速填写客户要求信息。

如果管理中需要，流程可以设计到非常具体的动作层级，如明确到具体的软件菜单选择操作。然而很多时候，管理者大可不必去设计"客服代表接听电话之前，必须挪来一把椅子并垫上个舒适的靠垫"这样的动作流程，虽然这听起来很温馨、很有趣，但也会使作业人员很厌烦。管理者真正在意的，应该是那些对业务核心价值有强关联的动作流程。当然，安全部门如果很在意员工现场的安全和避免疲劳，则又另当别论。流程设计必须考虑到资源的影响。无论是设备还是作业人员，资源都有作业速度和产能限制。因此，流程设计还要在流程时效与资源投入成本之间权衡。

1）服务流程的特点及类型

服务流程也有其鲜明的特点，这使得管理者在设计时要区别对待。

●同步性：服务的生产和消费同时发生。设计那些有客户出现的流程时，不仅要考虑动作当场完成的重要性，还要顾及让客户感知动作完成的方式。物流配送环节中的代客安装业务就具有很强的同步性。

●易逝性：这类特征的动作完成后无法存储，设计流程时要植入额外产能去应对短期突增的需求，避免客户等待时间过长。

●无形性：这类特征的动作常作业于非实物项目，设计流程时需要为"能做"与"不能做"的动作设置界限。

●多样性：这类特征的动作流程很难被标准化，设计流程时，往往通过植入一定程度的自行决定权以应对异常。供应链咨询和合同物流服务商会经常遇到这样的场景。

管理者可以从客户介入程度、流程频率和流程种类三个维度对服务流程进行划分。客户介入程度指服务流程需要客户参与的程度，无论是主动参与还是被动参与；流程频率指流程在一定时间段内被反复执行的次数；流程种类即有明显动作差别的流程数目。基于这三个维度，管理者可以把服务流程分成不同的类别，如图 6-10 所示。

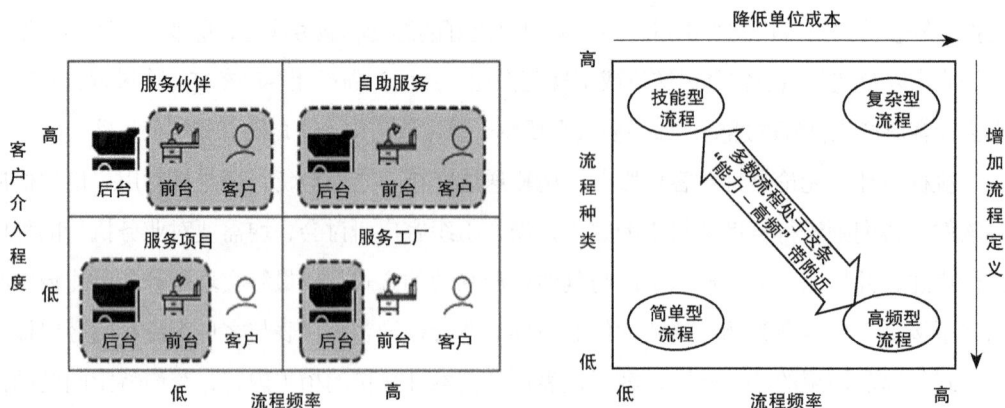

图 6-10 服务流程分类

（1）以客户介入程度和流程频率划分

●服务项目。例如大件物流、工程物流或特种运输业务，无论是前期路勘，还是后续的运输过程，客户介入程度和流程频率都很低。服务商自行完成大量的前台和后台工作，仅在特定时刻向客户汇报。与客户接洽的销售或客户经理需要展现更丰富的专业技能和人际沟通技巧。

●服务伙伴。例如供应链管理咨询、厂内物流等业务，需要高频的客户介入和双方互动，双方常常联合设计和优化流程。现场服务人员与客户的沟通技能，后台服务人员的工作能力，以及前后台的协同将直接影响服务过程和客户感知。

●服务工厂。例如快递、干线运输、外包仓库等业务，客户介入服务过程的程度低而流程被执行的频率很高。服务提供者的管理重点是后台运作，追求尽可能高的效率和规模效应。而前台对接服务也不能被忽视，对客户表现更友好，及时捕捉客户需求的变化，有助于提升整体的客户感知。

●自助服务。例如供应链系统平台的使用、网络零售等业务场景，就需要整体地设计客户现场、前台和后台的一体化流程。

当然，有的服务过程未必体现上述单一特征，而是体现出组合特征，并且有的服务过程受公司战略和客户习惯变化的影响，会从原先的象限向其他象限转移。

（2）以流程种类和频率划分

这是另一种划分服务流程的方式，多数流程集中在"能力－高频"带附近，如图 6-10 的右图所示。

●技能型流程。该流程更多地依赖服务人员的技能，对千差万别的客户需求做出现场判断和及时反应，而不是提供事先准备好的服务，例如医院门诊、供应链咨询、供应链软件定制、复杂设备维修等业务。管理者更应关注服务人员的能力资格和能力储备，并对每一次潜在新服务所需的产能时刻保持警觉。

●高频型流程。例如公共物流里的快递、快运和干线运输等业务。流程差异少且被严格地执行，稳定的质量和流程规模支撑着企业更具竞争力的价格。服务理念则贯穿于一系列紧密受控的流程中。然而，客户看到的往往是低级别，甚至收入微薄的员工。这种服务过程需要事先规划日常产能，保有一定冗余，以应对临时的需求高峰，如"双十一"。一些领先的快递公司添加更多的新产品，与其说是在使流程差异化，倒不如说是出于市场营销的考虑，为了增加更多的新客户。从服务运作的角度，流程差异化势必降低单个流程运营的规模效应。例如，不同的快递产品对收件和派送件的影响，与对分拣中心和运输的影响相比可以说是微乎其微，对中后台产能和技能乃至运作成本的影响才是关键。传统快递进入快运和大件物流市场失败的案例也并不鲜见，在现有公共物流业务上简单添加合同物流业务依然艰难。识别现有客户基本需求之外的潜在需求，并微调相适应的流程，才是高频型流程的业务真正的挑战，总不能简单地要求快递员送件时，顺便询问收件人"我还能帮您做点儿啥"吧？

● 复杂型流程。较典型的例子是大型的冷链物流和危险品物流业务，不同温度要求、危险品等级的货品，需要服务提供者进行大规模定制，在中后台通过标准化作业产生规模效应。

● 简单型流程。此类型的服务流程出现于单一且频率不高的业务场景，毋庸置疑地出现在新起步的服务或异常处理中，如低频出现的退货处理，当然网络零售中的女性服饰品类不能纳入此类型。

同样，很多服务企业的业务也不仅局限于以上一种，多种业务、多种特征并存并相互兼容普遍存在，进入众多赛道的大型企业更是如此。

2）流程再造

对于多数服务运作来说，更多的场景是对现有流程进行优化改进，以缩短时间、降低成本和减少差错。但无论是新流程设计还是改进现有流程，无论是针对制造环节还是服务运作，管理界多年来在实践中总结的各种工具大都适用，这些工具包括六西格玛、持续改进、价值流图析、流程图析、精益运营等。

（1）流程的周期时间和产能

流程的周期时间是服务动作被完成的历时。例如，一个物流中心每周工作 40 小时，需要在 4,000 箱客户包装上张贴标签，则：

$$流程的周期时间 = \frac{可用时间}{需处理的订单数} = \frac{40\ 小时}{4,000\ 个} = 0.01\ 小时／个 = 0.6\ 分钟／个$$

即每小时需要贴 100 个标签。

然后，计算流程所需的产能。如果员工执行贴签动作的流程时间是 6 分钟，那么：

$$整个流程所需的员工数 = \frac{6\ 分钟}{0.6\ 分钟／个} = 10\ 人$$

（2）流程瓶颈

流程瓶颈是指流程的各步骤中周期时间最长的动作。例如，物流中心每天有客户订单 10,000 箱，日拣货能力 8,000 箱，日装车能力 7,000 箱，则从大流程看，装车是瓶颈。然而，事实有时未必如理论分析的结果。如果该物流中心一些中距离的收货人在周末不收货，周五的一部分订单实际上当天无须拣货和装车，而是安排在周日，那么装车就未必是瓶颈了。类似的例子常出现在具有判断分支的流程中。

管理者识别瓶颈后就要努力去消除瓶颈，虽然很多时候仅是削弱。削弱瓶颈以影响流程时效的常见措施便是在瓶颈步骤增加资源，但这未必是灵丹妙药。例如，在某国国际机场办理移民入境手续的通道，一段时间内旅客发现移民官特别爱与旅客交谈，要花费七八分钟才盖章放行。后来，新闻报道说，这些口岸员工是有意地集体拖延时间，意图是让上级增加人手。消除瓶颈的最佳实践是找到根本原因并提高效率，或流程再造，让流程符合客户的变化。

（3）减少差错（Poka Yoke）

服务运作中，服务人员和客户都会产生差错，因而在流程设计和优化时，引入能防止差错产生或及时纠错的机制就十分必要了。减少差错也称"防呆"，源自 TPS，指通过优秀的产品和工艺流程设计，使作业人员无须具有较多的的专业经验，也无须花费太多精力，便能准确地完成操作。生活中的防呆设计比比皆是：网线口的凹凸、电源三相插头的差异形状、自动收货机硬币口的尺寸、超市的进门响铃等。工作中使用 Excel 的数字验证功能防止输入不合要求的信息，也是防呆措施的完美体现。

在服务运作中应用防呆措施通常有三种策略，常被称为"3T"（Task、Treatment 和 Tangible），即必须要做的动作、客户对待和服务设施的有形、环境特点。服务人员的失误往往就源自这三个方面，而客户的失误在准备阶段、会面阶段和解决问题阶段都可能发生。

（4）流程的客户体验

除了像很多其他流程设计那样要关注流程的逻辑次序、时效、处理能力（产能）和可能的成本之外，服务流程设计更在意对客户体验的影响。回顾图 6-9，我们应能洞察客户能体验到的流程与体验不到的流程，虽然服务运作都可能涉及。在不同场景下，客户的时间观念和情感不同，因此与市场或销售部门确认流程的价值体现至关重要。不能因为看餐厅为等待的客户准备了瓜子、修指甲服务等效果很好，就照搬到银行大厅。客户原本就打算多花费些时间在餐厅放松，但他们更愿意在银行尽快办理业务后离开。

服务过程的可视化是增加客户体验的常用手段，让客户真实地看到服务过程，并感到放心，从而提升客户的质量认知，就像人们在餐厅看到的透明厨房一样。然而，过多信息的提供有时多余且无益。例如，物流公司出于好意，不断更新并给客户推送运输车辆的位置和预计到达时间，可是如果客户不断收到延误信息，恐怕他对物流公司的销售就厌烦至极了。

3）将新技术引入服务流程

把新技术引入服务流程的一个目的是提高服务运作的效率，包括动作效率和沟通效率。在物流服务领域，从早期的条码到现在流行的二维码等图像识别技术，以及 RFID、传感器等物联网技术，新技术的使用极大地提升了数据的识别和采集速度及准确率。每一次新技术的引入，都不可避免地让企业重新梳理其运作流程。如某著名体育用品公司在运动鞋里植入 RFID 芯片，使得物流作业、分销和零售环境能充分地利用数据，极大地提高了其物流效率。物流中心在站台卸货时，能快速、准确地读取车里货物（每一盒鞋）的计划流向，了解哪些要入库，哪些要越库（cross dock），哪些无须卸车而继续到下一站。由此，运作流程中的车辆停靠、卸货、放置、越库等作业流程都必须做相应的改变。

艾伦的研究表明[12]，内部作业人员的沟通频次会随着他们之间的距离增大而下降，后被称为"艾伦曲线"。针对某些技术信息交流来说，座位间隔 2 米的同事间的沟通频次是与间隔 20 米同事的 4 倍，而一旦间隔超过 50 米（特别是不同楼层）则几乎没有交互了。如今，邮件、即时通信、系统链接、VR/AR、协同办公应用软件等工具和技术不仅促进了服务运作的内部员工之间的沟通，也极广泛地应用在与客户的交互中。进而，大数据、云计算、人工智能和自动化，无一不开始在服务运作中展现现代科技的魅力。

3. 服务水平

服务运作的服务水平通过运作对客户服务承诺的实现水平，即承诺的达成率来体现。服务水平的表现既受到运作能力的影响，也与服务提供者和客户事先的约定有关，而这样的约定通常体现在 SOW、服务水平协议或业务合同中。不顾及自身运作能力做出的客户承诺，不仅不易达成，反而会影响客户满意度。服务水平承诺通常既是服务企业的营销手段，又是服务运作的绩效考核指标，驱使服务的设计和运作致力于满足客户的需要。

服务水平其他常见的衡量指标还包括客户订单的满足率、服务时间窗、等候时间、满意率、服务时长、可靠性、客户端处理量等。

4. 服务运作能力

理论上，服务运作能力要与服务需求量匹配。然而实际上，这种匹配没有金科玉律，完全受管理者对服务需求的预测、服务商运作策略及供应能力的制约。

服务需求的预测在理论上与其他产品的需求预测别无他样，本丛书第五册《计划管理》的有关章节对预测技术和步骤会有更全面的介绍。然而，服务需求的预测也存在独有的挑战。很多时候，服务提供者很难事先预计具体客户的准确服务需求，快递员在收件前怎可能知晓某位客户的发件去向呢？咨询师也不可能在与客户接触并沟通前，就能明确客户的需求是在仓储、运输、采购、计划与库存领域。服务大众个体的企业，通常会根据客户的行为研究和历史数据进行服务需求预测；而服务企业的企业进行服务需求预测时，就只能依赖与客户的协同，提早获悉客户的销售、生产和采购计划，以及自身的经验判断。服务运作的产品化、特征化有助于服务需求预测。如果我们把快递线路当成一个产品，那么即使我们无法准确预测某客户具体的发件去向，一个地区的线路历史流量对预测还是会有很大帮助的。

服务运作管理者面对的另一项巨大挑战，是如何使得服务运作或供应与需求同步，联系前文讲述的服务易逝性，就应该能理解这种同步的重要性了。管理者常使用追随或平稳策略去匹配供应与需求。由于服务的同步性和易逝性，管理者将面临两难困境，即为同步需求而不得不准备额外的运作能力，或者由于产能的瓶颈而被迫放弃需求。这归根结底就是投入和产出的抉择，这种抉择在服务种类众多或季节性波动剧烈的业务场景，被放大为"存在，或是死亡"的冒险。即便如此，管理者还是应当锲而不舍地努力规划，特别是中远期运作能力的规划。

基于服务所在行业的特征、服务流程和服务水平的期望，中远期运作能力规划通常围绕着人员、设备和场地三项关键要素进行。人员方面，可以加强服务人员多技能训练，以实现合理的、灵活的配置和效率提升；设备和场地方面，应进行合理的布局、工序安排和运作生产计划，并将社会资源外包作为能力的额外储备。许多传统的生产运作管理手段同样可以在服务运作的设备和场地要素规划中发挥作用，如工序设计、设施场地布局、精益生产、产能计划等。

5. 客户价值

无论管理者如何设计服务运作，他们都无法回避一个重要的问题：服务的价值是什么？或者说，客户能够得到什么价值？安德森和纳拉斯指出，商业市场中的价值是以客户获得的技术、经济、服务和社会收益的金钱形式来衡量的，是客户支付市场供应的价格交换[13]。他们还给出了客户价值的基本公式：

$$（价值_s - 价格_s）-（价值_a - 价格_a）$$

其中，下标 s 代表供应市场提供的服务或商品，下标 a 代表服务或商品的另一个最佳选择。价值与价格的差异即是客户购买服务或商品的动机。该公式还隐含着另一层意义：客户购买服务或产品的动机，必须大于下一个最佳选项的动机。这种"大于"也被称为"客户或消费者剩余"。有管理者认为，除了上述定义的"金钱形式"，还应有"非金钱形式"来衡量客户价值。至少从商业的实质看，最好没有，否则，我们就如同探讨"宇宙的边界"那样无所适从。虽然"来个五毛钱的心情愉悦"这样的表述不怎么阳春白雪，可我们仍然要考虑客户是否愿意为"愉悦"而花费多少。

然而，我们无法回避"价值还是需要被感知的"这一归宿，依然要回到第一节描述的服务质量模型。管理者需要借助市场调查、焦点小组访谈去理解客户价值的关键因素，以及他们对这些因素的期望。

服务提供者需要理解不同客户群体的价值因素和重要性排序。图 6-11 是 3PL 企业针对不同行业客户价值因素的理解示例，其中 1~4 代表着客户对时间、信息及时传递、安全和成本这四个主要价值因素的排序。

	时间	信息及时传递	安全	成本
汽车	1	2	3	4
高科技	1	3	2	4
冷链	3	4	1	2
健康及医药	3	2	1	4
快速消费品	2	4	3	1
服装	3	4	2	1

图 6-11 不同行业物流服务的价值因素示例

服务提供者还需从客户关系管理的角度理解和预估客户生命周期价值（Customer Lifetime Value，CLV），即整个关系周期中产生的现金流现值，具体可用如下公式计算：

$$CLV = 利润 \times \frac{维持率}{1 + 折扣率 - 维持率}$$

其中，维持率指周期内客户留存的比例，折扣率代表着周期内从客户获得远期收入的资金贬值，通常简单采用当期利率或公司内的资金成本率。

理解客户价值将帮助服务提供者构建企业目标和服务营销策略。

｜第 3 节｜排队论

1. 排队系统的经济意义

1909 年，丹麦工程师爱尔朗（A. K. Erlang） 针对电话局的线路拥堵问题，发表了论文并奠定了排队论（Queuing Theory）的基础。经过一百多年的发展，排队论已成为现代运筹学的一个重要分支，广泛用于交通、电信、物流、零售等各个领域。排队系统在服务运作中比比皆是，如超市收银、银行柜台、机场值机、医院。在物流和供应链管理中，客户订单、生产订单和采购订单的处理，仓库储存货物的入库、拣货和出库操作，运输车辆停靠站台以及货物装卸等，也都是典型的排队系统。

1）排队及其代价

排队的本质就是在某个时段出现了需求大于供应的现象，在服务运作中就是服务资源在某个时段不足，这在采取平稳运作策略的场景中尤为明显。排队的代价之一是销售损失，排队客户可能因不愿等待而流失。而在企业内部或服务提供者内部，出现排队则意味着内部资源（人或设备）的等待和低产出。排队还会造成内外客户的焦虑、厌烦甚至抱怨，从而影响客户满意度或导致负面传播。客户需求抵达的峰值和需求的差异性波动，在服务运作中司空见惯。对此，管理者想要选择合适的应对策略，必须理解需求波动的成因。

然而，客户排队等待也未必一无是处，让客户适度等待是市场营销的一种策略，即"饥饿营销"。但是，餐厅恐怕仅凭一堆瓜子或苔条儿是维系不住真正饥肠辘辘的客人的，充其量就是转移顾客的注意力。排队对服务提供者来说的另一项好处，则是看清即将要服务的客户。已经在排队的客户总比在队列外游荡的更有价值、更易预测，服务提供者也不必眼巴巴地看着"游荡者"胡乱猜测。

更为有趣的是，研究发现，客户感受到的等待时间要大于真实的等待时间，并有专家总结了排队的十大心理特征及其对服务运作的意义[14]，如表 6-2 所示。

表 6-2　排队的十大心理特征及其对服务运作的意义

心理特征	对服务运作的意义
1.无所事事的等待时间比有事可做的感觉要长	让客户在等待时参与店铺设置的娱乐活动
2.过程前的等待比流程中的感觉要长	尽早把客户纳入过程中或增加过程前的互动

心理特征	对服务运作的意义
3. 焦虑会使等待时间感觉更长	及时安抚
4. 不确定的等待时间比确定的感觉要长	增加预期时间或进程的通报
5. 未解释原因的等待时间比解释的感觉要长	解释原因，但也可能造成负面影响
6. 不公平的等待时间比公平的感觉要长	设置公平的排队规则或事先明示优先级
7. 服务越有价值，客户越愿意多等待	提高服务价值及客户感受
8. 孤独的等待时间比集体的感觉更长	增加等待中的互动，进行恰当的场地安排
9. 不舒适的等待时间比舒适的感觉更长	改进服务设施
10. 新客会比熟客感觉等待时间更长	注重客户分类、追踪和新客措施

虽然影响等待心理的本质还是客户对时间价值的看待，而这又受到客户人群、地域、工作和生活时间分配等诸多因素的影响，但对等待心理特征的深刻理解，将有助于管理者选择应对策略。

2）管理客户排队的策略

对于已在队列中的客户，服务提供者的第一种典型应对策略是安抚他们焦虑的心情，而安抚不仅有成本，也需要在服务规划和流程设计时一并考虑。常见的安抚做法是设置排队线，甚至是绕来绕去的那种。这种方法与其说是安抚客户焦虑的心情，倒不如说是避免发生拥挤和不必要的纠纷，如插队。安抚往往并不能提高效率和满足及时服务的需求。

第二种应对策略是把等待的客户纳入服务流程，如餐厅等位时的提前点菜、医院等候就诊前的历史病例填写。这种前置或并行流程的措施，在供应链服务运作中并不鲜见。

第三种应对策略是预订。不仅在餐厅、影院和医院等服务场所，连仓库送货取货也结合了移动互联网技术广泛地应用了预订策略。

第四种应对策略是采用恰当的排序处理原则。管理者可以借鉴经典的运作管理的排序原则，如先到先得、处理时间最短、交期最短、松弛时间最短、关键比率、客户重要性和后到先得等。

第五种应对策略就是事先在设施和流程设计阶段，引入排队系统的管理手段。

2. 排队系统

1）排队系统的组成

一个典型的服务系统如图 6-12 所示，包括客户抵达、等待服务（队列）、接受服务和离开系统等环节，也可看成由队列和服务器等资源构成。排队系统不仅出现在传统的服务设施现场，在互联网时代，在线等待也司空见惯，例如 App 叫车服务和在线客服。

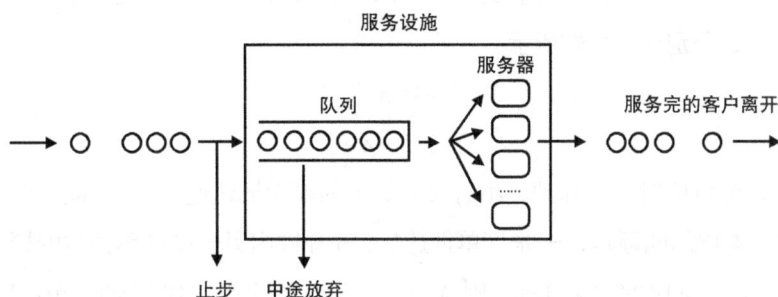

图 6-12 典型的服务系统

2）排队系统的特征

约翰·利特尔于 1961 年提出了利特尔法则（Little's law），总结了所有排队系统都尊崇的普遍规律：队列长度是处理速度与等待时间的乘积。具体如下公式所示，其中 L 为队列长度，λ 为服务器的处理速度，W 为等待时间。

$$L = \lambda W$$

实际上，仓库也是一个排队系统，即库存排队等待着出库。其中库存为 L，出库速度为 λ，库存在库时间为 W。

如需完整细致地描述排队系统的特征，则需从客户源、客户或需求的抵达流程、排队系统设置、排队规则和服务流程等方面进行。

（1）客户源

排队系统的客户源既可以是同类型的，又可以是不同类型的，且客户源又可分别细分为有限或无限的。如果某客户在服务完成后离开且再进入服务等待，这样的客户源称为有限的。例如，物流公司的车队维修，当一辆车进入维修状态后，潜在维修任务将来自车队其他车辆，下一次发生维修的概率相应减少。而无限的客户源通常是数量庞大的客户群，一个客户完成服务后是否返归客户群等待下一次服务，并不显著影响服务系统。对于物流公司来说，如果属于公共物流领域，则客户是不同类型且无限的；而如果属于合同物流且仅服务几家大客户，则客户就是同类型且有限的。

（2）客户或需求的抵达流程

对客户或需求订单抵达特征的理解是设计排队系统的关键。管理者可以搜集客户或需求抵达时间的实际记录，来计算抵达的间隔时间。大量基于实证的研究表明，多数情况下客户是随机抵达的，抵达的间隔时间呈现为指数分布或泊松分布。对于客户会成批同时抵达的场景，概率分布也按批量而非单个描述。

图 6-13 为客户订单抵达的间隔时间示例，间隔时间的均值为 2.4 分钟（每小时 25 张订单），标准偏差为 2.6 分钟。遵循指数分布，间隔时间的概率密度函数 $f(t)$ 和概率分布函数 $F(t)$，分别如下公式所示。

$$f(t) = \lambda e^{-\lambda t}$$

$$F(t) = 1 - \lambda e^{-\lambda t}$$

其中，λ 为单位时间（分钟、小时或天等）的平均抵达速度，t 为间隔时间。例如，管理者通常要考虑的问题是，一张订单抵达后，5 分钟内另一张订单抵达的概率有多大？在上例中，间隔时间均值 2.4 分钟，则 $\lambda = 0.4167$，$t = 5$ 分钟，代入公式 $F(t) = 1 - \lambda e^{-\lambda t}$，得到 $F(5) = 94.8\%$。

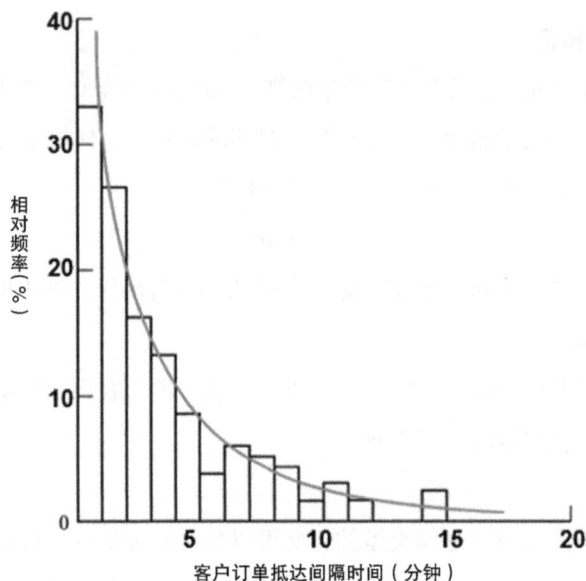

图 6-13 客户订单抵达的间隔时间

另外，我们也可用泊松分布表示单位时间内抵达一个客户或需求的概率，如下公式所示。

$$f(n) = \frac{(\lambda t)^n e^{-\lambda t}}{n!}$$

其中，λ 代表单位时间的平均抵达速度，t 为感兴趣的时段数（通常选 1），n 为抵达的客户数或需求数，λt 为均值和偏差。

泊松分布与指数分布有着独特的关系，前者通常用于描述单位时间段内抵达的客户或需求数，而后者更倾向描述客户或需求抵达的间隔时间，殊途同归但视角不同，如图 6-14 所示。

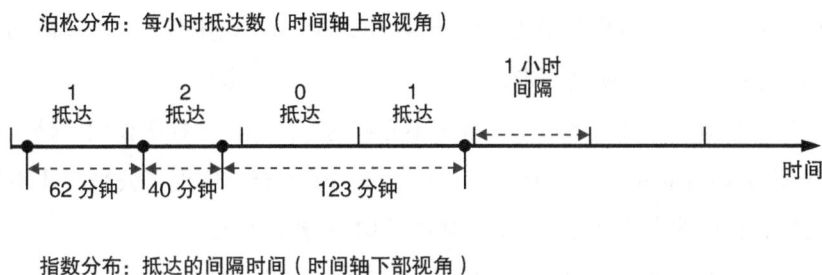

图 6-14　泊松分布与指数分布

管理者通常可以把客户或需求抵达的特征归纳为稳态和动态两类。稳定抵达的客户随机抵达，或者按稳定速率，或者随时间变化；管理者更关注客户抵达的概率分布、两次（批）抵达的间隔时间和单位时间抵达的平均客户数。而动态抵达则会受到服务设施和客户的控制影响，例如，根据客户抵达特征而调整的服务人员数、不同时段的差异收费和预约；通常情况下，可以把单位时间内动态抵达的客户数近似看成泊松分布。

客户抵达环节的另一项管理重点是理解客户对排队的反应。除了图 6-13 所示的止步和中途放弃之外，客户行为还包括坚持排队和多队列时的换道。

（3）排队系统设置

管理者需要考虑场地空间、队列的位置设置、队列数目，以及它们对客户行为的影响。服务设施空间的充裕程度有时会限制客户进入服务，也被称作"有限队列"，例如座位满了、车辆满载和线路拥堵等场景。图 6-15 展示了三种典型的排队系统，即多队列多服务、单队列多服务和叫号。

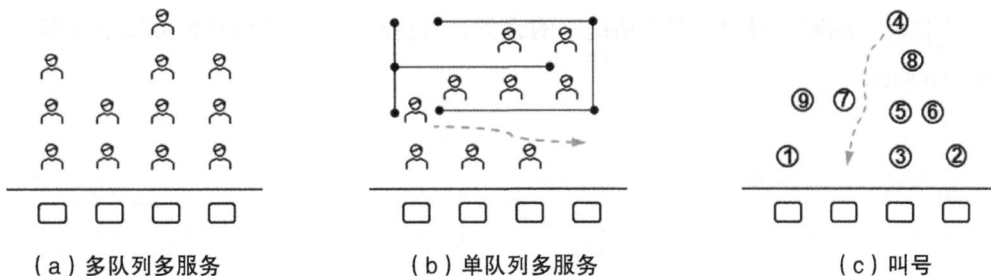

（a）多队列多服务　　　　（b）单队列多服务　　　　（c）叫号

图 6-15　典型的排队系统

●多队列多服务。这种系统允许客户自行选择队列，并且他们在对先前的选择失误懊恼时，还可以换道。管理者还可以采用差异化安排，就像人们在值机、酒店前台登记时见到的 VIP 服务台那样。很多大型超市或机场安检针对购买商品件数少的顾客或行李轻便的旅客也会设置专门队列。客户甚至还能选择喜爱的服务员。该排队系统与单队列多服务相比，客户不至于被长龙般的队列吓走，虽然二者的服务处理速度很可能一样。

●单队列多服务。该排队系统中，客户不必再为多队列的选择失误而懊恼。这种系统通过先到先服务（First-Come First-Service，FCFS）充分体现了公平，还不易插队。与多队列相比，客户的走动距离长，而整体的平均等待时间少。

●叫号。不需要正式的队列，使用号码代表客户的排队次序。客户可以更自由地安排等待时间，如在周边闲逛或去购买其他商品或服务。然而，常令管理者头疼的是处理"过号"的规则，允许或不允许将面临公平性的挑战。数字化手段的应用使得排队次序更透明，打消了部分客户的猜忌，至少会比在那儿默默数羊更有趣些。

3. 排队模型

排队系统并不局限于图 6-15 展示的三种，现实中的排队系统会更复杂，如多队列、多服务台和多阶段等。无论面对哪种类型，管理者都需要掌握一些关键特征，例如平均队列长度、客户平均等待时间、平均服务时间、客户在系统里的平均时间（等待时间加服务时间）、系统中的平均客户数、服务系统闲置的概率和系统利用率。这些特征不仅能深刻体现服务系统的服务特点，也会显著影响服务与成本的权衡决策。

1）客户等待与服务时间

客户等待源于客户抵达速率或抵达间隔时间与服务（运作）时间的差。如果服务时间大于客户抵达的间隔时间，通常会出现客户等待的情况。如果是像自动售货机那样的机器服务或标准化服务，则服务时间可看成是稳定的，虽然人机互动的场景也会由于人操作的不确定性而影响服务时间。很多情况下的服务时间会被管理者看成负指数概率分布，如图 6-16 所示。

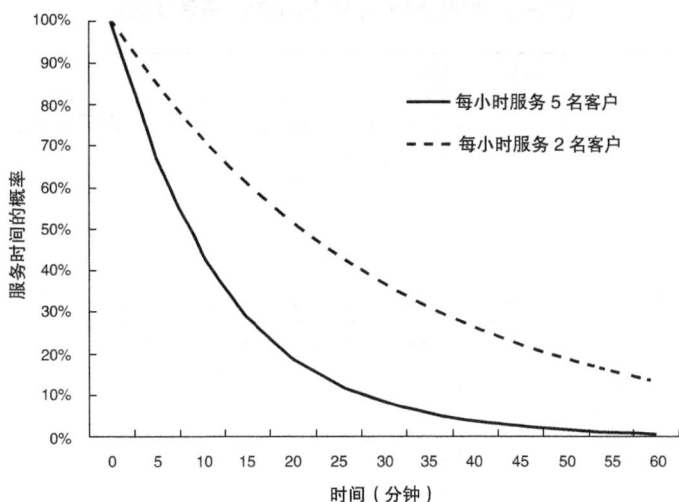

图 6-16 负指数分布的服务时间

2）服务台或通道与服务阶段

在排队系统中，服务台或通道的部署是一项非常重要的决策，代表了管理者针对减少客户等待时间与增加成本的权衡。管理者可以依据利特尔法则简单地评估单个服务台或通道的处理速度与客户能容忍的等待时间，后者可通过市场调查或焦点小组访谈获取，并在场地空间限制内，评估是否需要添加多个服务台或通道，从而提高整体处理速度。管理者也可以详细地分析不同设置的服务台的等待成本与客户等待成本，而选择合适的配置方案。

服务阶段是单阶段还是多阶段的设计思想，其本质源于服务流程设计。对于多内容的服务，由于客户需求的差异化，服务提供者会把某些相同或相近的服务内容和动作整合，从而形成多阶段服务过程。

3）排队模型标识符

没有什么能比采用规则符号来标注繁杂的排队模型更有效了。1953 年，肯德尔提出了用 $X/Y/Z$ 三位标识代表排队模型[15]，其中第一位 X 代表客户到达队列的间隔时间，第二位 Y 代表服务时间的分布，第三位 Z 代表了服务台或服务通道的数目。1971 年的关于排队论符号标准化会议将肯德尔符号扩充为 $X/Y/Z/A/B/C$ 形式，如表 6-3 所示。例如 $M/D/2/ \infty /FCFS$，分别表示该排队系统客户抵达的间隔时间呈指数分布、确定的服务时间、两台并行服务器、无限的系统产能以及采用先到先服务的排队规则。

表 6-3 排队模型 *X/Y/Z/A/B/C* 符号及解释

特征	符号	解释
需求抵达间隔时间分布（*X*）	*M*	负指数分布（*M* 表示 Markov，负指数分布具有无记忆性，即 Markov 性）
服务时间分布（*Y*）	*D*	确定型
	E_k	*k* 阶爱尔朗分布
	GI	一般相互独立（general independent）的时间间隔分布
	G	一般（general）服务时间的分布
并行的服务台数目（*Z*）	*c*	1,2,…,∞
系统容量限制（*A*）	*N*	1,2,…,∞
顾客源数目（*B*）	*m*	1,2,…,∞
排队规则（*C*）	FCFS	先到先服务（最常见情形）
	LCFS	后到先服务
	RSS	随机选择服务
	PR	优先级
	GD	通用规则

有关排队模型的专业书籍和参数表非常多，可供管理者查询、计算和评估业务模型的关键特征参数并管理服务运作，表 6-4 即是单台服务（M/M/1）排队模型参数表的示例。

表 6-4 单台服务（M/M/1）排队模型的参数表

模型参数	定义释义	公式
λ	单位时间内客户或需求抵达的数目	
μ	单位时间服务的客户或需求数目	
L_s	服务系统中（等待及服务）的客户数量	$\dfrac{\lambda}{\mu-\lambda}$
W_s	服务系统中每个客户的平均花费（等待及服务）时间	$\dfrac{1}{\mu-\lambda}$
L_q	排队中的平均客户数量	$\dfrac{\lambda^2}{\mu(\mu-\lambda)}$
W_q	客户排队的平均等待时间	$\dfrac{\lambda}{\mu(\mu-\lambda)}=\dfrac{L_q}{\lambda}$
p	服务系统利用率系数	$\dfrac{\lambda}{\mu}$

模型参数	定义释义	公式
P_0	服务系统中 0 需求的概率，即闲置	$1-\dfrac{\lambda}{\mu}$
$P_n>k$	n 个客户时，系统中大于 k 个需求的概率	$\left(\dfrac{\lambda}{\mu}\right)^{k+1}$

4. 排队论在供应链中的应用

虽然排队论源自服务运作，但如今在供应链的诸多环节均有用武之地。有学者尝试用排队论构建、模拟完整的供应链流程，如图 6-17 所示[16]。但从工作的投入产出角度看，还是不太恰当。管理者与其用相对简单的模型去勾勒复杂的供应链全貌，倒不如聚焦其中一些具体环节。

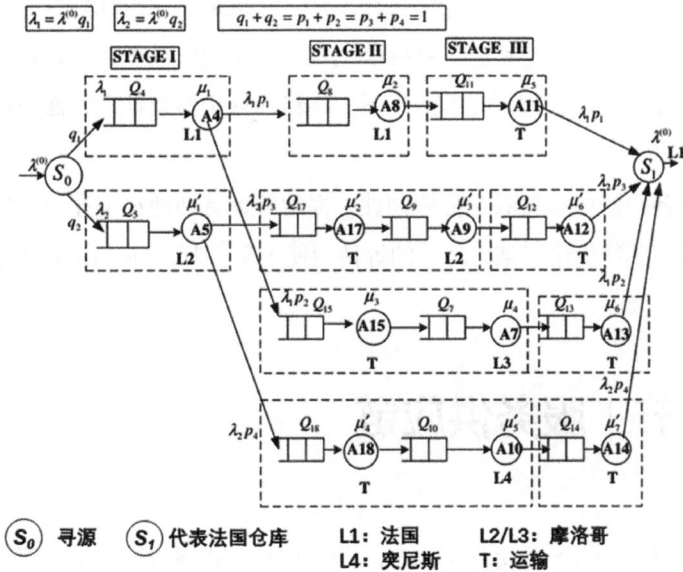

图 6-17　用排队论为供应链建模示意图

●客户订单处理。管理者可以把处理客户订单的部门和员工视作排队系统中的一个或多个服务器，而等待处理的订单如不能被高效地处理并转交给后续的销售、财务和运作部门，必然影响供应链的履约表现。不同行业的客户订单在每月、每周和每日的抵达速率迥然不同。有些行业的经销商订单会在月末几天大量涌现，而有的快消品公司则发现经销商和零售商的订单分别在每周二和周五更集中，体育用品零售商还可能洞察到某城市的年轻人更倾向于周五晚上在商厦的实体店购买运动鞋。结合排队论，管理者在订单处理过程需要分析和设计的主要环节包括订单处理部门的规模、处理流程、处理和等待时间、单阶段还是多阶段设置（如分拆的信用审核流程）等。

●运输配送管理。把客户订单或发货指令所涉及的货物看作是等待运输服务的队列，甚至把路途相近的货物视为一组组等待运输的服务需求队列。在选择队列规则时，有时未必按 SPT（运输时间最短优先）或 FCFS 的规则，而可以考虑在承诺履约时间内，合理安排车辆资源和运输次序。同时，考虑到"仓配一体化"的实践，再把这种调整后的分组订单依序释放给仓库拣货备货，可能更有利于平衡仓储作业的产能和时效。

●仓储管理。在仓储拣货备货次序、人员分组配置以及安排车辆送取货的预约环节，排队论也有强大的用武之地。

●生产计划。虽然在运作管理领域，生产计划的方法已相当成熟，但引用排队论可提供另一种思路和视角。例如，在大型装备制造企业，很多生产工序开工的前提是在产前两三天确认物料的"齐套率"，否则无法按计划开工。被迫的生产计划变更，势必带来已到库物料和即将到库的物料库存积压。从排队论视角，可把陆续抵达的物料看作客户，把生产工序视为服务器，管理者则可在产能设置、物料库存策略及计划方面安排进行恰当的规划。

供应链管理各职能的强关联、强协同性，提醒管理者即使在上述环节应用排队论，仍然要有全局意识，不能优化了某一环节的等待而使上下游其他环节出现无谓等待。

| 第 4 节 | 服务供应链

服务供应链（Service Supply Chain，SSC）通常指服务行业的供应链，是由诸如信息、流程、胜任力和资金等管理的支持性要素与服务提供者组成的网络。也有专家把服务供应链定义为"由供应商、服务提供者、客户和其他支持单位组成的网络，执行产生服务所需的资源交易功能，然后将这些资源转化为支持和核心服务，并最终交付这些服务给顾客"[17]。还有人把服务供应链简单地描述为商品的售后服务，但这明显太过局限了。

与实物供应链相似，服务供应链也涉及采购、生产（服务）、交付和逆向，然而二者也存在着显著差别。很多服务供应链的上述环节，都深深烙下人的印记，与其说是组织物流、信息流和资金流，不如说是组织"人流"、信息流和资金流。人，与实物相比，具有情感、会疲倦和失误，甚至还会不听话。无论是在本场还是客场服务，也无论是与客户，还是内部员工之间或是与服务供应商，人际关系都发挥着举足轻重的作用。服务供应链的管理更应关注从霍桑实验开始的一系列考虑人的行为的管理理论，遗憾的是，这恰恰是太多的服务企业所缺失的，特别是那些如雨后春笋般出现的创新型服务企业。仅靠"打鸡血"、心灵鸡汤或者是缥缈的股权激励，是远远不够的。

1. 服务企业的目标与策略

像生产和销售产品的企业一样，服务企业也要构建组织的经营目标和策略，这又与服务组织的愿景息息相关。服务愿景可包括对服务交付系统、运作战略、服务概念和目标细分市场等方面的描述。服务战略除了迈克尔·波特提出的成本领先战略和差异化战略之外，还包括聚焦战略。

然而，与生产和销售产品的企业的市场营销策略注重交易和交换不同，服务型组织更应关注的是客户、使用和关系。科特勒 1994 年在其《市场营销管理学》中就提出了服务三角形（Service Triangle）[18]的概念，解释了公司、客户和提供者这三者间的关系，如图 6-18 所示。在企业与客户之间，企业通过外部营销构建客户期望并对要交付的服务做出承诺。在三角形底部，提供者通过与客户的相互营销交付企业的承诺，当然有时承诺会遭到破坏。无论提供者是企业内部员工，还是外部的供应商或代理，"人"在其中至关重要。如承诺未能实现，客户就会不满甚至离开。企业管理层应介入提供者的运作，助力他们实现服务承诺。这种介入包括人员雇佣、培训、激励、回报以及设备和技术的提供。

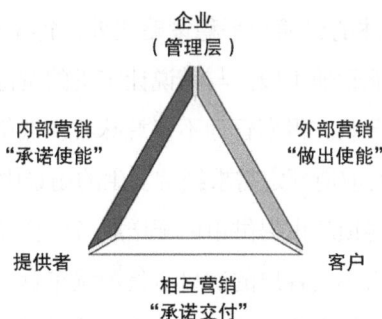

图 6-18　服务三角形

服务企业在制订目标和策略时，管理者需探索如下问题的答案。

● 是否深刻理解所进入的服务业务的具体类型？

● 如何抵御竞争对手？

●如何获取更具成本效率的服务运作？

●价格策略的机理是什么？

●开发和测试新服务产品的流程是什么？

●如果有的话，哪类收购更适合企业？

可见，服务产品的营销策略制订，必须集成服务运作能力，包括人力、设备和场地等资源需求。既要为了满足客户期望，也要顾及潜在的工作量负荷，避免运作成本上升，或成本瓶颈下的服务质量下降。超过服务运作能力和预算的过多承诺，不仅不必要且危险。要向客户及提供者明确阐述实际提供的服务方式组合，并且针对不同客户要有能力提供差异化的服务产品。大量的处于成长期的服务企业，经常因新型服务销售的快速增长而得意忘形，忽略了运作效率的提升，因而容易陷入快速扩张而带来的成本增加、现金流和能力不足的困境。服务企业完全有必要借鉴制造业多年的 ERP 和 S&OP 等成熟的管理理念和工具。

2. 服务资源配置

服务运作中人和物资两种资源如影随形。想要合理配置这些资源，就需充分理解服务产能概念，服务产能常被定义为"单位时间产出的实现水平"。沿袭生产运作管理的成熟实践，管理者可根据服务需求预测、服务内容和流程，推算不同时间段人员和物资的需求，类似"预测—产能规划—生产计划—MRP"的过程。

然而，对于有些服务企业，服务产能是昂贵的，无论是航班座位、酒店房间还是咨询师的工作，产能管理不好则稍纵即逝。服务需求的不确定性和波动，使得服务产能管理尤其关键。除了我们在前文描述的追随和平稳策略之外，得率管理（Yield Management）也是一种非常有效的服务产能管理手段。与其说让宝贵的资源等待客户选中，倒不如主动调整价格策略，以获取更多营收。得率管理不仅意味着调低价格、提高资源利用率，还可采用"超卖"策略，这在临时取消预定需求经常发生的场景中能产生较好的效果。

来看一则示例。一家为连锁超市提供市内配送服务的物流公司，利用自有车队为多个客户服务。通常运营经理要为不同客户的次日送货配置车辆，但经常出现客户当天取消业务的情况，造成取消业务的车辆当天无法利用。于是该经理计划采用得率管理的"超卖"策略，即对一些已有预订的车辆多安排次日的任务。一旦需求未取消，临时高价租车。假设车队每辆车被取消业务会损失利润贡献 400 元 / 天，应对当天运力不足而临时租车的代价为每天 1,000 元 / 辆。车队调度的历史记录分析如表 6-5 所示。运营经理需要维持几辆车的"超卖"策略呢？

表 6-5 车队调度的历史记录分析

取消车辆数	取消概率 $P(c)$	"超卖"车辆 x	概率累积 $P(c<x)$
0	0.09	0	0
1	0.19	1	0.09
2	0.22	2	0.28
3	0.17	3	0.50
4	0.12	4	0.67
5	0.10	5	0.79
6	0.07	6	0.89
7	0.04	7	0.96

根据表 6-5，可计算客户取消车辆预订的平均损失。

$$0 \times 0.09 + 1 \times 0.19 + \cdots + 7 \times 0.04 = 2.82 （辆）$$

$$取消平均损失 = 2.82 \times 400 = 1,128 （元 / 天）$$

因此，运营经理因"超卖"而高价租车的代价应该小于或等于客户取消预订的平均损失。他不妨罗列出"超卖"损失的各种组合，如表 6-6 所示。

表 6-6 "超卖"损失组合

取消车辆数	取消概率	0	1	2	3	4	5	6	7
0	0.09	0	1,000	2,000	3,000	4,000	5,000	6,000	7,000
1	0.19	400	0	1,000	2,000	3,000	4,000	5,000	6,000
2	0.22	800	400	0	1,000	2,000	3,000	4,000	5,000
3	0.17	1,200	800	400	0	1,000	2,000	3,000	4,000
4	0.12	1,600	1,200	800	400	0	1,000	2,000	3,000
5	0.1	2,000	1,600	1,200	800	400	0	1,000	2,000
6	0.07	2,400	2,000	1,600	1,200	800	400	0	1,000
7	0.04	2,800	2,400	2,000	1,600	1,200	800	400	0
预期损失（元）		1,128	854	846	1,146	1,684	2,390	3,236	4,180

最后，计算"超卖"损失与取消损失平衡的概率。

$$P(c<x) \leqslant \frac{C_u}{C_u + C_o} \leqslant \frac{400}{400 + 1,000} \leqslant 0.286$$

从表 6-5 可以查出，小于 0.286 对应的是 2 辆车。因此，运营经理在采取"超卖"策略时，应该为 2 辆车多安排任务。

除了采用得率管理之外，管理者还可以精细地安排人员排班、考虑人员调休的排班、增加客户参与（如自助）、构建可调整的产能（如餐厅的拼桌组合）、与他人共享产能（空间、设备和团队）、多技能员工培养、找临时工和外包等手段。

3. 服务自营与外包

服务型组织的管理者同样面临着自营或外包的抉择，而大量新兴服务方式和组织的涌现也为他们增添了选项。与传统生产型企业一样，影响该决策的首要因素依然是业务是否具有核心竞争力。在服务领域，知识产权保护和产品标准化设计相对薄弱，如第 1 节阐述的服务所有权和无形的特征，更易被复制。如果服务概念不清晰、服务流程标准欠缺、服务效果不易测量，那么外包就更增加了供应商准入和绩效评估的难度。对于大量人力参与的服务业务，外包服务商的文化、人员技能管理都将是外包业务的挑战。由于服务需求的巨大波动性以及自营所需人员而带来的大量固定成本，许多大型服务组织的外包主要是基于成本因素。

更多的自营与外包决策因素和过程，可参考本书"采购运作"一章和本丛书《采购管理》的相关内容。

4. 服务水平协议

作为服务提供者与客户之间的服务承诺文件，服务水平协议（Service Level Agreement，SLA）用于界定工作范围，设置期望值并定义买方和服务商之间的关系。它通常涉及供应商的承诺以及如何履行、度量标准和测量方法、未能履行的后果，以及协议的各种长远方面。SLA 通常不等同于合同，更像是双方采用业务用语的约定，而非那些严谨而晦涩的法律用语。SLA 因服务业务不同而繁简不一，有时可作为合同的附件。

SLA 中约定的服务承诺应该结合客户期望、客户感受及服务提供者的能力，并应因时制宜。

例如，某物流中心为其企业客户提供仓储和配送服务，过去一段时间的作业表现如表 6-7 所示。以订单处理为例，其作业目标是 10 小时，历史数据显示该作业的平均表现为 6 小时，历史订单按作业目标的达成率为 99.9%。物流中心接到客户订单后，除了处理订单之外，还要开展诸如拣货、包装和发运的仓库作业，以及配送给客户指定的收货人。

表 6-7 物流中心作业流程目标和服务水平

	订单处理	仓库作业	配送
目标 / 小时	10	6	24
平均表现 / 小时	6	4	12
完成率	99.9%	95%	90%

那么，如果该物流中心准备与新客户约定 40 小时整体作业（从订单处理到配送完毕）的时间承诺，按他们现有能力推算，预计的服务水平（达成率）是多少？该物流中心向新客户承诺多长的整体作业时间比较合适？

第 1 个问题，假设大量订单的处理、仓库作业和配送的作业时间呈正态分布，订单处理的平均表现 6 小时，目标值 10 小时在图 6-19 所示位置。目标值 10 小时左侧的所有面积即为达成率 99.9%。

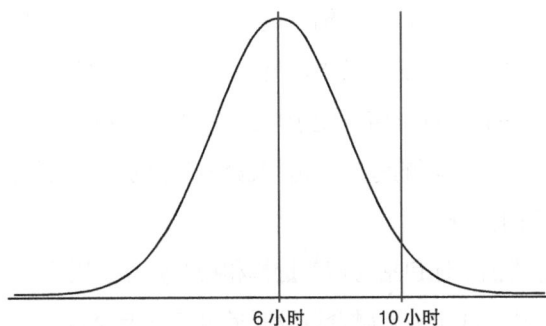

6 小时   10 小时

图 6-19 订单处理流程的正态分布（示例）

根据统计学知识，我们查表（或使用 Excel 的 NORMSINV 函数）可知 10 小时线的偏离量 z=3.09，即目标值偏离均值有 3.09 个标准偏差 σ_1。因而，订单处理作业的标准偏差 σ_1=（10 −6）/3.09 =1.29（小时）。

同理，我们可分别推算出，仓库作业和配送的标准偏差分别为 1.22 小时和 9.36 小时。根据统计学的根号法则，三个近似串行独立作业的整体时间标准偏差 σ，等于三个子流程标准偏差的平方和的平方根：$\sigma = \sqrt{1.29^2 + 1.22^2 + 9.36^2} = 9.53$（小时）。

如果向新客户承诺整体作业时间为 40 小时，因整体流程的平均表现等于三个子流程的平均表现之和 22 小时，那么新目标 40 小时与平均表现 22 小时的差距为 18 小时，则可推导出 40 小时的偏离量 z = 18/9.53 =1.89，查表（或 Excel 的 NORMSDIST 函数）可得出预计达成率为 97.1%。

第 2 个问题没有标准答案，取决于管理者的策略。例如，如果管理者认为提供 95%

的服务水平承诺比较合适，那么整体作业的承诺时间则是：（6+4+12）小时 + 9.53 小时 × 1.64 = 37.6（小时）（注：计算中对应 95% 的偏离量采用 1.64）。

很明显，服务水平的承诺不是空中楼阁，必须结合服务企业自身的能力现状。过高的服务水平承诺不仅会造成绩效考核的难堪，还会增加运作成本。一些共享单车企业为提高服务的覆盖率和可获得率，进行超过自身财务能力的布局和运作，最终就摆脱不了昙花一现的结局。

5. 服务选址

如果说实物供应链在选址时更注重成本最小化的话，那么服务供应链更追求营收最大化。前者倾向物流，无论是物流中心选址还是工厂选址，较大的资产投入使得选址更需战略性；而后者看中"人流"，更关心获客，像餐厅、零售店、酒店和银行网点这类本场服务均体现出这样的选址特征。从市场营销角度，有些企业采用竞品聚集策略，利用客户的扎堆效应，例如火锅一条街、汽配一条街。另一些企业则选择饱和营销策略，在相距很近的位置部署店面，如一些品牌咖啡店，便于增加冲动型购买的同时，也是出于广告费、管理费、物资库存和服务人员共享的考虑。饱和营销策略的主要缺陷是出现营销的互斥，即自家距离很近的网点间的竞争。

服务设施选址的考虑因素还包括房地产选择和物业管理、周边环境、客户和员工的交通便利性、物流经济性、线上线下业务融合以及服务可覆盖半径等。对于那些本场服务或中后台服务，选址条件在营销维度的权重就弱很多。很多共享服务中心，如应付账款中心、呼叫中心和研发中心，会考虑部署在人工供应充足且成本低的地区和城市，甚至离岸。

大规模服务企业在进行选址决策时，还会建立数学模型，并借助地理信息系统（Geographic Information System，GIS）和网络优化软件来完成复杂的运算。

6. 服务成本预算与控制

成本预算和控制对实现组织业务目标的重要性毋庸置疑，然而对服务企业来说，服务的多样性和不确定性使其管理难度比制造企业更大。无论从易逝性、同步性和无形性的服务特征看，还是从客户介入程度、服务过程的技能程度与服务频率的服务过程类型看，制订标准成本预算的难度都非常大。在众多的服务领域，成本预算与控制与人员管理密切相关，涉及人员的使用规划和对人员效率效果的控制，同时也深受服务定义、服务流程设计和服务水平承诺的影响。前期市场营销阶段界定不清，势必造成后期运作的管理窘境。

酒店和航空公司这样的组织更关注人员团队和资产的利用率，把固定成本分摊到房间和座位这样的产品上。而专业服务企业，例如咨询、审计、律所等，则更愿意按人工工时和费率构建按项目的成本预算。作业成本法对服务过程长的业务的成本分配更有帮助。一家著名的传统快运公司进入快递领域，即使乐观地看到新业务的销售收入快速增长，但如果不能合理、清楚地分配那些共享的物流中心和运输车辆等运作成本，就不可能知晓哪个业务更赚钱。

服务运作的成本控制会更强调从年度到季度、月份、周和每天的监控，特别是利用率剧烈变化的行业。而对服务过程较长的业务，例如供应链咨询项目，管理者可以采用项目管理中的挣值管理方法，以追踪成本进度，防止业务蠕变。

7. 客户满意度与绩效评估

客户满意度的测量会受到服务本身特征的影响。首先，服务的无形性使得管理者难以捕捉客户的真实感受，只能深挖表层下的问题，就如同我们很难测量到完成按摩的客户的内心愉悦程度。其次，服务具有同步性，特别是充满互动的服务业务，管理者很难知晓服务运作与客户介入的相互影响。例如，哪项因素造成了供应链管理咨询过程中项目进度和成果呢？是咨询师专业技能差，还是客户员工配合不够？答案很难确定。像 SCMP 这样的专业认证培训，以通过率作为指标考核讲师，也就简单粗暴了。再者，服务的多样性使同类型的客户对不同形式的服务运作能给出大相径庭的评价。同一位采购经理，等待大闸蟹快递与等待供应商发票快递的心情和评价往往是不一样的。最后，服务的易逝性使得绩效很难被实时抓取。

服务运作的绩效评估固然要评估运作结果，不论是按照排队论中的客户等待时间、服务时间、单位时间完成的服务数量等客观的量化指标，还是按照 SLA 约定的其他指标，都可作为绩效评估的测量选项。如前所述，客户满意度与客户期望和客户感受强相关，因而设计相互的测量方法也必然是管理者的工作。采用的方法通常包括打分表、问卷调查和焦点小组访谈，甚至使用对偶发事件的追踪，例如客户投诉及处理过程指标。更多的有关绩效评估和管理的内容，可参考本丛书的《供应链领导力》。

参考文献

[1] 国家统计局，2018，关于修订《三次产业划分规定（2012）》的通知 [Z].更新日期：2018 年 3 月 27 日.

［2］中国社会科学院语言研究所词典编辑室.现代汉语词典：第 7 版［M］.北京：商务印书馆，2016.

［3］Roberta Russell, Bernard Taylor, 2011, Operations Management: Creating Value Along the Supply Chain （7th ed.）［M］.New York: John Wiley & Sons, p.191.

［4］Robert Johnston, Graham Clark, Michael Shulver, 2012, Service Operations Management: Improving Service Delivery （4th ed.）［M］. London, England: Pearson, p.7.

［5］Valarie A. Zeithaml, A. Parasuraman, Leonard L. Berry, Leonard L. Berry, 1990 Delivering quality service: balancing customer perceptions and expectations［M］. New York: Free Press, p.175.

［6］中国物流与采购联合会，2019，供应链服务企业分类与评估指标（T-CFLP 0020-2019）［S］

［7］Lovelock, H. Christopher, 1983, Classifying Services to Gain Strategic Marketing Insights, Journal of Marketing［J］. 47（3）, p,9-20.

［8］Sanjeev Bordoloi, James Fitzsimmons, Mona Fitzsimmons, 2018, The Service Management: Operations, Strategy, Information Technology （9th ed.）［M］.Dubuque: McGraw-Hill Education, p.13.

［9］Winter Nie, Deborah L Kellogg, 1999, How process of operations management view service operations, Production and Operations Management［J］.1999, 8（3）, p339-355.

［10］Van R.E. Thomas, 1978, Strategy is Different in Service Businesses, Harvard Business Review［J］. July 1978.

［11］Richard B. Chase, 1978, Where Does the Customer Fit in a Service Operation?, Harvard Business Review［J］.November 1978.

［12］Thomas J. Allen, 1977, Managing the Flow of Technology［M］.The MIT Press.

［13］James C. Anderson, James A. Narus, 1998, Business Marketing: Understand What Customers Value, Harvard Business Review［J］.November-December 1998.

［14］Peter Jones, Emma Peppiatt, 1996, Managing perceptions of waiting times in service queues, International Journal of Service Industry Management, 7（5）［J］.p.47‑61.

［15］D. G. Kendall, 1953, Stochastic Processes Occurring in the Theory of Queues and Their Analysis by the Method of Imbedded Markov Chains, The Annals of Mathematical Statistics［J］.24, p.338‑354.

［16］Vidhyacharan Bhaskar, Patrick Lallement, 2010, Modeling a Supply Chain Using a Network of Queues［J］.Applied Mathematical Modelling, August 34（8）, p.2074-2088.

［17］T. Baltacioglu, E. Ada, M. D. Kaplan, O. Yurt, Y. C. Kaplan, 2007, A New Framework for Service Supply Chains［J］.The Service Industries Journal, 27（2）, p. 105-124.

［18］P. Kotler, 1994, Marketing Management: Analysis, Planning, Implementation, and Control（8th ed.）［M］.Englewood Cliffs, NJ, Prentice Hall.

第7章

采购运作

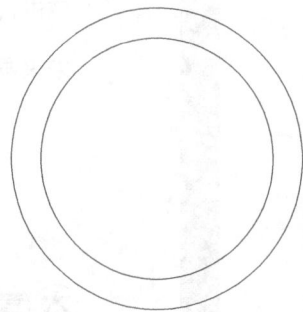

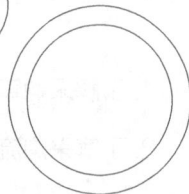

采购运作是企业为客户提供产品或服务的保障工作，是企业在日益激烈竞争的市场中获得优势的重要手段。有效的采购运作，可以帮助企业获得保质、保量、稳定供应链的同时，有效地控制成本，为企业的利润和投资回报做出贡献。传统的采购运作认为，采购主要的目标是成为"价格杀手"，以降低成本为工作中心，但是随时供应链的全球化发展，加快产品的上市时间、保证产品或服务的质量、稳定供应链成为采购运作的热门话题。

采购对企业越来越重要，打破固有传统的采购思想，学习创新的采购运作，成为企业战略发展的目标之一。创新的采购运作要求采购人员主动参与到企业的整体运营中，了解企业的战略发展目标及各利益相关方的需求，制定相对应的采购策略，从以往的"被动"接受，逐渐走向"主动"营销。此外，要求采购人员加强对合同执行管理的同时对供应商进行全生命周期的管理，建立适合企业发展需求的供应商库，为企业未来发展提供稳定供应。

本章目标

1. 了解采购管理定义和重要性。

2. 了解采购流程中的寻源和运作管理。

3. 掌握采购的方式。

4. 掌握合同及订单的管理。

5. 掌握供应商的全生命周期管理。

|第 1 节| 采购管理概述

1. 采购的相关概念

1）采购的定义

按照 ISM 的定义，采购（Purchasing）是负责获得所需材料、服务和设备的主要组织职能。采购获得的对象是材料、服务和设备，是供应来源向采购组织的交付物。但是广义的采购又涉及供应商的寻源，寻源发生在采购之前，通过寻源确定了供应来源后，采购就可以向确定的供应来源下订单，获得企业所需的材料、服务或设备。因此 ISM 对"广义的采购（Procurement）的定义是："一种组织职能，包括规格开发、价值分析、供应商市场研究、谈判、采购活动、合同管理、库存控制运输、收货和库存。"[1] 显然，广义的采购不仅包含了寻源和采购，还包括运营中与库存管理、仓库管理职能相关的活动。

2）外包和分包合同

外包（Outsourcing）是企业利用外部资源为内部生产产品或提供服务的运营模式，将非核心业务委派给外部的专业公司为企业内部提供生产或经营服务。通过外包，企业可以集中自身优势资源，提高客户满意度和产品品质，降低运营成本。外包在很多行业都得到了广泛应用，如软件外包、物流外包、人力资源外包甚至生产外包。它增强了企业在核心业务上的竞争力，为企业带来了新的活力。但是，企业核心业务或者未来可能成为核心的业务不能外包。

从地理位置角度，外包分为境内外包和离岸外包。典型的境内外包，例如小米将自己整个生产供应链外包给中国的专业第三方制造企业。同样，随着供应链全球化，离岸外包活动更加盛行，例如，苹果将其硬件产品的生产制造外包给富士康、和硕科技、广达电脑和仁宝电脑等。

从业务类型角度，外包分为几种：业务外包，例如信息技术、物流运输、生产制造、财务和会计等的外包；项目外包，例如研发项目、工程项目等的外包；人事外包，例如人力资源、劳务关系、人事代理等的外包。

分包合同（Sub-contract）是指有两个以上承包人对项目负责，并完成外包的项目合同。当企业把非核心业务外包后，外包的企业也可能会把部分业务分包给二级分包商，与其一起来完成总的外包业务，因此需要签订分包合同。从法律上说，分包有两种情况：一种是分别承包，是指分包商独立和总包商签订合同关系，分包商之间没有法律关联；另一种是联合承包，是指分包商和总包商联合与发包企业签订总包合同，然后各个分包商再签订各自需要负责的单项业务分包合同，所有分包商为联合主体，他们之间有连带关系。

3）关于采购的一些术语

● 战略采购。战略采购是一种系统性的，以数据分析为基础，目标是获得最低总成本的采购方法。与其相对应的常规采购是为了获得产品短期的最低采购价格的一种采购方法。

● 供应商寻源。供应商寻源一般可分为战略寻源和一般寻源。战略寻源是指根据企业的支出预算、市场竞争和供应商基础，通过供应链的 TCO 分析，与供应商建立长期互利关系的寻源过程。而一般寻源侧重于价格和交货日期，不考虑长期的战略合作，是一种短期的寻源活动。

● 采购战略。采购战略是指企业在品类管理、采购方式、供应商选择、订货策略和物流运输等运营管理中所采用的战略性采购方案和过程。

● 寻源策略。企业的寻源策略，主要包括自制还是外包、单一供应源还是多源供应、国内采购还是国际采购、厂家采购还是经销商采购、本地采购还是全国采购等。

4）采购管理的 KPI

传统的采购管理环境下，企业对采购部门的供应要求是"保质、保量、便宜、及时"，这些要求实质上涉及三个 KPI，分别是质量（保质、保量，Quality）、成本（便宜，Cost）和交期（及时，Delivery）。因此，QCD（Quality、Cost、Delivery）是采购管理的核心 KPI。

随着采购管理的发展，传统采购管理的 KPI 已经不能满足现代采购管理的要求，因此在传统基础上对采购人员的要求增加了服务（Service）、创新（Innovation）与管理（Management）这三个考核指标。这样，采购管理就形成了六个 KPI，简称 QCDSIM，其中 QCD 是采购管理的核心绩效考核指标，SIM（Service、Innovation、Management）是辅助性绩效考核指标。采购人员如果只关注 QCD 而忽略了 SIM，就会导致客户满意度的降低。例如，采购人员认为采购商品质量、成本、交期已经做得非常好，可内部用户还是不满意，那就有可能是在服务这一指标上做得不够好。

2. 采购管理的重要性

历史上，采购人员一直被认为是"价格杀手"，要从供应商处获得尽可能低的价格。但是低价格往往是以牺牲与供应商的良好关系和产品质量为代价的。随着全球化进程的推进，市场竞争扩大到全球市场，采购人员不再只关注"最低价格"，而是进一步加强和供应商的关系，实现信息共享和合作互惠；通过供应链上下游的战略伙伴关系，基于协同合作实现供应链采购，从而降低采购成本、提高采购效率。

1）对企业的战略重要性

今天，企业越来越感受到，采购管理本身就是一种重要的运营战略，越来越多的企业在组织架构中增加了首席采购官（Chief Procurement Officer，CPO），使得采购职能部门的领导进入企业的高级管理层，参与到企业发展战略的规划和执行过程中。

同时，现代企业很难做到所有资源的自给自足，相反地，越来越多的企业正在剥离并外包非核心业务，而专注于自己更具竞争力的业务领域。因此，企业要获得能够满足市场和客户需求的各种资源，就必然是通过"采购"这一专业职能来达成。换句话说，采购对企业能否满足市场和客户的需求，获得、保持并提高企业在市场中的竞争力，发挥着至关重要的作用。

2）对企业利润和投资回报率的贡献

今天，我们普遍认为采购对企业的利润有着不可忽视的贡献。利润等于销售收入减去企业的销售成本和费用。影响销售收入的主要职能部门通常是营销，而影响销售成本和费用的主要职能部门一般是采购（如图 7-1 所示），因为在绝大多数类型的企业里，采购物料与服务的成本通常占到总销售成本的 50%~80%，有的企业甚至会达到 90% 以上。

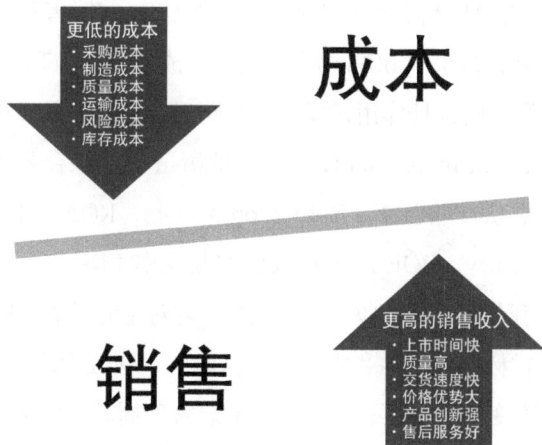

更低的成本
· 采购成本
· 制造成本
· 质量成本
· 运输成本
· 风险成本
· 库存成本

成本

销售

更高的销售收入
· 上市时间快
· 质量高
· 交货速度快
· 价格优势大
· 产品创新强
· 售后服务好

图 7-1　采购管理对成本和销售的影响

企业的销售成本和费用一般由下面三部分组成：直接材料成本、直接人工成本和间接成本。表 7-1 说明了采购通过努力带来材料采购成本降低对企业资产收益的影响。

表 7-1　采购成本降低对企业投资回报率的贡献作用

	前值	采购成本降低 10%	今值
（1）销售收入	1,000 万元		1,000 万元
（2）库存资产总额	200 万元	−20 万元	180 万元
（3）总资产	500 万元	−20 万元	480 万元
（4）总资产周转率 [（1）÷（3）]	2		2.08
（5）直接材料成本	600 万元	−60 万元	540 万元
（6）直接人工成本	100 万元		100 万元
（7）间接成本	200 万元		200 万元
（8）销售利润 [（1）−（5）−（6）−（7）]	100 万元		160 万元
（9）销售利润率 [（8）/（1）]	10%		16%
（10）总资产收益率 [（4）×（9）]	20%		33.28%

如表 7-1 所示，企业的销售收入为 1,000 万元，直接材料成本占比为 60%（600 万元），直接人工成本占比 10%（100 万元），间接成本占比 20%（200 万），所以企业的销售利润为 100 万元。

如果采购通过努力将直接材料成本减少 10%，使得直接材料成本降低为 540 万元，在其他成本及销售收入不变（即销售价格与销售数量保持不变）的情况下，企业的利润将增加至 160 万元。企业的销售利润率从 10% 上升到 16%，销售利润增加 60%。也就是说，10% 的采购成本削减，带来了 60% 的利润增加，成本减少与利润增加为 1:6 的关系，这就是采购管理对企业利润的杠杆作用，反映了采购对企业利润的贡献。

投资回报率（Return on Investment，ROI）是衡量企业综合盈利能力的一个重要指标。投资回报率可以用总资产收益率（Return on Assets，ROA）来反映，也可以用净资产收益率（Return on Equity，ROE）或投入资本收益率（Return on Invested Capital，ROIC）来反映。在此，我们以总资产收益率来观察采购对企业投资回报的贡献。

采购可以通过降低材料、零部件和服务的获得成本，降低构成企业总资产的库存资产总额，从而在销售收入不变的情况下，提升企业的总资产周转率（Total Asset Turnover Ratio，TATR，销售收入 / 总资产）。总资产周转率和销售利润率的提高，可以带来企业总资产收益率的提高。我们继续通过表 7-1 来分析。当采购成本降低 10% 时，库存资产总额减少 20 万元，带来总资产减少 20 万元（库存资产属于总资产中流动资产的重要构成部分），从而使得企业的总资产周转率从原来的 2 上升到 2.08，进一步，总资产收益率由 20% 上升到 33.28%，增加了 13.28%。

从表 7-1 可以看出，企业降低采购成本，一方面可以增加利润，另一方面可以降低为了创造利润而需要的总投入资本，从而使企业的总资产收益率大大提高。

3）对产品上市时间的贡献

今天，市场的竞争已经不再是两个企业或组织之间的竞争，而是供应链和供应链之间的竞争。采购组织可以选择响应迅速的供应商，并通过与供应商的紧密合作，提高所购买原材料、服务或设备按时交付（On Time Delivery, OTD）的水平。如，制造商可以通过与供应商的即时沟通与信息共享，以及供应商早期参与产品的开发，帮助供应商及时订购，缩短产品的生产制造与交付周期；可以通过 JIT 体系帮助供应商改善产品的交付周期；也可以通过与供应商的战略伙伴关系减少没有增值的来料检验等工作，缩短生产提前期。

4）对产品质量的作用

不合适的供应商提供了存有质量隐患的物料或服务，会对企业提供给客户的产品和服务的质量造成明显的影响。因此，采购通过战略寻源策略的制订与实施，可以帮助企业找到合适的、可靠稳定的供应商，从而为企业的产品和服务质量提供保障。

5）为企业提供市场信息

在经济全球化的背景下，采购接触的行业与企业非常广泛。在这种接触与互动中，采购能够为企业获得大量有用的市场、技术、管理等方面的信息与知识。作为企业内部的服务提供者，采购可以将这些信息与知识带给企业的管理层及营销、生产及运营、研发工程和物流管理等部门，供它们借鉴和参考，从而帮助企业提高经营绩效。

当今，企业面临的市场竞争日益加剧，客户对产品和服务的要求也越来越高，采购管理要求在控制总体供应成本的同时，还要能够及时灵活地供应物料或服务，保证稳定的质量水平并快速响应客户需求。采购组织在以上五个方面均能为企业的竞争优势做出贡献，采购人员在和供应商沟通的同时也会把当前的先进技术反馈到企业内部，帮助市场和研发部门对产品进行改进或创新。同时，采购人员也肩负着社会责任，通过守法合规的商业行为，在供应商寻源和管理时积极关注环境保护与改善，为企业创造良好口碑和形象，增加企业在市场中的整体竞争力。

3. 直接采购和间接采购

根据企业采购的产品或服务的不同类别，采购可以分为直接采购和间接采购。

1）直接采购

直接采购通常指购买计入销售成本的物料或服务的采购活动，以购买生产性材料为例，购买内容主要包括原材料、半成品和产品包装材料等。从业务流程层面看，直接采购的物料基本会显示在 BOM 中。但这种分类方法并非绝对，有些企业的 BOM 中就可能未包含所有组成材料，例如电子产品中固定零件用的胶水，有些企业就可能未将其包含在 BOM 中。

2）间接采购

间接采购是指支持产品生产及销售，以及维持企业正常运营的物料及服务的购买，主要包括维持企业生产活动持续进行的维护、修理、装配等间接物料、以及维持企业运作所需的行政性日用品。间接采购也可以理解成采购不直接包含在交付给最终客户的产品和服务中的货物或服务。此处的"生产"为广义的范畴，也包括服务运作，例如第三方物流、运输行业的主营运作活动。间接采购的策略可以帮助企业有效控制总体成本支出，但是在传统管理思维上，这一领域的采购往往得不到足够的重视，在某些组织中还可能由非采购部门控制。

4.采购流程

供应链流程和采购成本的改进和优化一直是采购组织的目标。采购组织需要建立结构化的采购流程，为企业的产品和服务提供最优的采购价格，同时降低供应链风险。采购组织一般把采购流程分为供应商寻源和采购运作两个阶段。

1）供应商寻源

供应商寻源是指寻找符合企业发展需求的合格供应商，其中包含符合资质的新供应商以及新产品的供应商。采购人员可以通过卡拉杰克矩阵[2]对采购品类的性质、重要程度、复杂性、市场供应竞争性进行分析，来寻找和开发潜在供应商，如图 7-2 所示。

ISM 在供应链管理专家认证（Supply Chain Management Professionals，SCMP）教材中给出了供应商寻源的八个步骤[3]，如图 7-3 所示。

●识别需求。寻源的需求一般来自企业新产品的开发、新技术的应用、在售产品规格的变更、现有供应商存在供应风险或成本压力等，采购人员需要识别寻源的需求动因。

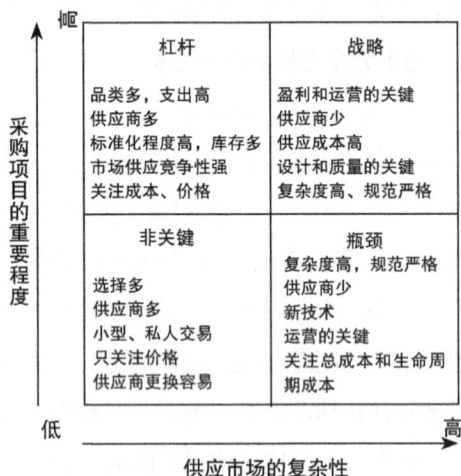

图 7-2　卡拉杰克矩阵

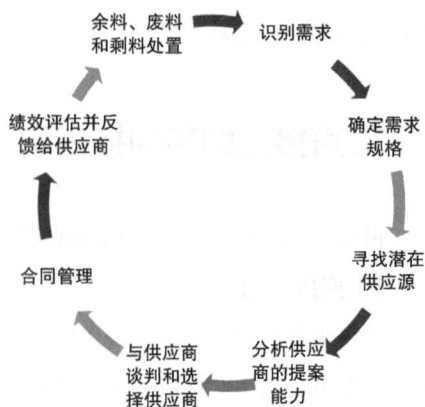

图 7-3　供应商寻源步骤

●确定需求规格。和需求部门识别和确认采购产品或服务的规格要求或服务标准、数量和需求时间，提高寻源的质量和效率。

●寻找潜在供应源。根据需求部门提供的需求，按照供应商的地理位置、产能情况、技术能力和合作意愿等因素寻找潜在供应商。

●分析供应商的提案能力。通过对供应商的资格审查、财务现状分析识别供应风险。通过信息邀请书（Request for Information, RFI）、建议邀请书（Request for Proposal，RFP）、报价邀请书（Request for Quotation，RFQ）对供应商的提案进行能力评估。

●与供应商谈判和选择供应商。通过招投标、竞争性谈判选择供应商，就采购数量、质量保证、交货地点、付款条件、违约赔偿等条款进行谈判确认，并和选定的供应商签约供应合同。

●合同管理。对合同执行进行过程管理和合规管理，识别供应风险，保证合同的执行。

●绩效评估并反馈给供应商。对供应商的及时交货率、交货质量、服务等进行绩效评估，平衡记分卡是有效的供应商评估工具。及时向供应商反馈评估结果，帮助供应商提高供应绩效水平。

●余料、废料和剩料处理。基于供应链的社会责任，需要对环境保护进行承诺，对供应商处因设计变更、产品退市产生的余料和剩料，以及生产过程中产生的废料制订报废或再利用的处理方案，需要审核供应商的报废提案和流程，确保不对环境造成污染。

科尔尼公司于 20 世纪 80 年代提出战略寻源概念，并逐步完善了科尔尼战略寻源七步法，该方法在众多公司正在被成功实践，如图 7-4 所示。

	步骤 1 分析品类支出	步骤 2 确定商业需求	步骤 3 评估供应市场	步骤 4 制订寻源策略	步骤 5 执行寻源策略	步骤 6 实施与整合	步骤 7 持续改善
主要内容	- 收集历史数据 - 建立支出档案	- 分析需求 - 确定需求 - 确定目标	- 评估市场动态 - 列出潜在供应商名单 - 评估供应商能力	- 评估节约潜力 - 制订寻源策略、招标策略、采购项目规划等	- 采购项目执行，如谈判、供应商选择等 - 合同的签订	- 追踪寻源执行结果 - 应对可能的变化或修正	- 持续改善以上步骤
应用工具	- 支出魔方 - 成本回归分析	- 利益相关方分析 - SWOT 分析 - 需求层次分析 - 价值杠杆	- 波特五力分析 - 成本模型 - 潜在供应商 - 信息征询函	- 采购博弈棋盘 - 卡拉杰克矩阵 - 对供应商的偏好	- 采购博弈棋盘 - 供应商选择 - 谈判技巧 - 合同管理	- 项目管理 - 关键点监控 - 内部实践总结与反馈	- 品类绩效追踪 - 供应商管理 - 流程再造 - 最佳实践分享
输出结果	- 支出分类：按类型、区域、量、复杂度等 - 识别重点范围	- 最终确认的各部门的需求	- 关键供应商名单 - 对关键供应商未来策略的讨论	- 节约潜力估算 - 各审批人的意见与策略执行 - 批准后的品类寻源策略	- 执行策略与风险监控 - 合同的拟定 - 供应商的选择	- 执行检测 - 成果追踪 - 经验分享	- 定期提炼，更新下一个项目准备工作

图 7-4　科尔尼战略寻源七步法

2）采购运作

不同企业由于受所在行业、经营业务范围、业务目标战略、组织结构、企业文化等因素的影响，采购运作流程会有所差异。但是，制度完善、流程规范的企业，其实采购运作流程一般类似，具体如下。

● 需求部门提出采购需求。企业内的各个职能部门提出采购需求，采购部门把采购需求汇总后，向不同采购人员分配相应的采购任务。

● 制订采购计划。采购人员在接到采购任务后，对需要采购的产品和服务的价格、规格、供应商等因素进行调查分析，从而确定采购方式、采购时间，以及货物运输方法、货款支付方式等。

● 确认采购需求的规格。采购人员需要和采购需求部门确认采购的产品和服务的规格、标准，确定产品和服务的质量要求和检验规范，并形成完整的采购合同、产品标准、技术协议等采购标准文件。

● 确定和选择供应商。采购人员通过询价、比价、议价，选择质量好、价格低、交货及时、服务周到的供应商，并签订采购合同或协议。

● 释放采购订单。采购人员根据实际采购需求释放采购订单。采购人员在向供应商释放采购订单时，一定要标明订单编号、产品名称、规格、单价、需求数量、交货时间、交货地址等信息，以确保采购订单及时有效地执行。

● 运输及交付。采购人员需要对释放的采购订单跟进物流和运输，以确保按时交付。在实际采购实践中，货物运输方式有供应商运输、第三方运输公司运输或采购方自己提货，无论采用哪种运输方式，采购人员都要密切关注运输过程，确保按时交货，以免影响企业正常的生产经营。

● 检验和入库。物料或服务交付后，采购人员需要配合需求部门、质检部门和仓储部门按照供需双方所签合同的规定，做好验收工作，如果发现物料或服务未达到合同约定的交付标准，采购人员就要及时向供应商反映，并要求供应商及时处理。

● 付款并结清票据。采购人员在与仓库进行物料入库确认或与采购需求部门进行服务完成确认后，就需要根据合同的付款条款及时付款。延迟付款或非正当理由拒付，会影响与供应商的合作关系，会带来后续的供应风险，甚至法律纠纷。

5. 采购与其他职能的关系

1）采购与生产制造的关系

采购部门根据计划或生产部门编制的物料采购计划，评估供应商的产能和交付能力，向供应商下达采购订单，并跟进物料的及时供应，确保生产计划所需物料的"齐套率"。

2）采购与质量管理的关系

采购部门与质量管理部门合作，共同检验采购物料、评估采购物料质量、指导供应商质量、引入质量保证免检制度。质量管理部门在制订物料验收标准时需要了解供应商实际的物料质量控制水平，采购人员也需要积极参与质量标准的制订，就供应商和质量管理部门的质量验收标准发表自己的专业意见，以免因质量标准过高对后续的采购成本和按时交货带来影响。

3）采购与研发的关系

●研发采购。采购部门和研发部门需要同心协力，在新产品研发阶段就注重物料和工艺的选择，以便从研发阶段就获得采购物料的最优成本。日常工作实践中，研发人员往往因为缺乏供应链思维，标准化意识薄弱，强调学术的专业度，以"设计创新"为口号，不断产生新物料，提高设计要求，从而使后续的采购成本和制造成本增加。所以，对研发人员的供应链培训也是企业需重点关注的领域。

●研发委托采购。企业因为人力资源不足或者为了加快新产品的开发速度，获得市场先机，有时会将全部或部分产品研发业务委托外部专业的供应商来完成。采购部门需要和研发部门确认详细的研发规格、产生的相关知识产权文件等，以进行供应商选择。但是，由于采购部门信息不足（或者缺少知识）等原因，需要研发人员协同进行供应商的选择和合同条件谈判。如果遇到研发部门做主决定供应商的情况，采购人员不仅要考虑供应商的技术能力，还必须要考虑其产能、交货期、质量保证体系及整体的经营状况等，积极参与供应商选择并发表自己的意见。

●研发设备或工具采购。研发部门提出设备或工具的采购需求时，往往会通过指定品牌、参数、功能及使用习惯来变相指定品牌或供货商，而采购人员由于其知识背景和工作经验的限制，在和需求部门及供货商谈判时处于被动地位，从而无法帮助企业实现成本节约、及时供应以及售后的风险管理。该类采购管理流程需要引起企业管理者的重视，在满足研发设备或工具采购需求的同时，也要确保采购的合规性。

4）采购与财务的关系

采购部门与财务部门的交集主要有两项工作，即成本核算（或者成本规划）及预算管理、支付。

●成本核算（或者成本规划）及预算管理。财务部门通过外部采购的采购成本和内部综合运营成本计算出产品或服务的预定标准成本，并作为预定标准成本支出预算。预定标准成本支出预算是核算企业利润预算的基础，再与实际发生成本和利润进行差异分析，以获得企业的获利和成本控制能力。日常实际操作中，财务人员为了节约时间，可能并没有对市场竞争和供应趋势进行对比分析，也缺乏和采购人员的积极沟通，直接用历史采购成本作为标准成本的预算和降本的目标，这就造成了采购人员无法实现采购价格的谈判和降本的目标，导致企业整体预算目标无法实现。

●支付。供应商按合同要求及时按质、按量交付产品或者服务后，采购部门向财务部门提交供应商支付货款的申请，财务部门应及时按合同规定的付款条件及时支付款项。实践中，财务部门可能因缺乏供应链意识，付款账期一刀切，甚至忽视履约责任，致使拖延付款的现象时有发生，从而影响了对后续物料供应的连续性、质量保证及供应商关系。财务部门可以根据企业的经营现状，把应付账款的目标提供给采购部门，由采购部门和供应商进行谈判，确定最后具体的付款账期。现在很多企业采用共享应付账款中心的做法，对供应商的应付账款管理更加透明，提高付款效率的同时也加强了企业和供应商之间的合作关系。

5）采购与法务的关系

很多企业会根据最新的法律法规和自身策略，由采购部门和法务部门共同拟定供应商合同条款。但是供应商也会根据自己的业务情况对企业提供的固定合同条款提出修改要求。采购人员会根据实际业务及供需的竞争情况对合同的修改进行判断，并听取法务部门的意见。法务部门则要尊重采购人员的专业意见，尽快与供应商完成合同签订，以保证对企业需求的及时供应，避免坚持己见。例如，如果某种物料是战略物料且只有唯一的供应源，法务部门的坚持可能会造成合同无法签订，不能保证物料的及时供应，进而影响企业的运营。法务部门因资源不足而造成的审核处理能力有限和时效慢，也必须引起管理者重视。

6）采购与营销的关系

营销部门由于缺乏对供应链管理的理解，在做市场促销时，很多时候不能准确和规范地提供市场预测，也缺少与供应链管理部门的积极沟通。当产品销量在短时间内增加时，采购部门无法确保供应商能及时供应所需物料或服务，造成营销部门不能实现向客户及时交付的承诺。

7）采购与信息技术的关系

信息技术（Information Technology，IT）可以帮助采购简化流程、收集和挖掘数据、增加信息共享、获得必要的数据资源。企业采用电子商务买方软件系统，例如电子数据交换（Electronic Data Interchange，EDI）系统，有助于简化采购流程，促进内部和外部的沟通。由于近年来IT的突飞猛进，IT设备和服务的发展也是日新月异，采购部门如何更好地服务IT部门，满足IT设备和服务的采购需求成为一个重要挑战。和研发设备及工具采购需求相似，IT设备采购往往被IT部门指定，采购人员在面对指定采购时，采购谈判也会变得被动。企业管理者在关注 IT 设备和服务采购的同时，也要考虑采购的合规性。

8）采购与物流的关系

物流专业人员负责设计并管理企业的物流配送系统，包括仓库、配送点和物流运输服务公司。在一些企业中，采购主导物流服务供应商的选择和价格谈判；在另一些企业中，物流部门执行这些服务时很少或根本不会涉及采购管理。由于运输行业的价格波动较大，企业为了节约物流成本，需要采购人员具备很多不同类型的技能来管理和评估物流服务供应商的绩效。

6.采购管理的发展趋势

1）采购中合规与效率的平衡

目前，国家和企业越来越重视采购的合规性管理，合规是指符合法律法规和企业内部的规定。从采购管理的角度考虑，采购部门需要持续完善采购管理制度，建立规范、标准的采购流程执行管理体系，加强采购人员的专业技能培养和提升，建立完善的企业内部和外部采购监督体系，建立有效的评估管理机制，对采购流程和采购项目定期进行审核管理。

从企业的运营效率考虑，合规固然是重要的，但在设计合规的策略和流程时，要兼顾组织的效率。很多企业为了合规而合规，合规变为形式主义，忽视企业经营现状和供应链管理的能力，实行"逢采必招"，而且招标流程漫长、复杂且低效，并没有考虑招标花费的精力和成本。同时，由于客户对采购需求的紧迫性，以及企业缺乏前瞻性的采购规划，常规项目可能变为紧急项目，为了满足客户和时间的要求，先供货再招标的现象时有发生，造成仅流程合规而违背监管的初衷。在评标时，外部专家评标时由于对企业实际业务不了解，仅对招标流程和招标文件进行合规评审，缺少对供应商实际供应能力的评审，为了集体免责而简单地让最低价"中标"。另外在合同、流程的审批设计中，也要兼顾企业的效率，避免多层级的审批。

2）可持续化发展 [4]

采购管理者是可持续化发展的重要参与者和贡献者。采购管理者应把可持续化发展纳入供应商寻源和准入的资格审查中，并作为供应商日常绩效考核和审核的绩效指标之一。联合国制订了变革世界的 17 个可持续化发展目标，可持续化发展目标提出了我们面临的全球挑战，包括与贫困、不平等、气候、环境退化、繁荣以及和平与正义有关的挑战。这些目标相互关联，旨在不让任何一个人掉队，全人类都必须为实现这个目标而努力。这17 个目标分别是：无贫穷；零饥饿；确保良好健康的生活方式与提高各人群享受的福利；提供优质教育；实现性别平等；为所有人提供清洁饮水和完善的卫生设施；确保人人享受可靠和可持续的现代能源；人人获得体面工作和实现可持续经济增长；推动产业可持续发展、创新和建造抵御灾害能力的基础设施；减少不平等；建设可持续城市和社区；采用可持续的消费和生产模式；采取积极行动应对气候变化及影响；保护水下生物；保护陆地生物；创建和平、包容的社会，建立有效、负责和包容的机构；加强执行手段，重振可持续发展全球伙伴关系。

3）关注供应链及供应链安全

供应链安全是指充分应用各种程序、制度、规则、技术和解决方案等应对供应链中产生的相关风险，以及对经济社会、公民健康和社会有序方面产生的威胁。供应链风险分为以下三类风险：自然灾害及不可抗力造成供应中断的风险、利用供应链从事犯罪活动的风险、利用供应链进行恐怖主义活动的风险。

大多数国家（地区）的政府都致力于发展自己的供应链安全计划，并签署了世界海关组织（World Customs Organization，WCO）安全标准框架。该框架要求全世界各个国家（地区）执行供应链安全计划，其中包括技术、认证、相互承认、风险管理和提前货物信息（Advance Cargo Information，ACI）等。2012年2月，美国总统奥巴马签发了《全球供应链安全国家战略》，其核心是两轴，一轴是"安全"，另一轴是"效率"。美国要建立的是"全球供应链系统"，这个系统必须是"稳定、安全、高效和有弹性的"。高"效率"是确保美国在各方面走在世界前列的法宝，包括生产效率、市场流通效率、运输物流效率等，随之而来的是国际经济的治理权、话语权。而"安全"与"效率"都离不开供应链，因为供应链强调的是资源整合、流程优化、优势互补、合作共赢，以形成利益共同体与责任共同体。

根据2009年海提萨的定义[5]，供应链安全管理涉及所有系统打击端到端供应链犯罪的流程、技术和资源利用。每一个供应链安全管理措施的首要目标是防止、侦查犯罪，以及在犯罪事件发生后尽快恢复。供应链安全管理对象通常包括货物、设施、人力资源、信息技术和管理系统。典型的供应链犯罪包括盗窃、走私、伪造、破坏、非法获取金钱利益、恐怖主义破坏以及任何形式的欺诈和腐败行为（具体犯罪定义见国家和国际条例）。

4）数字化采购

数字化采购是指"供应商和商业用户通过大数据高级分析、流程自动化和全新协作模型，提升采购职能效率，大幅降低成本，从而实现更快捷、更透明的可持续采购，重点在于识别和创造价值、以及防止价值漏损，分为四个模块——支出可视化、协作型先进采购、采购支付以及绩效管理"。数字化采购是传统ERP系统的进一步延伸，美国的高级采购研究中心（CAPS Research）指出了数字化采购的工具应用和核心技术，如采购执行的自动化（Robotic Process Automation，RPA）、物联网技术（Internet of Things，

IoT）、区块链（Block Chain）、人工智能（Artificial Intelligence，AI）、机器学习
（Machine Learning）和预测分析、光学字符识别（Optical Character Recognition，
OCR）、射频识别（Radio Frequency Identification，RFID）、实时支出分析、自动化
订单和支付以及数字化合同管理等。

中国政府近年也在积极推动政府采购电子化。2012 年 3 月，政府在国务院第五次廉
政工作会议上提出了 "加快建设全国统一的电子化政府采购管理交易平台，实现政府采购
业务全流程电子化操作" 的信息化建设任务。2015 年 3 月 5 日，在第十二届全国人民代
表大会第三次会议上，提出了制定 "互联网 +" 行动计划。2015 年 7 月 4 日国务院发布
《国务院关于积极推进 "互联网 +" 行动的指导意见》，推动我国数字化技术的发展和应
用。十年来，数字化技术的应用极大地推动了我国经济社会的发展，引起了世界的瞩目。

中国的数字化采购的实施和推广目前还属于起步阶段，企业管理者缺乏数字化采购的
意识，相当多的企业内部并未把采购部门当作核心发展部门，数字化采购的技术设备和人
才储备也不足，采购部门在数字化进程上也落后其他核心业务部门。但是在互联网、物联
网、区块链、大数据及人工智能等技术的发展驱动下，国内很多企业的营销也从线下模式
转为线上模式，传统的采购模式制约了企业未来的战略发展。越来越多的企业开始从传统
采购向数字化采购转型，数字化采购也必将是企业未来发展的核心战略和目标之一。

| 第 2 节 | 采购方式概述

1. 采购方式

常用的采购方式有三种：询比价采购、招标采购和谈判采购。这三种采购方式并非泾
渭分明，无论是询比价采购还是招标采购，过程中都会或多或少地涉及与供应商的谈判。
询比价采购与招标采购相比，主要表现为文件和表单复杂程度上的差异，以及实施过程和
供应商选择过程的规范性、公开性和正式程度上的差异。采购方式的选择与采购对象的复
杂性、企业或政府机构的采购政策以及法律法规的要求相关。

采购通常有以下六种方式。

●公开招标。由招标人在公众媒体、网站、报刊等媒介公开刊登招标公告，邀请相关
单位来投标，再从中评选出中标单位。

●邀请招标。一般是由招标人选择若干个供应商，并发出投标邀请，被邀请者进行投

标，再从中评选出中标单位。

●竞争性谈判。采购组织直接邀请三家以上供应商就采购事宜进行谈判的采购方式。

●单一源采购。只能从唯一供应商处采购，在不可预见的紧急情况下，为了保证一致或配套服务从原供应商添购原合同金额 10% 以内的政府采购项目，采购人向特定的一个供应商采购的一种采购方式。

●询价。对几个供货商（通常至少三家）的报价进行比较以确保价格具有竞争性的一种采购方式。

●竞争性磋商。采购组织、政府采购代理机构通过组建竞争性磋商小组与符合条件的供应商就采购货物、工程和服务事宜进行磋商，供应商按照磋商文件的要求提交响应文件和报价，采购人从磋商小组评审后提出的候选供应商名单中确定成交供应商的采购方式。

2.询比价采购

询比价采购是实际工作中应用最广泛、最频繁的采购方式之一，主要适用于规格标准清晰、货源充足的产品或服务采购项目，这些采购项目一般具有采购数量不多、金额不大、时间要求较紧等特点。与招标采购相比，询比价采购的实施过程和文档要求都相对简单，实施费用也相对低廉。在做出最终的供应来源选择前，一般还会进行谈判。询比价采购的一般流程包括：

●确定采购需求与服务要求，包括品名、数量、交付时间、技术规格、质量要求、运输方式、服务标准、付款方式及其他特殊要求；

●准备询价文件表单；

●向潜在供应商发送询价单，并确定回复截止时间；

●汇总供应商报价，进行价格比较分析，初步选定供应商；

●与供应商就商务及技术方面确认要求后，签订并履行合同。

3.招标的概念及使用场合

1）公开招标与邀请招标的概念

《招标投标法》第十条中规定了两种正式招标方式，即公开招标和邀请招标。公开招标是指招标人以公告的形式向所有潜在投标人发出招标公告，并通过事先确定的标准，从所有投标供应商中择优评选出中标供应商的采购方式。邀请招标是指招标人以邀请书的方式向特定的潜在投标人发出投标邀请书，邀请他们参加投标竞争并从中选定中标供应商的采购方式。

2）公开招标与邀请招标的适用场合

（1）公开招标适用场合

公开招标是依据《招标投标法》规定的依法必须招标项目的缺省采购方式，也是《政府采购法》规定的主要采购方式。《招标投标法》第三条规定了必须招标的范围和规模，2018 年 6 月 1 日起施行的《必须招标的工程项目规定》对《招标投标法》第三条规定的范围和规模做了具体规定。具体如下：

● 财政投资 200 万元人民币以上同时达到项目投资额 10% 的政府工程项目；

● 国有企业投资融资占有控股或主导地位的工程项目；

● 外国政府组织援助、贷款的工程项目以及非国有资金特定的工程项目（特定范围由《必须招标的基础设施和公用事业项目范围规定》规定）；

● 施工单项合同估算价在 400 万元人民币以上，相关货物合同估算价在 200 万元人民币以上，勘察、设计、监理合同估算价在 100 万元人民币以上的项目；

在政府采购中，国家通过国务院、省、自治区、直辖市人民政府公布的各级政府财政采购目录以及目录外法定金额上项目的规定，对应当公开招标的事项做了规定。没有纳入范围的工程项目和非工程项目，除法律另有规定外，无论合同金额大小都不属于必须招标的范畴。此外《招标投标法实施条例》还对可以不进行招标的情形做了规定。考虑到招标项目的复杂性，招标法规对依法必须招标的项目做了专属规定，以区别自愿招标项目的相关规定，企业也可以参考 CFLP 公布的《国有企业采购操作规范》进行招投标。

企业在采购管理中可根据物料或服务的采购实际需求，决定是否需要通过招标方式采购。企业招标时应需满足采购需求规格或服务标准明确、具有竞争条件、采购时间允许、交易成本合理等条件。

（2）邀请招标适用场合

在依法必须招标的项目中，应当公开招标的项目符合潜在投标人数有限或成本过高的条件时，经法定程序审批也可邀请招标。企业邀请招标的条件依照企业制度规定。

邀请招标的投标人数量通常比较少，一般为 3~10 家。邀请招标不需要在规定的媒体上发布招标公告，而是向符合资格要求的投标人发出投标邀请书，收到投标邀请书的供应商才有资格参加投标。

《招标投标法》《招标投标实施条例》《政府采购法》等法律法规中，对可以进行邀请招标的场合做出了规定。有下列情形之一的，可以进行邀请招标：

● 公开招标后，没有满足要求的供应商或没有合格标书；

● 出现了不可预见的急需；

- 发生突发事件，无法按招标方式得到所需的货物、工程或服务；
- 供应人准备投标文件需要高额费用；
- 采购项目因其复杂性和专门性，只能从有限范围的供应商获得；
- 公开招标成本过高，与采购项目的价值不相称；
- 法律没有规定必须采用公开招标的其他情况。

4. 招标的一般流程

公开招标与邀请招标的流程大体相似，都包括招标准备、投标、开标、评标、定标和招标完成六个阶段，如图7-5所示。

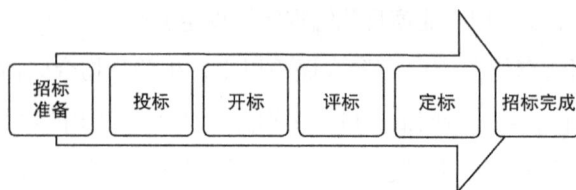

图7-5　招标流程

- 招标准备。主要是确定招标方式，准备招标文件，对招标进行公告，审查投标人资格，召开招标前说明会议。

- 投标。潜在投标人在通过招标方的资格预审后，或在收到投标邀请后，即可以购买标书、办理和提交投标保证金。投标保证金可以是银行保函、转账支票、银行汇票等，其中银行保函更为常见。

- 开标。在正式招标中，须成立评标专家组来负责评标准备工作。评标专家组通常由采购组织的代表以及技术、经济、法律等方面的专家组成，人数须在五人以上，并为单数。其中，技术、经济、法律等方面的专家不得少于成员总数的三分之二。开标的方式通常有公开开标、有限开标和秘密开标。

- 评标。评标专家组根据预定流程和标准进行评标，常用的评标方法有三种，分别是综合评估法、最低评标价法和经评审的最低投标价法，评标专家组根据各项评审记录及综合评标结果编制评标报告。

- 定标。采购组织根据评标报告及评标专家组的授标建议，选择最后的中标人并向中标人发出中标通知书，通知所有未中标的投标人并退还投标保证金。

- 招标完成。签订合同意味着招标流程的完成。一般来说，合同签订的时间是在中标通知书发出之日起三十日内，招标合同必须采用书面形式签订。

5.招标中的一般商业规范要求

●时间延长和请求书文件的修改。如果一家供应商被许可延长时间来回复招标，那么所有的供应商都应该被通知到并被给予同样的时间延长。对原始招标文件的变更，必须一致地、同时地与所有投标供应商进行沟通。

●迟到的投标（非时间延长）。在发出报价要求前，采购组织必须明确对于迟到的投标的规定。为了预防其他供应商信息泄露带来的不公平结果，通常建议采购方不接收迟到的投标，并原封不动地退回。

●防范"人情标""关系标"。在邀请招标中，对所邀请的投标人的选择，需要尽量做到标准清晰，并做好对潜在投标人的资格审查工作。与潜在投标人有血缘或直接利益关系的采购管理人员，应尽量避免参与该项目的招投标决策。

●防范投标人之间的"串标"问题。要对投标人进行尽职调查，审查他们之间是否有关联关系、串通合谋等，若有证据表明存在"串标"行为，则应延期或中止开标定标，并将相关的投标方列入采购组织的"黑名单"中。

●选择口碑和信誉度高的代理招标机构。采购组织在采用委托招标的组织形式时，应尽职审查代理机构的资质、代理经历与经验、操作合规性等，避免代理机构的违规行为给采购组织带来商业或法律上的风险。

●保密性。采购人员需要有良好的职业操守，避免将某家供应商的价格等机密信息故意透露给其他供应商。

6.采购谈判的适用场合

采购组织首先需要明确的是何时采用谈判，也就是谈判的适用场合问题。一般而言，当采购人员认为必须要通过谈判才可能获得对采购组织更加有利的交易结果时，就会选择进行谈判。适合进行采购谈判的情形有以下几种：

●采购金额大，供应商之间缺乏竞争而无法采用招投标时；

●报价极为相近或没有满意的投标时；

●采用非标准合同，存在特殊价格、质量和服务需求时；

●为特定的生产和服务能力制定的采购合同；

●为包含复杂技术的产品制定的合同，需要经常改变合同或设计时；

●具有较多不确定因素时，如在一个陌生的行业或区域中；

●自制可作为一种选择时；

- 采购组织对所需的产品或服务拥有独特的经验，或只有极少甚至完全没有经验时；
- 涉及高新技术，需要对专利、知识产权（Intellectual Property，IP）进行保密时；
- 启动投资巨大时，以及与战略供应商进行商业合作时。

一般来说，有三种不同的谈判理念：双赢、零和和双输。表7-2给出了这三种谈判理念的特征。

表7-2　不同谈判理念的特征

双赢	零和	双输
合作的	对立的	对抗的
整合的	分散的	不感兴趣
广泛的互动	适度的互动	很少的互动
长期的	中短期的	临时的/过渡的

- 双赢理念。企业与供应商的战略发展目标一致，即通过资源整合、相互合作，共同扩大市场占有份额，双方都关注对方的谈判结果与收益，以及双方之间的长期合作关系。
- 零和理念。在这种理念下，谈判一方较关注自己的谈判结果和收益，而忽略对方的谈判结果和收益，缺乏长期合作意识。
- 双输理念。双方都不关心自己和对方的谈判结果与收益，对双方的关系也毫不关心，而是抱着一种"我得不到，你也别想得到"的心态，缺乏达成交易的意愿和动力。这种理念多数是随着谈判的进行，由于分歧过多、互不相让、情绪失控等原因而产生的。

7.采购谈判的一般流程：准备、实施和完成的步骤与内容

谈判流程一般包括准备、实施和完成三个主要阶段。管理人员需要与内部利益相关方进行充分的沟通，做好谈判前的充分准备；实施一般包括四个子阶段，即开局、试探、协商和成交；谈判完成，双方达成协议，需要签订合同，同时也有必要举办一个庆功会，感谢团队为此次谈判付出的努力，鼓舞团队士气，增加团队的凝聚力。

本丛书《采购管理》第七章对谈判有详细的阐述。

8.数字化采购方式及其利弊

本章所提到的各种采购方式，在今天电子商务高度发达的环境下，都可能基于互联

网、IOT、SaaS（Software-as-a-Service，软件即服务）采购平台及各类采购应用软件，以数字化采购的形式出现，包括各类电子邀请书模板、电子拍卖、电子投标、反向拍卖和网上谈判等应用场景。

数字化采购将企业的采购行为数字化，加强企业与供应商交易的合规性，提高采购效率，增加采购透明度，降低采购成本，加强利益相关方的沟通，增强了跨部门之间的合作。数字化采购需要企业在招聘和培养对信息技术和业务流程均精通的专业采购人才方面，增加人力资源成本。企业需要购买更为先进的 IT 设备和软件系统来支持大量采购数据的采集、存储和分析，这会导致维护和运营成本较高。此外，数据安全也是企业需要投入和关注的重点。在进行线上谈判和线上招标时，如果没有清晰的管理和流程控制，容易出现合标或串标的现象。管理者必须认真对待数字化采购的收益和投资回报。

| 第 3 节 | 合同管理

合同管理流程包括合同签订前的准备，合同执行中的移交、跟踪和监控管理，合同续签与收尾，合同的文档管理。

1. 合同签订前的准备

合同签订前的准备包括合同准备、合同类型选择和确认、合同协议形式确定、合同文件沟通和确认、合同执行文件中的注意事项确定。

合同准备主要分析合同的主要要素，包括要约人和受要约人，以及双方是否具备法律资格；合同约束的产品或服务的详细规格或 SLA；合同约定的对价及支付条件；合同采用书面合同、口头合同，还是采购订单执行管理。

针对不同的合同类型，合同管理的关注点也有所差异，采购合同可以分为以下三个基本类型。

（1）直接型

直接型合同的形式多样，如果生产运营所需要的原材料数量大，涉及供应时间长，那么在合同管理中应关注以下方面。

●根据需求释放采购订单，以免造成库存积压或缺货而影响生产。

●订单的审核，保障发出的订单得到有效的授权。

●定制化材料要充分考虑到材料的加工周期，采购人员须紧密跟踪加工过程，如有异常，及时通报、协调，以保障供货。

●标的物品应符合合同要求及需求，应具有唯一性、准确性，相关人员应检查其规格、型号、商标、产地、等级等内容。

●如有样品，做好样品管理，以及来料和样品的比对。

●做好材料的出入库、运输、调拨、报废等工作。

●做好材料的台账管理，例如材料明细账、与供应商对账、材料验收单、收料单等。

●做好急需材料或加急订单的处理。

●准时付款。

（2）项目型

项目型合同一般需跨部门合作，采购人员应充分应用项目管理的手段管理合同，在合同执行时，应关注以下方面。

●与项目经理及需求方、监理等部门紧密合作。

●收集、记录、整理和保存与合同有关的协议、函件，做好项目合同的日常管理工作，办理项目工程变更和签证，记录合同履约的过程。

●由于其他客观原因或者不可抗力无法履行合同时，应当及时收集有关证据，并立即以书面形式通知对方当事人，同时积极采取补救措施，以减少损失。

●监督分包工程的进度及工程质量。

●监督材料、设备的验收。

●收集、整理索赔资料，提供索赔依据，书写索赔报告。

（3）服务型

服务型合同是服务人提供技术、文化、生活等服务，服务受领人接受服务并给付服务费的合同，例如运输合同、仓储合同、保管合同、委托合同、行纪合同、居间合同、结算合同、医疗服务合同、邮电通信服务合同、律师服务合同、旅游合同、会计服务合同等。服务合同与物资合同有着重大的差别。

●服务的无形性或识别困难性，以及由此而引起的确定债务内容的困难、客观判断服务质量的困难和违约形态认定的困难等。

●服务不可存储。

●复原、返还已经提供的服务非常困难甚至不可能。

●服务的内容、质量很大程度上取决于服务的实际提供者的技能水平。

●劳务提供具有持续性。

●与服务相关的信息在当事人之间具有不对称性。

● 服务受领人的协作及特性与服务的效果密切关联，情势的变更、当事人状态的改变等使得和服务的提供和受领相关的因素更加容易发生变化。

● 服务的提供会受到时间和场所的限制；服务在时间和空间上独一无二的特性，会导致合同的解除很难恢复原状（不可能复制一个完全相同的服务）。

● 服务合同具有损害赔偿责任上的自身特征，即难以分离。

鉴于以上服务合同的特性，在签订服务合同时，采购人员需要进一步和需求部门确认服务的内容和需要达到的服务水平，并与供应商就服务水平做详细的沟通。企业应对服务型合同根据服务的内容和时间设立里程碑或项目评估节点，并对其结果进行评估和验收，作为款项支付和合同是否继续执行的依据。采购人员对服务型合同需要及时跟进，了解合同的执行进展、服务质量以及交付风险，积极就服务执行的现状与需求部门进行沟通、反馈，如果发现供应商没有按照合同约定执行，需要及时反馈，以免造成损失和无法按期交付。

确定合同属于上述哪种类型后，采购人员根据供应市场的竞争程度、供应源的可得性、需求部门对需求的紧迫性以及成本预算确定合同协议的形式。

● 固定价格的合同。采购方只根据合同的约定按照完成的结果付款，而供应商会严格控制生产制造或服务的成本，因为节约的成本就是供应商的额外利润。但如果供应商过度追求成本降低，合同管理人员要关注是否会造成交付、质量、服务等方面的问题。

● 诸如成本补偿合同、人工工时合同及时间与材料合同等。采购方的合同管理人员不仅需要关注供应商的实际成本，还要关注供应商是否以更经济有效的方式执行合同。在这些合同中，供应商通常只要按照合同中规定的小时数，或者按照实际工作的所有成本得到应有的价款，合同管理人员的任务是审核这些费用的合理性，预防潜在的资源浪费，并且确保合同的完成在预算范围内，付给供应商的款项是合理的。

合同制定之后，采购人员需要及时了解供应商是否接受或有能力及时签订并完成合同等。在签订合同过程中，可能会出现供应商因一些原因拒绝接受合同相关内容的情况，采购人员应该与供应商进行充分沟通，努力促使供应商确认接单，并同意接受质量、价格、交付等条款。如果供应商确实没有能力接单，也不要强压供应商接单，而是应该考虑选择其他可用供应商，否则可能会造成合同履约的问题。

在签订合同前，合同管理人员需要对后续合同执行中的风险进行识别和管理，要在合同执行文件中对要约人和被要约人双方的责任和义务进行充分说明，例如保密协议、知识产权、合同转包、付款条款、终止和退出要求、违约与赔偿条款、不可抗力与免责条款等。

2. 合同执行的相关管理

合同执行过程中，采购人员在确保供应商的绩效表现符合合同规定的同时，也要及时清晰地把合同移交给需求部门，并对合同条款进行培训和说明，以保证企业履行合同协议中的内容。当出现意外状况或发生临时问题时，采购人员应该迅速、公平地解决，确保通过合同的执行来保护企业的利益。采购人员应该尽力减少合同变更，如果确实需要变更，应当按照合同变更管理制度进行变更管理，并及时就变更的条款和供应商重新进行谈判调整，明确由哪一方承担变更的合同履行过程中额外增加的成本。

1）移交和培训

采购部门根据需求部门提出的物料或服务采购申请确定供应商并签订合同，合同签订后，采购部门向需求部门移交合同的流程管理是合同能否顺利有效执行的关键。采购部门在移交合同时，应该对需求部门就合同中利益相关方关心的相关条款进行培训和充分的说明，以及对执行过程中可能出现的差异和风险进行充分分析、沟通和说明。特别是服务型合同，服务型合同的服务过程很难重现，不确定因素比较多，无法量化标准，同时需求部门对服务水平的理解也存在差异，这就可能造成合同执行过程中需求部门和供应商之间就服务质量方面出现摩擦和争论。如果采购部门在移交合同时就对相关可能出现争议的条款对需求部门进行培训和充分说明并达成一致意见，会进一步提高合同执行的效率，增强与供应商关系的同时提高客户满意度。

2）严密跟踪、监控

采购人员对供应商准备物料的详细过程需要严密跟踪、监控，以保证合同正常进行，执行过程中若发现问题或需要变更合同，要及时反馈、立即解决，避免延误交期。对于需要供应商采购、生产或加工的物料或服务，准备过程一般比较复杂，准备的周期也比较长，出现问题的可能性就比较大，因此采购人员需要密切关注并跟踪、监控，以保证按时供应；但如果供应商有库存，不存在加工过程，且订货周期相对比较短，跟踪、监控相对也会比较简单。

3）响应生产需求的及时性

当企业产品紧俏，销售订单增加时，也要求供应商能快速反应，及时供应企业内部生产所需的物料，采购人员应该马上和供应商进行紧急沟通协调，保证所需物料的及时供应，必要时还应该帮助供应商排除合同执行中的困难。而当产品出现滞销，为了降低库存、控制成本，企业也会减少采购需求或者要求延迟送货，此时采购人员也应与供应商进行沟通，确认可以延迟送货的时间。如果遇到产品淘汰或设计变更需要终止本次合同，采购人员需要努力协调，按照采购合同的规定对供应商做出相应的补偿，将双方的损失降到最小。

4）慎重处理和控制库存

采购人员应密切关注库存水平，做好平衡，既不能让生产缺料，又要保持尽可能低的库存水平。当然，库存问题还与供应商的生产柔性、订货周期、顾客需求的波动有关，这就需要整个供应链上的所有环节共同合作，降低供应链的总库存水平。

5）验收和付款

供应商在交付物料或服务之前需要向采购方提供交付单证和预计交付日期，物料送达合同指定的交货地点或服务完成后，采购方应该按照采购订单或合同核对到货的物料、品类、型号、数量、单价及总金额等，同时联系质检部门对物料进行质量验收。对于服务型合同，需求部门应根据服务水平要求的标准进行验收，如果发现问题应及时启动相应退换货、让步接受、索赔等流程。采购方对物料或服务确认无误并验收后，应按照合同规定办理付款手续。

6）执行合同与订单的关键要素

执行合同可以分解为一系列任务或活动，合同管理工作是保证供应商完成供应所需要的任务，以确保供应商的表现和采购合同中的要求相一致，而采购方也应该按合同要求按时付款。执行合同所要求的工作内容有：制订工作任务与完成时限，执行工作任务；对任务的结果、成果进行审查和确认；费用的确认与支付等。

有一些合同是在签订之后才进行工作活动的制订和工作授权的，此时，制订工作任务就可能成为合同管理的一个重要部分。此类合同主要有成本补偿合同、工作时间合同、时间与材料合同、无限期运输合同等，其工作控制的内容有：

- 工作计划的建立和维护；
- 工作任务的授权以及发布执行通知；
- 各阶段工作任务的具体日程安排；
- 各种资源的分配，包括资金、材料、人员；
- 每一阶段的里程碑和阶段输出结果的制订、跟踪、监控及确认；
- 采购方的付款预算制订，任务成本的实施和完成进度等控制。

合同执行管理的重要工作内容之一是确保供应商按照合同要求按时交付所承诺的产品和服务。合同管理人员应该利用抽样检验、现场监督、项目管理等工具，监督供应商是否按照合同要求完成并满足使用的需求。对于非常复杂的合同、较专业的或者技术含量很高的合同等，合同管理人员因为资源、自身能力等限制，可以授权产品或服务的内部部门、项目管理人员或者第三方管理者来监督合同的执行。

7）合同执行过程中的注意事项

- 合同执行管理。包括执行合同的基本责任、工作计划和步骤、检查合同效力、财务管理、货物所有权管理和债权管理。

●合同变更管理。合同变更管理是合同执行过程中比较困难的控制点，包括物料或服务需求内容变更、物料规格和服务标准变更、交付地址变更、价款条款变更、合同主体名称变更等。

●合同转包。采购人员需要对供应商转包合同进行管理、监控和权利义务分配。

●纠纷解决。合同执行过程中出现冲突和纠纷时，双方可以依次通过谈判、调解、仲裁、诉讼来解决冲突和纠纷。

●合同效力的补救和终止。其包括效力补救、因便利而终止合同、因违约而终止合同、避免合同中止。

3. 合同续签与收尾

对于需要连续供应的物料或服务，当前供应商的绩效符合企业需求，在合同条款没有巨大变化或双方就某些条款达成一致意见的情况下，如价格调整、付款账期调整、交货地点变化等，采购部门为减少寻源和谈判的成本，可以选择和现有供应商续签供应合同。

合同收尾是指在双方都完成各自合同中承诺的义务和责任后采取的行动。这些行动包括完成物料或服务的接受和验收，财产或储备的处置，根据合同条款及时付款。

4. 合同的文档管理

合同签订后，需要对合同的合规性进行审查并进行合同的文档管理。

合同的合规性是指合同内容主体需要符合法律法规和企业的规定。

合同的文档管理是指合同签订完成后，需要交由企业专门的文控部门储存和管理，必要时可扫描成电子文档保管，同时根据不同的级别设置合同查阅权限。

| 第4节 | 供应商管理

1. 供应商管理的概念

供应商是指通过收取货币为报酬直接向下游客户提供商品及相应服务的企业及其分支

机构、个体工商户，包括制造商、经销商、批发商、进口商和其他中介商等。

供应商管理是对供应商的开发、准入、改善、发展、优化、绩效、退出的综合性生命周期管理工作的总称。供应商管理的目的，就是建立起一个稳定可靠的供应库，为企业发展提供连续、稳定、可靠的物料或服务供应，并控制成本。奥布莱恩认为，供应商管理是一种针对重要供应商的方法，用来解决日常管理、互动、关系管理、合同管理、绩效管理和改进计划的审查和协调[6]。

企业经营的目标是尽可能满足客户在交货、质量、成本和服务方面的需求，实现销售增长和市场份额扩大，持续稳定低成本的供应源将作为企业实现经营目标的坚实后勤保证，因此供应商管理变得尤为重要。供应商管理的目标主要有：

- 为企业发展开发潜在的供应商，稳定供应源；
- 确保供应商能持续稳定供应并及时送货；
- 获得供应商及时优质的服务；
- 让企业以最优的成本获得产品或服务；
- 发展和维持良好的供应商关系；
- 培养、教育和管理供应商，保证供应的产品和服务的品质；
- 建立供应商准入和退出机制。

2. 供应商全生命周期管理

供应商生命周期管理是一种以信息透明、组织有序和多部门协作对外部供应商从准入到退出的全生命周期进行的管理，主要有开发和准入、沟通与培养管理、绩效评估、激励和淘汰四个阶段。

1）供应商的开发和准入

这个阶段的工作主要包括寻找潜在的供应商以及对他们进行选择与评估。

供应商开发又称供应商寻源，指采购部门根据企业对新产品、新技术的开发和生产、销售计划的预测，分析当前供应商库是否能满足企业发展的供应需求，主动、有序地开发和发展供应商库，为企业发展提供持续稳定的供应源。供应商准入是采购部门对潜在供应商进行资格审查，确定供应商是否具备满足企业发展需要的供应能力。

供应商的开发及准入主要是为了寻找潜在供应商，评价供应商的能力，筛选供应商以及确定供应商准入名单，以帮助企业制订供应商发展计划，建立供应商等级体系。供应商准入评估的指标主要包括质量水平、交货能力、价格水平、技术创新能力、财务状况和人力资源等。

采购组织需要记录供应商从准入到退出的全生命周期中所有相关信息，以为后续的供应商管理提供数据支持。

2）供应商的沟通与培养管理

采购部门要积极和供应商建立良好、高效的沟通渠道，及时分享信息，反馈供应商绩效水平；定期与供应商就成本降低、质量改进、交货及时率和服务水准提高、创新技术发展和应用等方面进行充分的沟通和讨论。

采购部门也承担对供应商改善、发展和优化的日常管理责任。采购部门依据组织的发展战略需要对供应商组织采购管理、质量管理、安全管理、成本控制管理等方面的培训，对于具备长期合作潜力的供应商，可以在制造工艺技术、管理与创新、服务响应性、人力资源发展等方面提供支持和帮助，提升供应商的生产效率和管理水平，以便获得供应商更好的服务。

采购组织应通过沟通管理和培养管理，主动识别、分析供应商在生命周期里的供应风险，并制订有效的风险规避和应急计划，加强风险控制，降低和避免供应风险给组织带来的损失。

3）供应商的绩效评估

采购部门对供应商的质量合格率、及时交货率、价格竞争性、紧急问题处理能力等动态业务表现进行绩效评估时，应多听取质量、仓库、生产、研发、财务等需求部门的意见，做到公平、公正、公开。采购部门应针对产品或服务生命周期的不同阶段、采购品类的不同策略，选择恰当的供应商绩效评估方法。

采购部门应通过绩效评估调整供应商分类管理等级，调整与供应商合作的范围和规模，制订供应商寻源和退出计划。此外，采购部门应及时与供应商共同回顾绩效评估结果，确保双方都认同绩效评估结果。

4）供应商的激励和淘汰

采购部门根据供应商的等级建立供应商激励机制，有助于发挥供应商的主动性，促使供应商积极主动改进技术与管理水平，提高交付的响应速度，提升服务水平和能力。例如，对于等级较高的供应商，可以在付款期限、价格折扣、长期合作等方面提供更多优惠条件，而对供应商来说，最期望的激励就是增加业务份额、缩短付款时间。

采购部门应通过绩效评估，将不满足企业发展需要的供应商列入淘汰和退出的名单，终止与它们的合同和业务关系。供应商淘汰存在供应中断和更换成本风险，采购部门需要制订科学的供应商退出机制，以降低采购风险，节约采购成本。淘汰供应商需要考虑退出时机的选择、资产的回收、库存的处理、文档的回收和销毁、供应源的替代、供应的连续性、客户的意见以及财务和法律的风险。在国际采购中，供应商的淘汰比较复杂，要考虑当地的法律法规, 对社区的负面影响, 因此采购部门需要做好计划和管理。

3. 供应商管理的意义

供应商管理的意义可以从客户和企业本身的角度进行分析。

从客户的角度分析, 供应商管理有助于企业及时快速地响应客户需求。随着全球市场竞争的加剧和供应链的全球化, 客户希望产品和服务的交货期愈来愈短, 而供应商快速及时的响应成为满足客户交期需求的关键。采购部门只有加强供应商管理, 使企业与供应商建立战略合作伙伴关系, 才能提高企业对客户需求反应的敏捷程度, 从而提高客户对企业的满意度。现在客户不仅仅满足于获得产品和服务, 更加关注获得产品和服务的效率和效果。企业为了提高客户的满意度, 不断增加运营和管理成本, 而只有加强供应商管理, 与供应商建立合作伙伴关系, 才能实现采购成本的控制和降低, 进而实现企业的经营目标。

4. 供应商分类管理的实践

随着社会的发展和技术的进步, 新技术被广泛应用, 市场中的产品越来越多元化, 企业不得不生产更多品类的产品来满足日益多样化的市场要求, 因而采购物料的品类也越来越复杂、多样。对物料进行品类划分管理成为采购部门的战略目标之一, 同时也涉及对供应商的分类管理。企业应根据对供应商的依赖程度、市场竞争、采购金额、风险等因素进行供应商分类管理, 并根据自己的运作特征、企业文化和行业习惯, 采取不同的供应商分类管理方法。常见的供应商分类方法有以下几种。

1) ABC 分类法

帕累托在 1879 年研究个人收入的分布状态时, 发现少数人的收入占全部人收入的大部分, 而多数人的收入却只占一小部分。他将这一关系用图表示出来, 就是著名的帕累托图 ABC 分类法。在帕累托图 ABC 分类法中, A 类 20% 的供应商占据了企业 80% 的采购支出, 通常提供的是战略物料或者杠杆物料; B 类供应商提供一般物料, 通常是杠杆物料; C 类供应商提供了品类多但是金额低的物料, 如 MRO (Maintenance, Repair and Operations) 物料等。

2) 金字塔形四层细分模型

ISM 提倡的金字塔形四层细分模型[7]如图 7-6 所示。品类采购策略决定品类细分, 供应商品类细分必须和品类采购策略保持一致。供应商细分定义了类别特征和与供应商的关系行为。

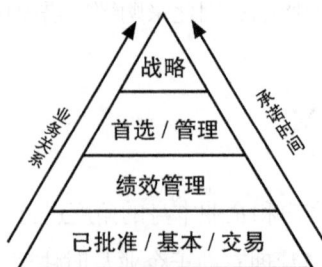

图 7-6　金字塔形四层细分模型

表 7-3 汇总了金字塔形四层分析模型中四种供应商的典型特征和关系行为、关注重点。

表 7-3　细分级别、特征和关注重点

细分层级	典型特征和关系行为	关注重点
战略	· 加强竞争优势的产品 / 服务 · 提供竞争优势 · 管理层参与 · 到创新 / 新产品开发的链接 · 共担风险和回报 · 长期观点 · 整合 / 相互依赖系统 / 基础设施 / 投资	· 营收增长 · 营收和价值创造，通过：增长；创新；共同开发
首选 / 管理	· 定制产品 / 服务 · 单一或双采购源 · 定价协议 · 灵活的合同 · 技术人员和高层管理人员参与 · 短期到中期观点 · 保持距离型关系	· 持续改进，通过：供应链；产品 / 服务规格；流程改进
绩效管理	· 短期关注 · 改进 / 持续创新机会 · 需要供应保证	· 供应商绩效 · 缓解风险
已批准 / 基本 / 交易	· 批量大 / 复杂程度低 · 重复采购 · 电子内容 / 采购卡 · 交易 · 最小创新 · 没有共同承诺	· 合理化 · 易参与 · 标准化 · 在可能的情况下加以利用

3）卡拉杰克矩阵

基于卡拉杰克矩阵模型，根据采购金额和供应风险两个维度，供应商可分为战略供应商、瓶颈供应商、杠杆供应商和非关键供应商，每一类供应商的物料采购特征和供应商管理策略均不同，如表 7-4 所示。

表 7-4 基于卡拉杰克矩阵分类的供应商的物料采购特征及管理策略

供应商分类名称	物料采购特征	供应商管理策略
战略供应商	采购金额较大，供应风险也很高，对组织的产品质量、成本以及及时交货至关重要	建立双赢关系，致力于进行长期紧密的合作
瓶颈供应商	采购金额很小，但供应风险很高，是唯一供应源、技术垄断或者客户指定	降低风险，保障供应
杠杆供应商	采购金额很大，但供应风险很低，标准件、同质化与竞争性大	杠杆作用最大化，价格越低越好
非关键供应商	采购金额很小，且供应风险很低，表明市场竞争强，供应商很多	精简内部流程，用最简单的方法去采购

当企业基于卡拉杰克矩阵对供应商进行分类管理时，也需要了解供应商的意愿。图 7-7 所示为供应商偏好模型[8]，供应商从“业务对供应商的吸引度”和“相对供应商的价值”两个维度，把客户分为核心客户、开发对象、盘剥和回避客户。如果企业认为某供应商为其战略供应商，但由于业务广度和深度、合作关系、付款账期、信誉等因素企业被供应商评定为非重要客户，企业的供应商分类战略和供应商的意愿就不一致。此时采购人员应该尽快调整对该供应商的合作策略，以免后续造成供应和质量方面的风险。还有管理者结合卡拉杰克矩阵和供应商偏好模型，形成了新的、复杂的管理组合模型，称为荷兰风车模型[9]。

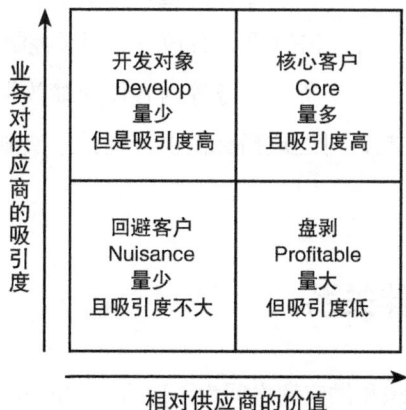

图 7-7 供应商偏好模型

5.供应商能力提升的实践

供应商能力是指供应商为极大地满足客户需求，以最优的成本在客户需要的时间和地点及时提供产品或服务的能力，其中包括供应商技术和管理创新的能力等。为了最大限度地满足客户对产品和服务的需求，采购部门需要积极地为供应商提供产品和服务技术方面的建议和帮助；通过缩短付款账期、安排预付款和供应商融资等手段为供应商提供资金支持；整合供应商与本企业的信息系统，增加双方系统的兼容性，实现信息共享，提高沟通效率并联合制订计划。企业还可以通过以下方法提升供应商能力。

●定期业务回顾。企业定期和供应商针对过去的采购金额、交货及时性、质量合格率和服务及时性等方面进行沟通、回顾，对有战略合作意义的供应商还需要进一步分享未来的市场动态，以及企业的采购需求计划和新产品开发计划，协助供应商及时进行产能和资源配合。

●供应商大会。企业通过举办供应商大会，一方面可以沟通情感，巩固与重点供应商之间的合作关系，宣传企业文化和相关激励措施，增加供应商与企业合作的信心，加深供应商对企业的信赖；另一方面可以搜集供应商的合理建议，分享市场竞争情报。

●供应商诊所。这是早年由丰田公司采取并推广的管理实践，企业设立类似管理咨询的组织部门，派专家去供应商处工作，协助提高供应商的绩效。

●现场观摩。企业通过有组织地进行现场观察和交流讨论，对生产运作、物流管理和质量管理相互学习和借鉴。

●持续改进。企业协助供应商建立持续改进的企业文化，对供应商员工进行持续改进流程的教导和培训，并把持续改进作为供应商审查和考核的项目之一。

●供应链管理。让供应商了解其在供应链管理中的角色，帮助供应商建立供应链管理的体系，以便更好管理好供应商，使供应商通过价值链、供应链分析、线性性能定价法（Linear Performance Pricing，LPP）和流程改进等手段控制制造成本。

●奖罚机制。企业将质量、交货、服务等内容作为绩效指标考核供应商，并对考核结果定期回顾，建立奖罚机制，对达成指标的供应商给予奖励，对没有达成指标的给予处罚。

6.供应商战略伙伴关系

战略伙伴关系是采购组织和供应商之间为了双方一致的战略发展目标和利益建立的长期承诺的合作伙伴关系，采购组织和供应商之间需要积极沟通、信息共享、相互信任、共担风险、共享回报。为了确保合作伙伴关系继续存在，企业高层管理人员也应作为该团队的一员，采购组织应通过定期会议和其他形式与供应商加强沟通，积极向供应商分享自身的发展方向和采购计划，一起处理因市场变化而产生的多余货物或物料。供应商需要配合采购组织一起对自身的运营成本和价值进行分析，采购组织在确保最优采购价格的同时，也要保证供应商赚取合理的利润。

建立供应商战略合作伙伴关系对企业有着重要的意义，有助于缩短供应商的交货期，提高供应灵活性；降低企业的库存水平，加快现金流周转；提高供应商交货的质量合格率；与供应商通过 EDI 处理订单，提高订单处理效率；使供应商早期参与，缩短新产品开发周期，加快上市速度；与供应商共享管理经验，提高其整体管理水平，降低运营成本。

企业与供应商建立战略伙伴关系主要方法有：与供应商签订长期稳定的供应合同；邀请供应商早期参与新项目的开发；与供应商成立联合团队；与供应商互派工作人员；根据需要对特定战略供应商投资，建立长期稳定的供应关系；企业高层管理人员定期与采购人员一起参与供应商的活动；与供应商共同研究市场和客户等。

7.供应商档案管理

建立完善的供应商档案是企业采购管理的重要内容，不仅有利于供应商资料的收集、整理、存档，还有利于记录和了解供应商的制造工艺、质量控制、成本控制、交付能力、服务水平等指标，是与供应商建立长期供需合作关系决策的重要依据。

供应商档案主要有以下内容：

●供应商基础资料，主要包括名称、地址、电话、传真、E-mail、网址、负责人、联系人、概况、设备状况、人力资源状况、主要产品等；

●供应商特征，包括供应能力、发展潜力、规模、客户群体和业内知名度等；

●供应商业务状况，主要包括目前及以往的销售增长趋势、管理者和员工的素质、是否和竞争对手有业务关系、与企业现在和未来的合作态度等；

●供应商绩效状况，主要包括供应商的及时交货率、质量合格率、服务及时率，以及信誉与形象、信用状况、财务状况等。

相应地，企业需要建立完善的供应商档案管理制度和方法：

●供应商档案应定期维护，供应商档案不同于一般的档案，需要根据供应商情况的变化及时进行跟踪记录；

●供应商档案不仅要记录和管理现有供应商，更要关注潜在的供应商；

●建立数字化供应商档案，对供应商档案进行合理分类，提高档案管理的质量和效率，便于采购人员简单、便捷、迅速地查找档案；

●供应商档案是企业的核心资源，需要建立档案的借阅和查询权限等级和授权制度，并对借阅和查询档案的人或部门进行登记。

参考文献

［1］ISM 术语集（第 6 版）［EB/OL］.

［2］卡拉杰克．采购管理中的新推广［J］.Beschaffung aktuell. 7（11）期，p72-80.

［3］CPSM Supply Management Core［M］.Study Guide, 3th Ed.

［4］百度百科，联合国可持续发展目标［EB/OL］.

［5］供应链管理指南；Juha Hintsa, Supply Chain Security Management: An Overview, International Journal of Logistics Systems and Management 5, 2009.

［6］Jonathan O'Brien, Supplier Relationship Management［M］.Unlocking the hidden value in your supply base, Kogan Page Limited, 2014.

［7］Scacchitti V. "Keys to Effective Supplier Segmentation", Inside Supply Management［A］. Supplement Artical，（22:8），2011.

［8］Steele, P.T. & Court, B.H., Profitable Purchasing Strategies［R］.Singapore: McGraw-Hill, 1996.

［9］Van Weele, A.J. (2014）. Purchasing and Supply Chain Management［M］. 6th edition. Hampshire: Cengage Learning EMEA.

第 8 章

质量管理

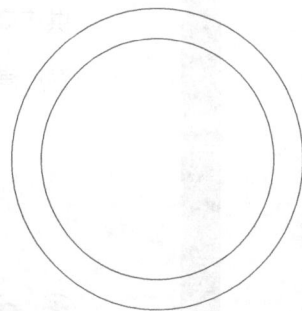

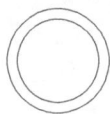

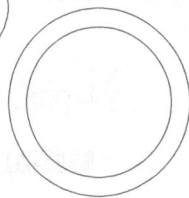

随着经济全球化的推动，信息革命逐渐兴起，我们正处在一个大变革的时代，原有的观念、运作模式和方法的转变已成为必然。其中一个重大的转变是客户已成为市场的支配者，客户对商品和服务的定价和价值有了新的认知，产品和服务的质量也成为企业在市场竞争中关注的焦点，成为企业追求市场份额和价格的重要支撑。质量决定了企业经营的绩效，决定了一个企业、行业乃至国家的竞争实力。企业经营从未像现在这样追求质量，而关于质量的观念、运作模式和方法也在变化和发展。质量的定义由符合标准转变为客户满意，质量管理由质量检验管理、统计质量控制管理扩大到全面质量管理，由以企业内部控制为重点转向以市场、客户为导向，面向整个供应链。此外，供应商质量管理也成为企业质量管理的战略目标；领导力作用、企业战略的制订和实施、以客户为导向、人力资源开发、企业文化养成和供应商绩效管理等被纳入质量管理范畴，成为企业满足客户需求、让客户满意的重要内容。

本章目标

1. 了解质量、质量特性及质量管理的相关内容。

2. 了解质量控制及质量检验、过程控制和质量检验的基础工作方法。

3. 了解质量管理体系建立和实施。

4. 掌握各种质量管理工具的使用方法。

| 第 1 节 | 质量的概念

1. 质量的含义

质量是指客体的一组固有特性满足要求的程度。[1]组织或个人由于所处供应链的位置不同，对质量的理解也有所差异，如客户对产品质量的要求在于产品是否适用，并在使用过程中能否让人满意，而制造商或经销商则更加关注产品的质量是否符合标准。

企业对质量的理解和诠释，也随着科技的进步和客户更高品质的要求而不断延伸和深化。例如"质量"最初仅局限于产品本身，再延伸到服务质量，后来进一步扩展到组织经营活动的全过程，最后涵盖了整个社会，如环境、经济、民生等方面。就质量概念的演变，出现了以下两个不同的观点。

●质量就是"适用性"。从客户的角度出发，朱兰认为，质量就是"适用性"。[2]客户对质量的要求是产品和服务在交付和使用过程中能够满足他们的价值需求，他们对是否达到"规范"并不关心。"适用性"对于企业明确使命、关注客户、制订战略发展目标具有深远的意义。

●质量就是符合标准。克劳斯比认为在任何产品和服务中没有理由出现错误和缺陷，最经济的就是先做对的事情，再把事情做对，否则会带来因报废、筛选、返工等而产生的额外成本的支出。所以，质量就是符合标准，不合乎标准就意味着质量没有得到有效控制。

关于"提高质量会导致成本的增加还是降低"，企业管理者各持己见，看法并不一致，朱兰认为，他们争论的不是同一命题。

质量有两个维度。一个维度是质量是客户满意的根源，好的质量会帮助企业提高利润。好的"质量"代表能够满足客户的价值需要从而使客户满意产品的特性，但提供更多或更好的质量特性会增加资源的投入，从而会导致产品成本的增加。另一个维度是质量不佳是客户不满的根源，好的质量会使企业的成本下降。好的"质量"即无瑕疵，也就是不存在造成客户满意度下降的错误，如返工或现场使用故障等，所以好的"质量"会避免额外质量成本支出，企业成本也会因此而得到控制和下降。因此，企业可以从"提供更多或更好的质量特性"和"减少或消除不良"两个方面对质量进行改善和提高。

"等级"这一概念与"质量"密切相关，但客户常常混淆这两个概念。某种事物的程度和水平常用"质量"来表述，例如五星级酒店的服务水平和豪华程度就是它的服务质量，但如果把五星级酒店和一般商务酒店的服务质量进行对比，就失去对比的意义，这时我们可以用"等级"进行区分。质量的比较只有在同一等级下才有意义，高等级意味高消费或高购买能力，反之，低等级意味着低消费或低购买能力，但等级不影响客户获得的服务质量。所以，住五星级酒店的客户，并不一定能够享受到过硬的服务体验，而一般的商务酒店也能给予客户高质量的服务体验。

2. 产品的质量特性

质量特性是指产品、过程或体系与要求相关的固有属性。质量被理解为"符合要求"，那么需要把这些"要求"分解成若干可衡量的质量特性指标，并对这些特性指标进行评估和考核。因为不同客户对同一款产品的需求有所不同，比如同样对于智能手机，有些客户注重的是外观设计、色彩搭配是否时尚，有些则注重的是拍照功能是否强大，所以产品的质量特性也是多样化的。不合格率只是从一个侧面反映了产品品质问题。以下八个方面，对产品的质量特性做了比较详尽的描述。

●功能：指产品为满足客户需求所提供的性能和效用，如智能手机的通话、拍照、连接网络等功能。

●性能：指产品达到和实现功能的能力，如智能手机的通话清晰度、拍照的速度和像素等。

●寿命：指产品在设计要求的环境条件下，在满足功能需求时能工作的时间、次数、距离等。

●可靠性：指产品在设计要求的环境条件下，完成设计功能的能力，如智能手机的无故障使用时间，保持通话的时间等。

●符合性：指产品的符合设计标准的保证，如中国强制性产品认证、CE 认证、UL 认证等。

●可服务性：指产品在市场端的可安装性和可维修性。

●外观和感知质量：指产品提供给客户的外在感知，如产品的美学设计、颜色搭配、包装设计等。

3. 服务的质量特性

服务的质量特征与产品差别很大，有一定的专属性，人们可以通过对一些有形的服务质量特性的感知来进行评估，如服务设施的优劣、等待时间的长短等。有些服务质量特性虽然无法感知到，却直接影响到服务绩效，如不常用设施的损坏率、宾馆财务的差错率等。根据所提供服务项目的不同，服务质量特性的评估方式也不一样，比如等待时间可以定量分析，而保密性、卫生干净、礼貌等只能用定性的方式来分析。服务质量特性评估的关键在于客户享受到的服务水平是否达到或超越其对该服务的最初期望值，比如某餐厅在经营餐饮业务的同时，也得到了客户对其提供的超值服务的认可，如美甲、轻食、儿童看护等。所以，服务提供者可以从以下五个方面努力，缩小或消除与竞争对手的差距，直至超越竞争对手。

- 有形性：外观感知，如环境设置，基础设备方便程度等。
- 可靠性：准确完成所承诺服务的能力。
- 响应性：提供快速服务，乐于帮助客户。
- 保障性：具备提供服务所必需的技能和知识。
- 怡情：礼貌、友善、尊重客户、懂得换位思考。

企业应广泛运用这些属性，分析和挖掘目标客户对服务的需求和感知预期，发现服务瑕疵，并制订和完善服务质量特性绩效考核流程和管理体系，从而在持续提高服务质量和客户满意度的同时，有效地控制服务成本。

4. 质量相关术语

供应链管理人员在对质量相关名词的理解中，往往对质量控制、质量保证和质量管理这三个概念认识得不够明确。下面首先对这几个概念给出清晰的定义。

1）质量控制

质量控制（Quality Control, QC）是指为了使产品或服务达到规定的质量要求所采取的作业技术和活动。质量控制首先要明确质量标准，在对质量标准进行评估后确定实施的方法和技术，并制订后续质量提高的计划。QC 是企业对质量的过程控制，企业需要关注每一个环节或作业过程的质量管理和控制。

2）质量保证

质量保证（Quality Assurance, QA）是指组织能够提供足够的证据证明其产品和服务能够满足质量的要求，包括建立供应商可以满足的规格；选择有能力在规格范围内满足质量要求的供应商；采用保证产品和服务质量的控制过程；开发衡量供应商产品、服务质量和成本绩效的方法，并将其与要求进行比较。QA 需要企业有证实性、预防性、系统性和反应能力，其职责是对产品或服务的质量进行监督和监控，并建立质量体系确保企业按质量标准要求开展运营活动，以提供内外部的信任。

3）质量管理

国际标准化组织对质量管理（Quality Management, QM）的定义为"质量管理是全部管理职能的一个方面，该管理职能负责质量方针的制订与实施。"ISO 8402—1994《质量管理和质量保证——术语》将质量管理的含义进行了扩展，规定"质量管理是指确定质量方针、目标和职责，并通过质量体系中的质量策划、质量控制、质量保证和质量改进来使其实现的所有管理职能的全部活动。"质量管理的发展大致经历了三个阶段：质量检验阶段、统计质量控制阶段和全面质量控制阶段。

QC是企业通过质量人员的活动来对质量进行控制，而QA是企业通过建立质量管理体系对企业提供的产品和服务的质量进行保证，QC是QA的一部分，而QM是在质量发展的不同阶段对质量管理体系、方法、工具等的统称，包含了QC和QA。

5. 过程质量控制

过程质量控制（SIPOC）要求输出的价值一定比输入的资源价值高，而产出的增值部分则反映出过程质量控制的有效性。过程质量控制的基本条件是：企业必须保证其技术质量、管理和工作人员处于受控状态，且使用的生产技术和科技方法也需要处于受控状态。同时，过程质量控制的工作还包括计划和设定目标，制订控制流程，评估结果，记录和保存文件，优化生产周期，消除浪费和限制等。

企业在供应链上通过外部供应商输入、内部各部门活动输出满足客户需求的经营活动过程必须兼备效率和质量，对过程还必须进行控制以达到所规定的质量。

对于每个过程，企业可以通过识别"供方（S）—输入（I）—过程（P）—输出（O）—客户（C）"链来实现过程质量控制，如图8-1所示。再加入评价输入和输出性能的度量，以及控制过程中必要的信息和方法。

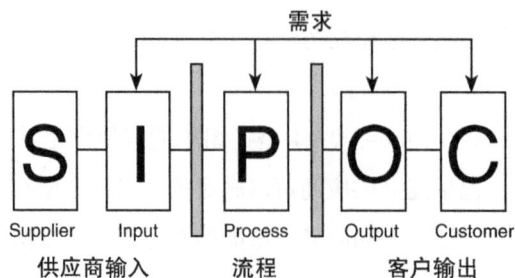

图 8-1　SIPOC

6. 质量管理理念发展的三个阶段

真正现代意义上的质量管理理论直到 20 世纪初才形成，但质量管理的意识和行为早在远古时代就已经具备。根据人们对质量管理认识和方法的不同，现代质量管理理念的发展可以分为以下三个阶段。

第一阶段：依赖检验。在第二次世界大战以前，产品的质量主要是利用事后检验来确保和控制，工厂专门成立检验工序对即将交付给客户的成品或在制品进行质量检验和把关。18 世纪末至 20 世纪初，工厂开始广泛使用机器代替手工作业，逐步建立了工厂制度，但工人的经验和熟练程度依然是工厂质量控制和管理的重要手段。进入 20 世纪以后，随着工厂规模的进一步扩大，岗位分工越来越精细，同时对生产和工人的专业化程度要求也越来越高。工厂为了保证产品质量，在重要的生产工序设立了专职的检验人员对半成品或成品进行质量检验，挑出有质量缺陷的不合格品，质量管理和控制依赖检验的手段来实现。

第二阶段：依赖制造过程的改善。有不少专家学者认为，第二阶段应该理解为质量是制造出来的。这一观点后来被广泛运用，威廉·戴明提出"质量源于生产过程的改善，而非检验"。[3] 从这一点可以看出，在生产过程中，员工必须严格遵守作业指导书的要求，生产管理人员和员工需要一起根据生产过程中发现的问题不断改进和提高原材料进货质量、生产工艺、工装夹具、制造系统等，以确保产品质量。如果完全依靠检验来发现生产完成后存在质量缺陷的不合格品，并没有真正从生产制造的源头进行产品质量管理。所以，不能将质量管理的重心放在事后检查，而在制造阶段就必须不断完善和提高生产制造的过程管理，以保证产品的质量。这个阶段要求企业能对产品的生产工艺进行分析，制订满足生产质量控制的生产作业指导书（Work Instruction，WI），培训和管理工人或者操作人员严格按照 WI 进行生产作业，以保证制造过程的质量控制。这对企业管理能力的要求就更高了。

第三阶段：依赖设计。田口玄一在 20 世纪 70 年代末提出了田口质量理论，他相信产品质量来源于高质量的设计，而制造是还原设计的可制造性。经过验证，这个理论后来被业内普遍认同。质量设计阶段决定了产品的性能和功能、物料可得性、生产工艺可制造性、售后的可服务性等一系列影响产品最终质量的因素。成功的设计一定是从质量控制开始的，而良好的质量设计对企业的质量体系保证和人力资源要求很高，需要企业投入更多的成本。

现代企业由于发展的阶段和规模不同，所以对质量控制的认识程度以及对质量控制的投入程度会有所不同。

7. 统计质量控制

在 20 世纪 20 年代，管理者开始运用数理统计，强调通过对不合格品的定量分析，制订质量控制方法来降低质量成本。依赖检验的质量管理，是一种无法从根本上避免不合格产品产生的"事后检查"型质量管理方法。而统计质量控制（Statistical Quality Control，SQC）是运用数理统计的方法把被动的"事后检查"转向主动的"事前防范"，对不合格产品的产生做到防患于未然。其中，工序质量控制图以及抽样检验是最重要的方法。

统计质量控制的重点是保障产品质量符合标准和规范，通过对生产工序的数据进行挖掘和分析，利用数理统计的方法找出生产过程中产生质量问题的原因，对可能出现的隐患或异常主动制订和实施预防措施，保证生产工序一直处于连续、稳定、可控的状态。统计质量控制的主要特点是，利用数理统计工具和统计检验思考方法，对质量管理采用"事前预防"的原则，而不是过去的"事后检验"。

8. 全面质量管理

随着科技发展日新月异，全面质量管理阶段在各个方面都取得了重大突破，人们对质量标准也有了新的理解和要求，所以统计质量控制已经不能满足客户对质量的要求，企业不得不开始探索其他质量控制方法。1951 年，费根堡姆首先提出了全面质量管理（Total Quality Management，TQM）的概念。[4] 全面质量包括了产品市场调研质量、研发质量、采购质量、生产制造质量、产品和服务控制质量、物流后勤质量和销售及售后服务质量等，全面质量是否达标，由客户进行最终的判定。全面质量制度是"三全"质量管理方法，是企业管理的一种文化，即以质量为中心的全面、全过程、全员参与。企业应要求各职能部门积极主动地参与和实施全面质量管理，例如供应链管理部、人事部、研发部、财务部、行政管理部、销售部和售后服务部等，齐心协力使企业的质量标准与客户的要求达成一致。

9. 建立 ISO 9000 质量管理体系的收益

质量管理体系（Quality Management System, QMS）的建立，是为了使质量管理的各项活动得到有效的开展，达成方针和目标。目前世界各地广泛接纳和认可了 ISO 9000 质量管理体系，作为提供产品和服务的系列管理标准。ISO 9000 质量管理体系可使组织获得许多收益：

- 更好的培训及更高的生产力；
- 减少客户拒收和投诉，为企业扩大市场占有率、节省成本提供协助；
- 提高客户满意度，提高客户对企业的忠诚度；
- 满足客户及市场对 ISO 9000 质量管理体质的认证要求。

10. 卓越绩效模式及波多里奇国家质量奖

卓越绩效模式（Performance Excellence Model）源自美国波多里奇国家质量奖（Baldrige Award）评审标准，以顾客为导向，达到企业卓越经营绩效为目的的一种管理模式，20 世纪 80 年代以后在美国各大企业中得到了广泛认可和实施。组织的创新和客户的满意是卓越绩效模式的核心思想。该模式适用范围广，可以被目前大多数营利性或非营利性企业和组织引入实施。在当前，卓越绩效模式受到了世界各地的企业和组织的积极参与和推广，并由此受益良多，GB/T 19580—2012《卓越绩效评价准则》和 GB/Z 19579—2012《卓越绩效评价准则实施指南》标准化指导技术文件由国家质量监督检验检疫总局、国家标准化管理委员会于 2012 年 3 月 9 日发布，于 2012 年 8 月 1 日实施。

卓越绩效模式是对质量管理的进一步升华，让质量管理深入企业经营管理，遍布企业的各个部门和领域。企业可以将卓越绩效模式作为质量管理评估的标准，并结合现代质量管理的方法和理念，持续改善，不断提高，将企业的质量管理推向卓越。

下面这套相互关联的观点和理念就是以波多里奇国家质量奖评审标准为基础总结出来的：领导的远见卓识，以客户为导向追求卓越，个人和组织的学习，尊重员工及合作伙伴，灵敏性，聚焦未来，管理创新，基于事实的管理，社会责任，聚焦结果及创新价值，系统观点。

波多里奇国家质量奖主要是通过对高绩效组织中所具有的行为和信念的评估，为评审标准提供了行为和反馈的基础，并将其作为评价的核心价值观和理念，其标准框架如图 8-2 所示。

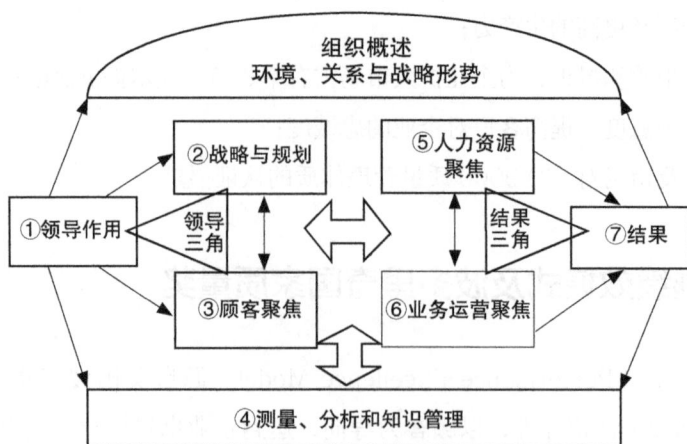

图 8-2 波多里奇国家质量奖标准框架

波多里奇国家质量奖标准的七项内容和权重分别为：领导作用（120分），战略与规划（85分），顾客聚焦（85分），测量、分析和知识管理（90分），人力资源聚焦（85分），业务运营聚焦（85分），结果（450分）。

11. 质量成本分类

质量成本（Quality Cost）的概念是由费根堡姆在20世纪50年代提出的[5]，而在此之前，朱兰提出了不良质量成本（Cost of Poor Quality，COPQ）的概念[6]。质量成本的定义是"为了确保产品或服务满足规定要求的费用以及没有满足规定要求引起损失，是企业生产总成本的一个组成部分。"

质量成本按其支付成本类型可分为一致成本和不一致成本两种，成本类型主要包括预防性费用、鉴定性费用、内部损失费用和外部损失费用。其中预防性费用和鉴定性费用属于一致成本，是企业应当支付的费用，以保证开展的工作符合质量要求；内部损失费用和外部损失费用属于不一致成本，是为了弥补质量没有达标额外支付的费用，也被统称为故障成本。

预防性费用是指企业开展运营管理、人员培训、质量控制管理、研发阶段的设计管理和生产阶段的制造管理等防范工作，以避免不合格产品和服务的产生而产生的费用。预防费用包括质量规划费用、新产品设计评审费、培训费用、工序控制费、质量数据的收集和分析费用、执行质量改进方案的费用等。

鉴定性费用是指企业以确保产品"一次性交付检验合格"所支付的所有费用之和，包括进料检验费用、成品入库检验费用、过程控制检验费用、第三方检测设备认证鉴定费用、质量体系审核费用等。

内部损失费用是指企业处理内部发现的质量问题所发生的费用总和，这些问题包括返工、报废、停线、重复检验、质量事故等。

外部损失费用是指企业为解决产品或服务交付给客户后发生的质量问题所付出的费用总和，比如更换费用、索赔费用、退货费用、保修费用、折扣、诉讼费、运费、关税等。

| 第 2 节 | 质量控制

企业通过采取一系列的质量控制和管理措施，以保证其产品或服务的品质和客户的要求一致。检验是一种有效的质量控制活动，能帮助企业控制产品或服务的质量。

1. 生产流程的检验

生产流程的检验可分为以下类型。

接收检验（Incoming Quality Control，IQC），有时也被称为进货检验，目的是防止不符合质量要求的产品进入需方的活动中并由此引发后续活动的质量问题。

过程检验（Input Process Quality Control，IPQC），目的是防止质量不合格的产品被继续制造或仍以其原有方式通过制造过程。过程检验还包括以下方式。

● 首件检验。检验生产工艺和流程设置及其调整后生产的首件产品是否满足批量生产的质量标准要求。零件加工型制造企业一般会在零件批量生产前对首件产品进行质量检验和确认。

● 巡检。质量检验员轮流监视过程，检查最新生产的产品是否符合质量要求。

● 操作员检验。当一批产品开始生产后操作员自己进行的检验。

● 末件检验。对一个生产批次的最后几件产品进行检验。

● 试验台检验。又称持续检验，在生产过程中进行，通常情况下会设立专门的检验岗位对产品进行检验。

不同的企业由于提供的产品和服务不同，以及其加工工艺的差异，会选择部分或全部进行上述五种过程检验方式。

最终检验（Finally Quality Control，FQC），是在产品最后完成时进行的检验。最终检验的目的是避免不合格的成品进入成品库，或把有缺陷的产品发送给客户。

开箱复检（Open Box Audit，OBA），是指对完成的合格产品再按照一定比例进行开箱检验，以防止在最终检验中因可能发生的或是系统的问题而造成的误检、错判。

供方检验，是指由供应商负责的检验。该方式下企业对来料完全不需要检验，或者适当减少检验指标，或者仅需要供应商提供质量检验报告。此时，企业的质量管理人员角色转变为监控和监督供应商生产全过程的质量管控，确保供应商生产出的产品交付时符合企业的质量要求。

2. 质量检验执行的方式

在进行质量检验时，企业通常会根据对物料或产品的功能或性能执行差异化的检验。例如，机械加工件对尺寸的精度有要求，因此必须要使用相关的尺寸测量工具对需要测量的尺寸进行检验并记录分析。常见的质量检验执行的方式有以下几种。

● 测量。使用仪器和测量设备来确定特性的量值。

● 通止规检验。通止规（Go-No Go Fixed Gauges）是一种测量工具，一般用于圆孔内径检验，分为通规和止规，通规可以顺利通过圆孔，止规不能通过，就判定该圆孔内径检验合格。

● 功能试验。对交付的产品进行安装测试或试运行，以确定其功能满足客户的预期要求。

● 目视检验。用眼睛检查，通常需要提供相应的标准，来确定诸如色差或表面状态能否接受。

3. 质量检验按工作量分类

质量检验工作必然存在一定的工作量，企业根据经营的需要采购相应品类和数量的物料，而不同品类物料的质量要求和检验方法决定了质量检验的工作量和成本投入，因此质量部门需要根据产品的重要性选择如下两种检验方式。

● 100% 检验。又称全检，是指对送检的所有产品中的一个或多个质量特性进行检验。

● 抽样检验。在送检产品中随机抽取一定数量的样品，进行一个或多个质量特性的检验。抽样检验又可分为现场抽检、百分比抽检和统计抽检。

4. 抽样检验的优越性

抽样检验不仅有助于企业提高质量管理水平，而且还能有效地控制质量检验成本。确定一个检验批次的产品是否能接收，对批次中的所有产品都进行检验是一种很不经济的做法，企业可以随机抽取该检验批次中特定数量的样品，运用科学抽样检验方法进行检验，由检验结果判定是接收还是拒收该检验批次的产品。

抽样检验能够使用较少的检验人员，在较短的时间内，检验出某批次产品的质量水平，并且抽样检验损坏物料或者服务的可能性小，同时因为工作的单调程度低，做出不正确评价的风险较小，能有效地控制检验成本。

5. 非统计抽样检验

非统计抽样检验不是以科学的统计技术来决定抽检样品的，而是根据职业经验来设计和实施抽样检验，缺乏科学性和合理性。百分比抽样是一种典型的非统计抽样检验方法，在日常检验工作中应尽量避免使用。非统计抽样检验的缺点是在进行抽样检验时，不能对抽样风险进行控制和量化，会有做出错误判断的风险。

6. 科学抽样检验

科学抽样检验是利用对产品样本的参数进行检验的结果来外推、预测总体质量的过程，是在概率统计理论基础上，通过计数检验或计量检验的形式随机选取产品样本，运用概率论对样本检验结果进行评估的一种检验方法。科学抽样检验的抽样方法有以下类型。

1）一次抽样

一次抽样是抽样实践中常用的、普遍的方案，就是从需要检验批次的产品中抽取 N 件样品，并进行质量特性检验。检验样本中的不合格件数没有超过 c（接收值），就接收这个批次的产品；若不合格件数超过 c，则判定该批次产品不合格，就拒绝接收。

2）二次抽样

二次抽样的第一步是在送检批次产品中随机抽取 n_1 件样本进行检验，不合格件数小于或等于 c，则该批次产品被接收；若不合格的件数等于或高于 r（拒收值），则该批次产品被判定为不合格，应拒绝接收。当不合格件数在 c_1（一次抽样接收值）和 r_1（一次抽样拒收值）之间时，需要再次随机抽取 n_2 件样本进行检验。如果两次抽检的样本的不合格件数之和小于或等于 c_2（二次抽样接收值），则接收该批次产品；若大于或等于 r_2（$r_2=c_2+1$，二次抽样拒收值），则拒绝接收该批次产品。

3）多次抽样

多次抽样与二次抽样的做法类似。在决定检验批次能否被接收前必须进行检验的样本量要比上两次抽样的样品量大，然后通过抽检特性曲线来判断检验批次产品质量的好坏，并决定该批次产品被接受或拒绝。

计量检验时必须使用相关的测量工具对需要检验产品的质量特性进行测量，对测量数据统计后进行计算分析。与这些数据有关的准则将决定该检验批次产品应该被接收还是拒收。

7. 检验策划

检验策划是指对检验工作进行的策划和准备。在许多情况下，检验活动都是在缺乏策划和准备的情况下进行的，经常是由检验员或操作者来决定应检验什么和检验多少。检验策划应用最小的检验数量来保证企业交付具有合格质量的产品，这要求检验策划考虑影响产品质量的所有因素。管理者需要制订清晰的检验流程，为每一个检验阶段选择合适的检验形式，制定规范检验操作的细节和步骤，设计检验工作场所和环境，并为检验活动准备好辅助工具。为了提高检验活动的效率和准确性，管理者应该提供简单和有效的工具，例如检验说明书、技术文件（如图样、材料规范和过程规范）、质量要求的分配、总体程序和检验设备、标准、公差表、抽样表、数据表、检验设备、目视检验标准等。

8. 过程能力指数计算

过程能力指过程或工序在稳定状态下，组织可以按目标输出能够满足规定要求的产品的能力。过程能力是评估过程质量的标准，是可以度量和计算的。

过程能力指数也称工序能力指数，是一种过程能力的质量测量指标，用于衡量过程能力满足产品质量标准要求的程度，产品质量标准通常包括产品规格要求和公差要求。当满足正态分布且无偏移的情况下，过程能力指数通常记作：

$$C_p = \frac{T}{6\delta}$$

式中：C_p 为过程能力指数；

T 为产品质量标准要求的公差范围；

δ 为过程特性正态分布的标准差。

当公差中心与过程分布中心没有重合且有明显偏移时，就需要重新修正 C_p 的计算公式，修正后的值称为过程能力指数 C_{pk}，也称为工序或制程能力指数，是指在某一特定时间内，工序处于控制或稳定状态下的实际加工能力。通过下述第一个公式得到过程的上限

能力指数 C_{pu}，通过下述第二个公式得到过程的下限能力指数 C_{pl}，二者与 C_{pk} 的关系如下述第三个公式所示。

$$C_{pu} = \frac{USL - Mean}{3\delta}$$

$$C_{pl} = \frac{Mean - LSL}{3\delta}$$

$$C_{pk} = \min(C_{pu} - C_{pl})$$

其中，USL = 规格上限，LSL = 规格下限，$Mean$ = 总体过程的平均值，δ = 总体过程的标准偏差。

由以上公式计算过程能力指数 C_{pk} 后，可以根据表 8-1 的 C_{pk} 评级标准，对过程能力控制制订行动计划。

表 8-1　C_{pk} 评级标准

范围	等级	绩效	意见和建议
$C_{pk} \geqslant 2.0$	A++	卓越	降低成本
$1.67 \leqslant C_{pk} < 2.0$	A+	优秀	持续保持
$1.33 \leqslant C_{pk} < 1.67$	A	良好	状态稳定，制订提升至 A+ 级的方案
$1.0 \leqslant C_{pk} < 1.33$	B	一般	过程有波动，存在风险系数，制订提升至 A 级的方案
$0.67 \leqslant C_{pk} < 1.0$	C	较差	过程稳定性差，存在高风险系数
$C_{pk} < 0.67$	D	不可接受	过程稳定性极差，不可接受，重新设计过程控制

9. 不合格产品管理

不合格品管理是针对不合格产品所做的管理，例如退回供应商、降级使用、返工或报废处理等。制造企业为了从根本上解决问题、消除隐患，必须进一步找出制造过程中产生质量缺陷的根源，主动设计和采取预防措施，稳定和控制制造过程，避免不合格产品的出现。

不合格产品控制程序，是指为避免不合格产品被使用或交付给客户而制订的程序，主要包括以下七项内容。

● 判定不合格产品，控制和处理不合格产品，明确权限和职责范围。

● 及时做好不合格产品的标识，做到快速、易认。

●记录不合格产品的质量特性，并进行分析。

●对不合格产品进行处理。

●对不合格产品设立专门的隔离存放区，一般使用红色对区域进行标识，防止操作人员误用。

●对不合格产品进行监管，并做好记录和反馈。

●根据不合格产品的影响程度及时向企业其他相关职能部门通告，如果对客户造成影响，需要及时告知客户。

不合格产品的处理方法通常有如下五种。

●报废。经企业内部销售、研发、制造、质量、生产等相关部门确定不符合销售和生产标准的产品和物料，应及时予以报废处理。

●返工。返工是指返回到上一个或者上几个工序，通过对物料或者产品进行重新制造以消除质量问题。

●返修。返修是指对不合格的物料或产品进行修理，以减轻不合格的程度，或者让不合格产品能够满足客户的基本需求。

●降级。很多时候当产品不能满足当前的质量标准要求时，企业经过内部相关部门的评估，可以降低质量标准，使其使用在其他低标准的产品和服务上，降级使用需要重新考虑采购成本。

●让步。对于不符合质量标准的物料和产品，企业经过内部相关部门确认，在不影响客户使用和服务的前提下接受。让步接受需要考虑后续的售后风险。

在现场管理中，企业应根据不合格产品管理流程，对不合格成品、半成品、零部件进行特殊的标识或颜色区分，以免误拿、误用。此外，企业应对不合格产品设定一个特殊的隔离存储区域，对标记后的不合格产品实施隔离存放。

第3节 质量管理体系

1. 质量管理体系概述

质量管理的定义为"质量方面指挥和控制组织的协调活动"，其活动包括制订质量方针、制订目标、质量规划、质量控制、质量保证和质量改善等。质量管理体系 的作用是保证质量管理的所有方针和目标得到有效的贯彻执行。ISO 9000 质量管理体系是国际认可的各个行业的质量体系执行规范。考虑到具体的应用行业，国际标准化组织又制订了相应的行业技术规范。

● IATF16949，全称《质量管理体系—汽车行业生产件与相关服务件的组织实施规范》，是在 ISO 9001:2000 基础上制订的。该规范与 ISO 9000:2008 完全一致，其重点在于防止汽车零部件的质量缺陷，以减少零部件质量波动，减少损耗。

● ISO 13485:2003 标准是医疗器械质量管理的独立标准，全称是《医疗器械质量管理体系用于法规的要求》（Medical Device-Quality Management System-requirements for Regulatory），由 SCA/TC221 医疗器械质量管理和通用要求标准化技术委员会在 ISO 9001:2000 基础上制订。

● GAP（Good Agriculture Practice），即《良好农业规范》。GAP 是一种基于现代农业知识的应用和标准，在关注和促进经济和社会可持续化发展、环境保护的同时，对农业生产的各个环节进行科学的规范和指导，以确保农产品生产质量安全。

● GMP（Good Manufacturing Practice），即世界卫生组织定义的《良好生产规范》，是指导食物、药品、医疗产品生产和质量管理的一种规范。GMP 为了保证客户购买的产品的质量（包括食品安全卫生方面），对制造企业的生产设备、生产流程、质量管理、测量体系都有清晰的要求。

● GSP（Good Supply Practice）即《药品经营质量管理规范》，是国家食品药品监督管理总局公布的关于药品市场准入、强制监督和执行的技术性行政法规。GSP 为确保药品的品质，在药品的生产、经营、销售等各个环节采取严格的控制措施，并制订出一套统一的药产品供应规范。目前，GSP 要求企业在获得 GSP 认证证书后，才能生产、经营和销售药品，并在规定的时间内实现药监部门的技术规范。

2. 质量管理体系的基本要求

质量管理体系基本要求参考理查德等著的《运营管理》。[7] ISO 9000 体系是国际标准化组织颁布的一系列国际质量标准，该体系通过计划和工程，在包括设计、制造、安装到服务在内的每个阶段实施最佳实践，以防止缺陷的产生。ISO 9000 体系通过相应的标准，确保产品或者服务在离开制造企业或者服务企业后都能满足客户的需求。企业根据质量管理制度要求，在通过权威的第三方审核机构确定符合 ISO 9000 体系的标准之后，才能开展日常经营活动。ISO 9000 体系的标准分为两类。

必要条件（Requirements）——ISO 9000 体系规定了对于注册的企业和实施标准要求的企业的四个必要义务。

● ISO 9001 体系质量保证模式：设计、研发、生产、安装和服务。

● ISO 9002 体系质量保证模式：生产、安装和服务。

● ISO 9003 体系质量保证模式：最后的检测和测试。

● ISO 10012 体系测量设备要求。

方针（Guide lines）——ISO 9000 体系建议企业通过以下四项方针来实现企业的标准要求。

● ISO 8402 体系质量管理与质量保证。

● ISO 9000 体系选择与使用方针。

● ISO 9004 体系质量管理与质量体系要素。

● ISO 10011 体系质量系统审查方针。

企业不论是属于制造业，还是提供设计，或只是提供检测和测试过程服务，都可以建立基于 ISO 9000 体系要求标准的质量管理体系。通过设计，这些标准可以适应企业与企业之间以及企业不同业务部门间的各种变化，每个企业应根据自身的经营需求选择实施适当标准。

ISO 9001、ISO 9002 和 ISO 9003 是体系内的原则性必要标准体系，这一体系中的所有其他标准都与这三个标准相关。在这三个标准之中，ISO 9001 体系是最全面的，为基本质量管理和持续改进奠定了基础，它划分为 20 个要素，如图 8-3 所示。

管理责任	质量计划	合同评审	设计控制	文件及数据控制
采购	客户提供的产品控制	识别与可追溯性	过程控制	检测与测试状态
控制、测量与测试设备控制	检查与测试状态	不合格产品控制	纠正与预防措施	储存、处理、包装、保存及交储
质量记录控制	内部质量审核	培训	服务	统计技术

图 8-3 ISO 9001 体系要素

ISO 9001 体系标准是最高的标准，其执行和认证的费用也非常高，有一些企业因为自身业务的原因不需要高标准的 ISO 9001 体系认证，这就衍生出了 ISO 9002 体系和 ISO 9003 体系。ISO 9002 体系涉及从采购、生产到安装的各项工作，ISO 9003 体系包含了产品生产的最终检测和测试的质量。ISO 9000 体系标准流程使用方针如图 8-4 所示。

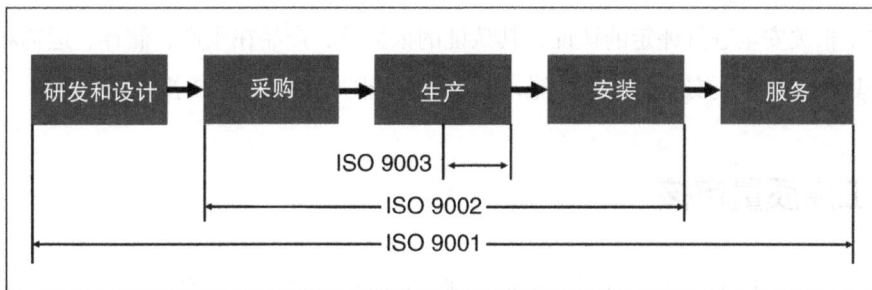

图 8-4　ISO 9000 体系标准流程使用方针

3. 质量管理体系认证

从市场竞争的角度来看，企业的质量保证和赢得市场竞争优势的关键是通过 ISO 9000 体系认证。例如，采购部门要为企业采购产品或服务，同时有几家供应商以相近的价格提供相似的产品或服务，假设其中有一家供应商通过了 ISO 9000 体系认证，而其他的供应商未获得认证，采购部门在决策的时候就会优先考虑通过 ISO 9000 体系认证的供应商，因为 ISO 9000 体系对供应商的生产流程、质量标准、交付时间、服务水平等都做了详细的规定，能够为企业避免日后潜在的供应风险。

ISO 9000 体系的认证形式有以下三种。

●第一方认证：企业按照 ISO 9000 体系标准对自身进行评审。

●第二方认证：客户审核供应商。

●第三方认证：一个具有认证权威资格的国家标准或国际标准认证机构充当评审。

第三方认证是企业获得 ISO 9000 体系认证的最佳形式。通过了第三方审核后，企业就可以注册成为 ISO 9000 体系认证企业。

4. 产品质量认证

企业根据《产品质量认证管理条例》中提出的相应技术要求和产品标准，经认证机构审查，确认产品合格后，即可获得产品质量认证证书和认证标志，其又被称为合格认证或产品认证。产品质量认证可以证明企业的某一种产品达到了相应的技术要求和活动标准。

产品质量认证可分为两类：合格认证和安全认证。

合格认证大部分属于自愿认证，是按照国家标准或产业标准对产品各项性能进行的认证，是产品的全面质量认证。

安全认证是强制性认证，是一种以《标准化法》为基础，根据强制性标准的规定，对产品标准中相关安全进行评定的认证，其认证的依据是，产品在生产、储存、运输和使用时，是否具备保障个人安全的基本性能，以及是否能防止对环境造成损害。

5. 工序质量审核

工序质量审核要求企业及时制订预防措施，对生产过程中影响产品质量的各个要素的波动情况进行定期的质量评估和审查，以保证生产过程中的各个要素处于稳定和被控制的状态。所有生产过程的工序都要按照规定的标准规范进行；对质量动态实时监控，争取做到不正常动态及时查明原因，防止质量问题的发生；发生质量问题时，应及时发现并查明造成质量问题的原因，提供临时纠正措施紧急补救，以及提供永久措施避免问题再次发生；同时关注产品质量的可追溯性。

6. 质量体系审核

质量体系审核是指为实现质量目标，质量审核组织对企业各个部门质量活动的质量方针、质量目标、质量方案、组织运行进行监督检查，同时对质量活动执行情况进行评价、认定并提出改进意见。质量体系审核一般遵循 ISO 9000 体系或者其他标准，如 TS16949 体系、AS9100 体系等。

│第4节│质量管理工具

质量管理对产品质量的影响一般是通过质量控制和质量改善来度量的，而质量控制和质量改善则是相互依赖的。质量控制的核心是充分利用和发挥企业当前控制质量的能力，保持已经达到的质量水平并将其维持于受控状态。质量改善是在维持和控制当前产品质量水平的基础上，从研发设计、生产制造、售后服务到最终满足客户的需要，通过质量管理来改善产品质量。不管是质量控制还是质量改善，都是依靠多种工具和方法来完成的。

1.PDCA 循环

PDCA 循环由日本专家结合戴明博士的培训和日本业界的经验总结，于 1951 年提出。不过，在更早的时候，美国质量管理专家休哈特博士提出和倡导的是 PDSA 循环，戴明博士也一直推广的是 PDSA 循环，并很重视其中的 S，即研究结果（study）。后人将PDCA 循环称为"戴明环"[8]，这其实是一种混淆。在全面质量管理中，PDCA 循环是一种得到广泛认同和运用的科学方法。

● P（Plan，计划）：发现并查明问题及问题产生的根源，确定目标，制订行动方案。

● D（Do，执行）：具体推进行动计划，达到预定的目标。

● C（Check，检查）：衡量和验证方案及措施的有效性，对产生的结果与预定的目标进行差异分析。

● A（Act，行动）：形成规范程序并实施，总结失败的教训，作为未来新一轮循环的参考依据。

PDCA 循环的四个阶段是一个不断改善和提高的过程，并不只是循环一次就结束，而是车轮式地向前推进：一个循环完成之后，解决一些问题，同时也会产生新的问题，带着未解决的问题及新发现的问题确认一个新的、更高的目标，从而进入下一个循环。

2. 戴明的十四项原则

戴明认为，企业的管理者是造成质量问题的主要原因，他们应为此承担 85% 的责任，管理者要围绕客户需求和持续改进来制订企业的战略方针，保持企业的市场竞争力。戴明系统地提出了十四项原则[9]，将质量管理置于企业发展战略的高度，并辅以质量管理流程的持续完善。这些原则自提出以来，通过不断的发展与实践，进行了相应的调整，形成了若干个不同的理论，具体如下。

● 将产品与服务的改善视为持续的目标。

● 采用新的管理观念。

● 停止依赖大量检验。

● 不能只靠价格筛选合作公司。

● 产品与服务系统的持续改进和不断完善。

● 建立现代化岗位培训。

● 建立现代化监督管理体制。

- 排除恐惧，提高员工工作效率。
- 打破部门间的障碍。
- 不以数字衡量员工。
- 取消定额管理和目标管理。
- 除去打击员工工作热情及考评。
- 建立完备的教育训练计划。
- 在最高管理阶层建立架构，每日推进以上十三项原则。

3.8D 工作法

美国政府在第二次世界大战期间率先采用了一种类似于 8D 这种工作法的流程——"军事标准 1520"，也被称为"不合格品的修正行动及部署系统"。这种工作法在二战期间对不合格品的管理和控制取得了非常好的效果，后来在供应商质量管理中得到了广泛的运用。

8D 工作法通过八个工作步骤来解决产品发生的质量问题，在实际应用中会增加一个征兆紧急反应措施的步骤，因此实际操作中会包含九个工作步骤，如图 8-5 所示。

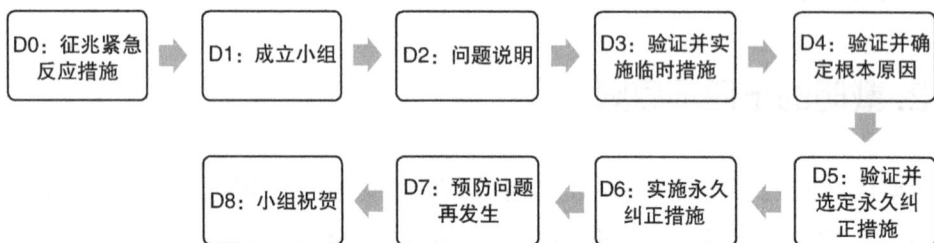

图 8-5　8D 工作法的九个步骤

4. 质量管理小组活动

质量管理小组也称为 QC 小组，团队目标是改善品质、减少消耗和浪费、提高员工素质和企业经济效益。同时，它也以实现组织的经营战略、方针目标和解决现场问题为目标，采用质量管理的工具和方法进行质量改善活动。许多 QC 小组都是跨部门的团队，其活动实践主要依靠团队的主观能动性和创造性，小组成员在轻松愉快、讲求民主管理、集思广益的环境中，本着自愿参加、自由结合的原则，采用科学的方法开展质量管理活动，以提升企业的质量管理能力。

QC 小组活动是提升企业质量管理能力必不可少的重要活动。QC 小组的工作重点根据所执行的任务不同，可分为工作现场质量提升、客户服务质量提升、质量难题攻克、质量管理流程创新等方面。QC 小组活动的目的是通过互相学习，充分调动员工的主观能动性和创造性，提升企业员工的整体能力，降低质量成本，使企业的经济效益得到提高。企业管理层要重视 QC 小组活动的开展，给予 QC 小组活动充分的支持和肯定，建立一个安全、和谐、健康的工作环境。推动供应商的 QC 小组活动也是供应商管理者的重要任务之一。

5. 质量损失管理

质量损失管理是组织用于显示质量活动对财务的影响的方法，其核心是不良质量成本（Cost of Poor Quality，COPQ）。COPQ 是指质量缺陷或质量不佳造成的成本损失，或由于质量问题而产生的额外整体费用。质量不佳导致的成本损失分为有形和无形两种，对于企业来说，其影响是非常惊人的。有形损失是指返工、报废、额外的加班支出、材料的浪费等企业内部原因造成的质量问题所产生的费用。无形损失主要是指质量问题导致客户流失、企业美誉度下降、品牌知名度下降等引起的损失。

质量损失函数和质量损失曲线（见图 8-6）是由田口玄一经过对质量损失的深入研究提出的。田口玄一质量损失理论在控制质量损失、指导质量管理工作中起着举足轻重的作用。田口玄一质量损失函数（QLF）的表达式为：

$$L(y) = k(y-m)^2$$

式中：y 为实际测量的质量特性值；

　　　m 为质量特性的标准值，$\Delta = y-m$ 为偏差；

　　　k 为比例常数；

　　　$L(y)$ 为当质量特性值为 y 时的质量损失。

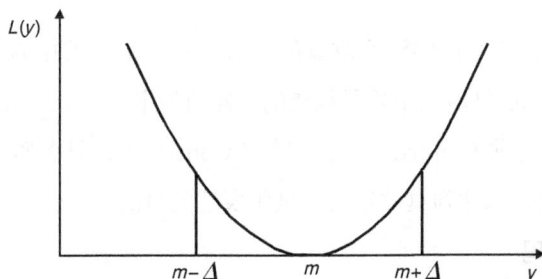

图 8-6　田口玄一质量损失曲线

6. 六西格玛及精益六西格玛

1）六西格玛

六西格玛（Six Sigma, 6σ）是由摩托罗拉公司开发的一种系统方法，利用信息和服务相关的流程，减少产品和服务的缺陷。它的核心在于改善产品和服务的质量，并尽早采取相应的防范措施，以达到生产零缺陷、提高生产效率、降低企业总体成本、为客户提供适合其价值需要的产品和服务、扩大市场份额、提高企业盈利水平的目的。

六西格玛质量水平是指企业在为客户提供产品的过程中，仅允许不合格或有缺陷的产品数量为总量的百万分之三点四。简单地说，就是在企业提供给客户的 100 万件产品中，不合格或有缺陷的产品数量最多为 3.4 件，这几乎是目前人类质量管理可以达到的极限水平。

我们用 σ 来衡量过程工艺能力，σ 数值越小，工艺波动越小，工艺的成本损失越小，时间周期越短，也就越能满足客户的要求，如图 8-7 所示。

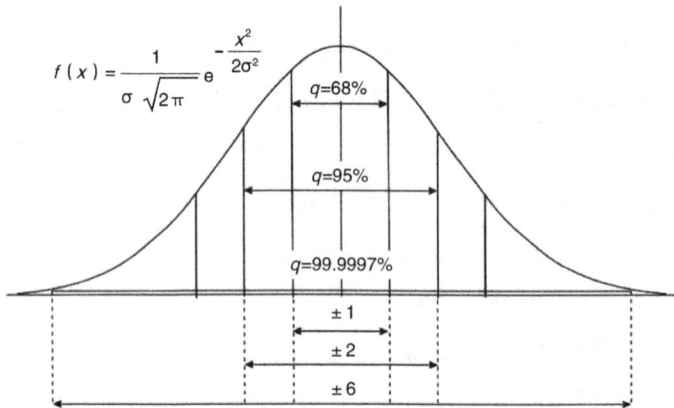

图 8-7　正态分布与六西格玛

DMAIC 是推行六西格玛中流程改善的核心工具，采用数据驱动、量化分析等方法对流程进行改进。DMAIC 是由五个阶段构成的，分别为定义（Define）、测量（Measure）、分析（Analyze）、改进（Improve）、控制（Control），且各阶段都有清晰的目标、相关的方法和辅助工具，以达到具体定义与量化表述的目的。

2）精益六西格玛

精益六西格玛（Lean Six Sigma）本质上是吸收精益生产与六西格玛两种管理模式的优势，将两种管理模式的理念、方法和工具等结合起来，但并非将二者简单叠加。精益六西格玛的核心目标是在消除浪费、提高质量、降低成本、缩短交货期等方面实现突破，实现企业发展的战略目标。

企业实施精益六西格玛，能够从以下几个方面获得效益：

● 业务流程标准化，提升过程控制能力；

● 增加现金流，降低原材料、在制品、成品的库存水平；

● 缩短生产准备和交货的时间，迅速响应客户的需求；

● 提升产品质量，有效利用资源，降低成本；

● 提高客户满意度和忠诚度，提高企业市场占有率。

7. 质量功能展开

质量功能展开（Quality Functional Deployment，QFD）是一款质量策划工具，该工具采用"质量屋"的方式，对质量特性与客户需求的关系进行量化分析，制订和执行质量改善和提高的措施，找出满足客户最大需求的质量特性，并引导研发人员专注于这一关键质量特性的设计和实现，力求一次性设计出成功的产品，满足客户的价值需求。

质量屋的结构要素如图 8-8 所示。

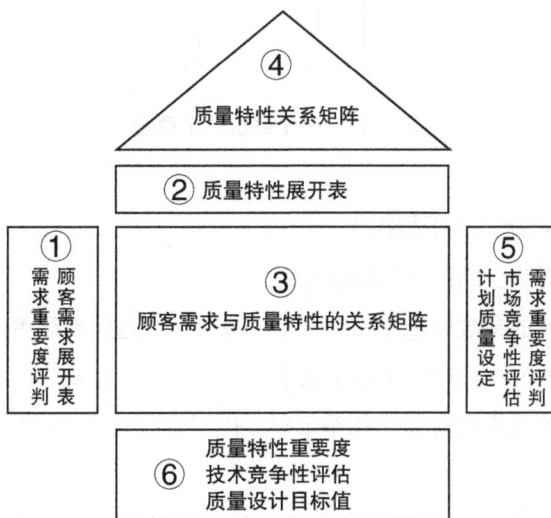

图 8-8 质量屋的结构要素

● 左墙：客户需求及其重要度评判。

● 天花板：质量特性展开表，根据客户需求获取的可测量、可执行的技术需求。

● 房间：客户需求与质量特性之间的关系。

● 屋顶：质量特性间的相互关系。

● 右墙：客户需求重要度评判、市场竞争性评估、计划质量设定。

● 地板：质量特性重要度、技术竞争性评估、质量设计目标值。

8. 实验设计

实验设计（Design Of Experiment，DOE）是一系列实验及分析方法集，通过有目的地改变一个系统的输入来观察输出的改变情况，图 8-9 所示为一个系统的示意图。系统是指一个产品开发过程，或是一个生产过程等。

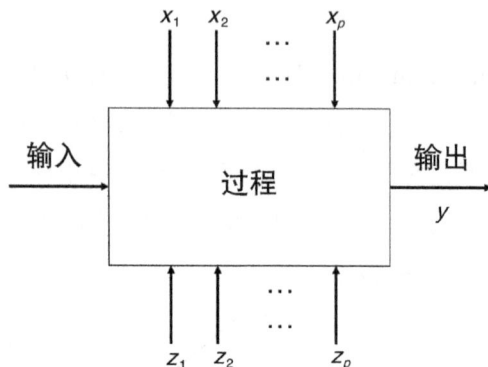

图 8-9　一个系统的示意图

实验设计的目的可能包括下列因素：

● 确定哪些参数对响应的影响程度最高；

● 确定应将有影响的参数设定于哪个水平，以使响应达到或尽可能接近期望值；

● 确定应将有影响的参数设定于哪个水平，以尽可能减小响应的方差（或分散度）；

● 确定应将有影响的参数设定于哪个水平，以尽可能减少噪声参数（不可控参数）对响应的影响。

因此，管理者可以采用实验设计的方法，解决产品开发和生产过程中出现的问题。"健壮"（Robust）的开发或制造过程是通过改善过程性能或降低外部噪声对过程干扰的敏感度得到的，同时也能降低成本和节省时间。除此之外，实验设计还可以在现有产品改进或新产品开发时发挥决定性的作用。例如，对不同设计方案的比较和评价，对替代材料进行验证和评估，关键设计参数对产品性能的影响和实现。

所以，实验设计是一种非常重要的工程工具，它能有效缩短产品开发周期，提高产品生产工艺水平，改善产品制造过程，提升产品的服务性能和可靠性，提高产品质量。

9.QC 七大工具

QC 七大工具广泛应用于质量数据的收集与挖掘、质量问题的分析与改进、质量水平的控制与提高，这些工具简单易懂，既具有科学性，又具有实用性，是企业开展全面质量管理的重要工具。

1）检查表

检查表也被称为统计分析表或调查表，是 QC 七大工具中使用最多的一种，用于观察、收集、记录和整理数据。常用的检查表有考勤表、客户满意度调查表、5S 检查表、消防安全检查表、生产计划统计表、一次性合格率统计表等。

检查表能系统性地收集、挖掘、储存和积累数据信息，并进一步整理分析数据。同时，检查表可以作为日常管理和分析改进的工具，通过整理数据，为后面使用柏拉图、直方图、控制图、散布图等 QC 工具做好准备，把复杂工作简单化。

2）层别法

层别法就是将大量关于某一特定主题的意见、观点或想法分门别类，将收集到的大量的数据或资料按相互关系进行分组，加以层别。例如，不合格品类别统计表、抽样统计表、排行榜等。

3）柏拉图

柏拉图也称排列图，是发现产品质量主要影响因素的有效工具之一（见图 8-10）。柏拉图可按不符合的条件、原因、发生区域等不同标准来区分收集到的数据，找出影响因素占比最大的集合。柏拉图由一个横坐标、两个纵坐标、按高低顺序排列且有累计百分比折线的多个矩形构成。

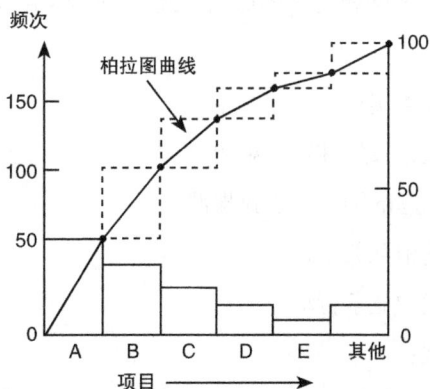

图 8-10　柏拉图

柏拉图主要用于：

● 将各个质量改进项目按重要性进行排列，找出对整个质量问题影响作用优先级较高的项目；

● 识别改进质量的机会，也就是把对质量问题影响最大的因素找出来。

4）因果图

因果图是一种形似鱼骨架的因果关系图，以一种旨在显示问题（结果）之间关系的格式捕获造成问题的所有可能因素，是寻找质量问题根源的一种有效工具。将相关因素罗列出来并进行分析归类，赋予其相应的因素特性值，然后按相应因素之间的关联性整理出的条理清晰、层次分明、突出重要因素的图形，就是因果图。这种图形也被称为特性要因图，又因形状如鱼骨，也常被称为鱼骨图。图 8-11 所示为鱼骨图的基本结构。

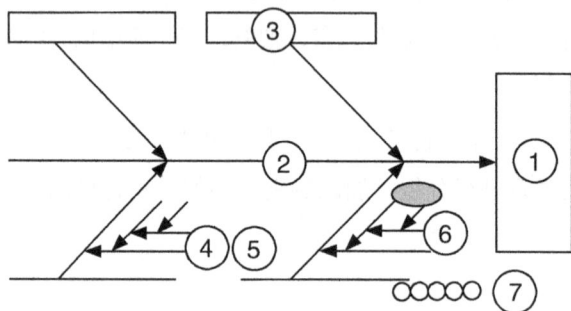

图 8-11　鱼骨图的基本结构

因果图的关键内容如下：

● 因果图主要研究问题的根源，并对其进行分析和探索，是定性分析的工具；

● 因果图要求使用者找出问题发生的原因，此时 QC 小组的质量改进活动就会起到积极作用；

● 尊重问题发生的客观事实；

● 发挥团队合作的力量，聚焦并攻克难题；

● 通过分析研究造成问题的因素，查找根源；

● 分析各种因素之间的相互关系；

● 采取补救措施和正确的竞争行动。

因果图有三种展现类型：

● 整理问题型鱼骨图（特性值与各要素之间不存在因果关系，而是一个结构关系）；

● 原因型鱼骨图（右边为鱼头，其特性值常用"为什么的问题"来表述）；

● 对策型鱼骨图（左边为鱼头，其特性值常用"如何改善/提高……"来表述）。

5）直方图

直方图又称频数分布图，是用等宽和不一定等高的矩形表示数据范围的一系列数据图形，如图8-12所示。

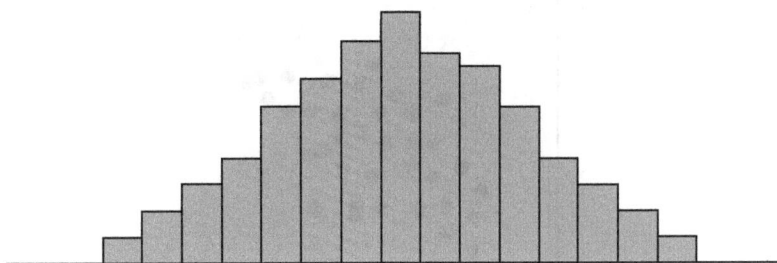

图8-12 直方图

直方图直观地呈现了质量波动状态和相关过程质量状况的信息，企业通过对质量波动状态的研究，可以掌握影响质量过程的因素，确定后续质量改进工作的重点方向。

6）控制图

控制图用于通过质量特性在时间轴上呈现的数值图形，来判断和预测生产过程中是否出现质量异常的波动，是一种常用的质量控制统计方法，如图8-13所示。企业在生产过程中经常会使用控制图对过程质量的动态波动进行监测，以起到主动预防的作用，使生产稳定、质量得到保证。

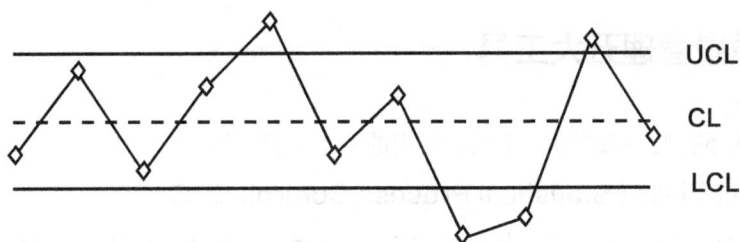

UCL 为上限控制线，CL 为中心线，LCL 为下限控制线

图8-13 控制图

7）散布图

散布图也叫相关图，是在坐标图上用点画出两个可能相关变量的对应值，用图像和非数学的方式来判断这对变量之间是否存在相关性的图形，如图8-14所示。这种图形的特

点是快速、通俗易懂、便于沟通。散布图必须由成对的数据绘制而成，通常 X 轴表示可能发生关系的原因因素，Y 轴表示与相对应关系原因因素的测量值。

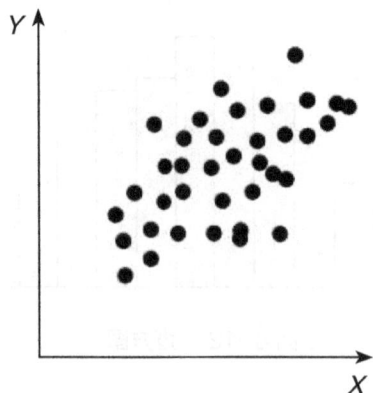

图 8-14　散布图

两个变量之间的影响程度与要因对特性的相关关系包括强正相关、强负相关、弱正相关、弱负相关、不相关和曲线相关。

除了以上七种传统工具，常用的 QC 工具还包括关联图法、KJ 法、系统图法、矩阵图法、矩阵数据分析法、过程决策程序图法（PDPC）和矢线图法。除此之外，还有很多 QC 方法也得到了广泛关注，如雷达图、箱型图、头脑风暴法和业务流程再造（BPR）等。

10. 质量管理五大工具

质量管理还有很多系统性的工具，常用的五个工具如下。

1）统计过程控制（Statistical Process Control, SPC）

SPC 是对过程的控制方法，是指特性收集生产制造中的控制项目的数据，通过对过程能力和过程标准化的分析，发现过程中的异常，并立即制订和实施改进措施，使过程恢复到正常状态。SPC 的实施分为分析与监控两个阶段：分析阶段是利用统计过程控制工具对过程进行分析并绘制分析控制图，根据分析结果制订改进措施的阶段；监控阶段是利用画出来的分析控制图，实施控制的阶段。

2）测量系统分析（Measure Ment System Analysis, MSA）

人、机器、材料、操作方法、测量和环境是产品质量特征值的六个基础质量因子，其中测量用于数据生产，所以必须使用正确的测量工具、合格的操作者、规范的测量方法和程。MSA 是用于评估获取测量数据的测量系统，其作用一是保证测量数据的准确无误，二是确保数据分析方法运用得当。

3）产品质量先期策划（Advanced Product Quality Planning, APQP）

APQP 是 QS9000/IATF16949 质量管理体系的一部分，是一种结构化的方法，用于保证每个参与者都遵循规定的步骤来完成指定的工作，以保证产品的质量满足客户的需求。APQP 是一种从高层管理者出发的管理方法，需要高层管理者积极参与和支持，以达到让客户满意的目标。

4）生产件批准程序（Production Part Approval Process, PPAP）

PPAP 是一份提交的生产件批量生产批准的保证书，PPAP 数据的检验和试验需要在具备相关资质的实验室完成。PPAP 主要有有效的生产工艺报告、产品尺寸检验报告、产品功能检验报告、外观检测报告、原材料检测报告、零件生产控制流程等。PPAP 要求生产企业必须对销售的产品有清晰的生产过程记录，记录信息包括原材料性能、仓库保管、生产记录、尺寸检测、工艺控制、质量控制、产品包装、参与人员等。

5）失效模式与影响分析（Failure Mode and Effect Analysis, FMEA）

在设计和生产产品时，企业应该从一开始就开展分析工作，以预防缺陷的产生。分析工作往往从三个方面进行：防止或消除故障、预先判定或检测故障、减少故障发生后的影响和损失。FMEA 是一种重要的可靠性设计方法，它通过失效模式和影响分析将可能发生的缺陷和故障消除在开始阶段。FMEA 可以分为四大类型：设计 FMEA、过程 FMEA、使用 FMEA 和服务 FMEA。

参考文献

［1］国际标准化组织（ISO），国际标准 ISO 9000:2015《质量管理体系基础和术语》.

［2］Juran, J.M. Quality Control Handbook［M］. 3th Ed, New York: McGraw-Hill, 1974.

［3］W. Edwards Deming. "Quality comes not from inspection, but from improvement of the production process" Out of the Crisis［R］. The MIT Press, 1982.

［4］Armand V. Feigenbaum. Quality control, principles, practice, and administration［M］. New York: McGraw-Hill, 1951.

［5］Feigenbaum, Armand V. Total Quality Control［M］. Harvard Business Review, 1956.

［6］Juran, J.M, Quality Control Handbook［M］. 1st Ed, New York: McGraw-Hill, 1951.

［7］理查德 B. 蔡斯，尼古拉斯 J. 阿奎拉诺，F. 罗伯特. 雅各布斯，任建标，等译，运营管［M］. 11th Ed. 北京：机械工业出版社，2012.

［8］Ronald D. Moen, Clifford L. Norman, Circling back: Clearing up myths about the Deming cycle and seeing how it keeps evolving［M］. Quality Progress, 2010.

［9］W. Edwards Deming, Out of the Crisis［R］. The MIT Press, 1982.

供应链管理专家（SCMP）
职业水平认证项目介绍

SCMP
SUPPLY CHAIN MANAGEMENT PROFESSIONALS

一、项目背景

中国物流与采购联合会（以下简称"中物联"），是国务院政府机构改革过程中，经国务院批准设立的中国唯一一家物流与采购行业综合性社团组织。

供应链管理专家（SCMP）认证项目由中物联组织近 40 位国内顶级专家精心开发——历时 10 年打磨、历经两次改版，是国内唯一拥有自主知识产权的、符合中国供应链发展实际的供应链管理职业认证项目。该项目立足供应链管理职业教育，努力贯彻《国务院办公厅关于积极推进供应链创新与应用的指导意见》关于供应链人才培养的部署，坚持可持续更新和专业化方向、与国际接轨的原则，为广大企业的采购、物流、运营、计划等与供应链相关岗位的人员提供一套权威的认证知识体系。

二、项目价值

1. 对个人而言

（1）系统化学习、梳理和掌握最前沿的供应链管理发展趋势。

（2）熟练运用供应链专业知识，为企业创造更多价值，获得更多成就和认可。

（3）取得 SCMP 证书，是职业能力的重要体现，为职业发展提供更加广阔的空间。

2. 对企业而言

（1）快速多变的外部环境给企业带来巨大挑战，推进 SCMP 认证和贯彻企业供应链愿景和战略，将给企业带来"事半功倍"的效果。

（2）众多供应链试点项目和标杆企业，都开始运用或部署 SCMP 认证，赋能企业供应链实践，为企业发展培养和储备供应链专业人才，提升企业竞争力和抵御风险的能力。

三、适合对象

（1）供应链总监、经理、主管。

（2）采购、项目管理、材料管理、运营管理、供应商质量保证、财务、计划等岗位专业人士。

（3）物流和其他岗位具有一定经验的相关专业人士。

四、知识体系

新版供应链管理专家（SCMP）知识体系采用 6+1 模式，包含 3 册必修教材（《供应链运作》《供应链规划》《供应链领导力》）、3 册选修教材（《物流管理》《计划管理》《采购管理》）、1 册术语集（《供应链术语》）。

供应链运作	1. 供应链管理概述 2. 客户需求管理与交付 3. 库存管理基础 4. 物流管理	5. 生产运作 6. 服务运作 7. 采购运作 8. 质量管理	物流管理	1. 运输管理 2. 仓储管理 3. 逆向物流 4. 物流服务	5. 物流设施与设备 6. 物流信息系统与技术 7. 物流网络规划 8. 物流绩效
供应链规划	1. 供应链环境、战略和价值 2. 供应链设计 3. 供应链集成和优化 4. 供应链成本管理	5. 供应链财务分析及工具 6. 数字化供应链技术和应用 7. 供应链项目管理 8. 供应链管理创新	计划管理	1. 计划概述 2. 预测与需求计划 3. 综合供应计划 4. 销售与运营计划 5. 主计划、物料计划及排程	6. 供应能力计划与管理 7. 库存管理 8. 计划信息系统 9. 计划绩效
供应链领导力	1. 供应链管理领导力概述 2. 组织和供应链的战略与目标 3. 组织结构规划与重组 4. 人力资源管理与员工激励	5. 伙伴关系管理 6. 沟通与协同 7. 供应链组织绩效管理 8. 社会责任、道德和合规 9. 供应链风险管理	采购管理	1. 采购需求 2. 品类管理 3. 寻源管理 4. 全球采购 5. 间接采购	6. 数字化采购 7. 采购谈判 8. 合同管理 9. 采购与供应商绩效管理

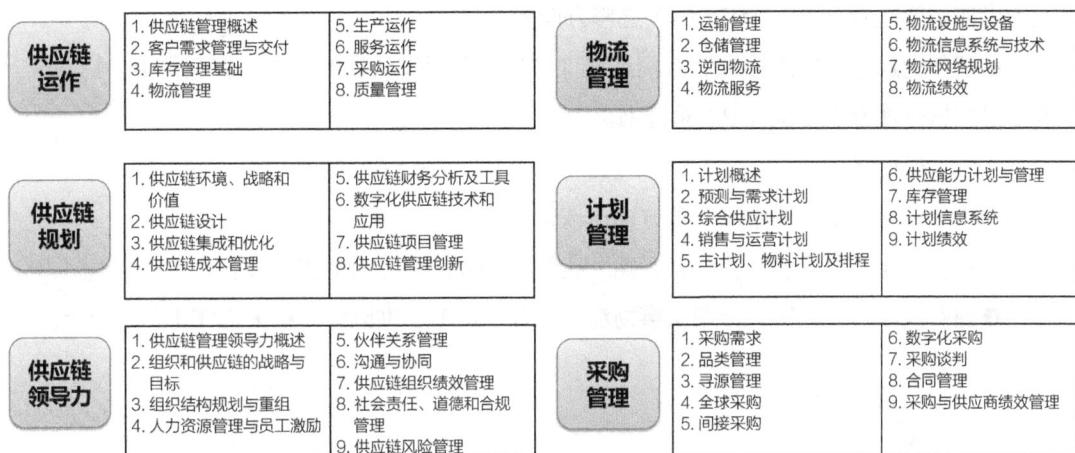

知识体系框架

五、认证流程

供应链管理专家（SCMP）知识体系自2024年起将采用"3（3门必修课）+X（自选1门选修课）"的认证思路，认证流程大体分为3个环节：培训—考试—认证及再认证。

1. 培训

（1）3+X：学员可以在选择3门必修课的基础上，任选1门选修课进行学习，也可以3门选修课都学习。每门课程培训时长为两天。

（2）培训有线上、线下两种模式可选，由中物联授权的培训机构负责组织。

（3）培训讲师均为经过中物联培训并授权的资深供应链管理培训专家。

2. 考试

（1）中物联在全国范围内统一确定考试时间（每年3月、7月、11月），统一组织考试。

（2）考试的形式是机考。考生参加考试必须有在中物联购买教材的记录。考生可自行决定每次报考科目数量。

（3）每个科目的考试皆为100道单项选择题，60分为通过。

（4）每个科目的考试时间为120分钟。

（5）考试未通过的科目可以申请补考，单科成绩保留两年。

3. 认证及再认证

（1）认证层次

●两年内通过3门必修课和1门选修课考试并且通过认证的考生，将获得由中物联颁发的供应链管理专家（SCMP）相关选修方向的证书。

●两年内通过3门必修课和3门选修课考试并且通过认证的考生，将获得由中物联颁发的供应链管理专家（SCMP）总证书。

（2）认证条件

考生须满足以下条件中的一项方可申请认证：

●具有3年及以上全职物流、采购、运输、供应链等方面的工作经验。

●拥有大学本科学历，全职从事物流、采购、运输、供应链等相关工作1年及以上。

证书样本

（3）再认证条件

本职业认证非终身制，每次认证的有效期为4年。申请再认证需要按规定提交在4年内接受不低于60个学时的供应链管理领域继续教育（含在线）证明或其他有效证明文件。

详情请查询中物联采购服务网或通过以下方式

田老师：010-83775665

崔老师：010-83775730

微信：CFLP_SCM

邮箱：jyrz@chinascm.org.cn

地址：北京市丰台区丽泽路16号院2号楼铭丰大厦1212室